AF186454

ro
ro
ro

Kathrin Weßling ist Autorin und Social-Media-Expertin. Ihre Postings und Beiträge verfolgen über 70 000 Menschen. Ihr Buch *Super, und dir?* wurde von Presse und Leser:innen als «der Roman ihrer Generation» gefeiert. Sie schreibt außerdem regelmäßig für *ZEIT ONLINE, SPIEGEL, ZEIT* u. v. m. Kathrin Weßling lebt in Berlin.

«Mit ihrem Erstlingswerk hat Kathrin Weßling einen Nerv der Zeit getroffen.» · ARTE Yourope

«Interessant, klug und stellenweise sehr witzig.» stern

«Ein sehr gutes Buch.» ZDF Bauerfeind

«Provozierend, rotzig, ironisch und sensibel. Ein Bestseller.» emotion

Kathrin Weßling

Drüber leben

Rowohlt Taschenbuch Verlag

Die Originalausgabe erschien 2012 bei Goldmann, München.
Veröffentlicht im Rowohlt Taschenbuch Verlag, Hamburg, Februar 2025
Copyright der Neuausgabe © 2025 by Rowohlt Verlag GmbH,
Kirchenallee 19, 20099 Hamburg
Die Nutzung unserer Werke für Text- und Data-Mining
im Sinne von § 44b UrhG behalten wir uns explizit vor.
Covergestaltung Lübbeke Naumann Thoben, Köln
Satz Scala OT bei Pinkuin Satz und Datentechnik, Berlin
Druck und Bindung CPI books GmbH, Leck
ISBN 978-3-499-01332-4
Kontaktadresse nach EU-Produktsicherheitsverordnung:
produktsicherheit@rowohlt.de

MIX
Papier | Fördert
gute Waldnutzung
FSC® C083411
FSC
www.fsc.org

Vorwort

Als Erstes: Ich persönlich hasse es, Vorworte zu lesen, deshalb: Du kannst das hier überspringen, Du wirst dieses Buch fühlen und verstehen, auch ohne ein Vorwort. Falls Du aber gerade ein bisschen Hoffnung brauchst: Lies das Vorwort. Es ist nur für Dich geschrieben.

Dieses Vorwort zu schreiben, ist eines der schwierigsten Dinge, die ich jemals getan habe. Weil dieses Buch entstanden ist zu einer Zeit, in der ich ein völlig anderer Mensch war. Deshalb möchte ich jetzt nicht ewig über mich sprechen, sondern über die Kathrin, die ich damals war. Ein verwundeter, kaputter Vogel, voller Angst, voller Gefühle, voller Abgrund und Dunkelheit, voller Hoffnung und Enttäuschung. Ich war schwer depressiv, ich habe Teile von *Drüberleben* noch in der Klinik geschrieben. Ich hatte schreckliche Angst, vor allem. Am meisten vor mir selbst, weil ich nicht verstand, was mit mir passierte. Ich fühlte mich völlig allein. Ich war einsam, so einsam, dass ich innerlich den ganzen Tag geschrien habe. Ich hatte Angst rauszugehen, ich hatte Angst, in den Supermarkt gegenüber zu gehen, ich hatte Angst, mich mit jemandem zu treffen, ich hatte Angst, dass ich einfach ohnmächtig werden würde, ich hatte Angst, Angst, Angst. Und ich war traurig. Ich war so haltlos und abgrundtief traurig. Ich war Mitte zwanzig, und ich war gefangen in einem Körper, der mir nicht mehr gehorchte, der plötzlich achtzigtausend Kilo schwer war und der mir bis in die Seele wehtat.

Ich war zu Hause eingesperrt, ich war verstört, und ich wollte nicht mehr leben. Es war eine schlimme Zeit, die viele Jahre ging. Der Erfolg von *Drüberleben* änderte daran gar nichts. Was wirklich etwas änderte: am Leben zu bleiben. Am Leben zu bleiben und weiterzumachen. Nach Lösungen zu suchen, nach Hilfe, nach Antworten, nach Liebe. Und deshalb möchte ich kein schlaues Vorwort schreiben, voller Zahlen und Fakten, voller Ermutigungen über einen offenen Umgang mit psychischer Gesundheit und all dem Blabla, das wir alle schon hundertmal gelesen haben. Ich möchte Dir dieses Vorwort widmen, Du, die das hier gerade liest. Ich erzähle Dir all das nämlich, damit Du mindestens eine andere Person kennst, der es gerade geht wie Dir. Damit Du weißt, dass Du nicht alleine bist. Damit Du mir glaubst, dass diese Kathrin 15 Jahre später Dir heute sagt und schreibt: Es ist nicht schön, es fühlt sich an, als hätte man als einziger Mensch allein verstanden, dass alles vollkommen sinnlos ist. Es ist niederschmetternd, und es ist kalt und eklig und dunkel in diesem beschissenen Loch, ich weiß, ich weiß es so gut. Aber ich verspreche Dir hier und heute: Es bleibt nicht für immer so. Es wird besser. Nicht schlagartig und nicht einfach so. Du musst um Dein Leben kämpfen. Du musst einatmen, und Du musst ausatmen. Und das war's, mehr musst Du nicht tun. Du wirst das hier überstehen. Es wird aufhören, es wird eines Tages vorbei sein. Ich verspreche es Dir. Denn ich lebe noch. Und wenn ich noch lebe, dann schaffst Du es auch. Ich sehe Dich. Und ich glaube an Dich.

Fallen

Prolog

Ich bin ein menschlicher Verkehrsunfall. Irgendwann bin ich einfach stehen geblieben, und dann sind Erlebnisse wie Lkws in mich hineingefahren. Man kann sich vorstellen, dass das zu großen Problemen führt. Wenn man nicht ausweicht, geht das einfach immer weiter. Der Unfall wird immer größer, immer unübersichtlicher, und irgendwann stehst du auf der Gegenfahrbahn und fragst dich, was eigentlich zum Teufel gerade passiert ist.

Das ist der Moment, in dem du aussteigen solltest. Nicht das Aussteigen, das in den Büchern steht, die man in Buchhandlungen grundsätzlich in der Ratgeberecke findet. Nicht diese Art Aussteigen, die etwas mit Kofferpacken und In-den-Bauch-Atmen zu tun hat.

Dieses Aussteigen passiert einfach von allein. Erst mal merkst du überhaupt nichts. Du räumst die Wohnung auf, die Flaschen weg, und du atmest weiter ein, und du atmest weiter aus, und du isst weiter dein Essen und rufst weiter die Nummern in deinem Telefon an, und du gehst weiter nach draußen, und du gehst weiter in dein Büro und in dein Bett, wenn es Zeit dafür ist. Du bemerkst die Schäden, aber weil alles andere noch steht, weil die Autos noch fahren, die Busse noch für dich halten, die Verkäuferin noch mit dir spricht, weil du noch ausscheidest und schwitzt und dir die Schuhe zubinden kannst und weil du keine einzige blutende Wunde zu versorgen hast und weil kein einziger Schlauch in dir steckt, denkst du, dass du noch ein bisschen weitermachen kannst.

Du bewegst dich langsam, aber du bewegst dich, und dass sich das nicht ändert, beruhigt dich. Du putzt dir die Zähne, und du duschst deinen müden Körper, und du bekommst manchmal Kopfschmerzen, aber alles bewegt sich, alles geht doch weiter, der Fernseher läuft doch noch, so schlimm kann es doch nicht gewesen sein. Unmerklich wirst du Woche für Woche ein bisschen mehr zu Zement, ein bisschen mehr zu Beton, ein bisschen mehr zu dem Schatten hinter dir. Aber du gehst weiter, denn das Gehen fühlt sich gut an, im Gehen fühlst du dich sicher, im Gehen hörst du deinen Atem und grüßt auch manchmal irgendwen, denn du kennst ja Menschen, du hast ja Freunde, du hast ja wen. Manchmal merkst du, dass etwas passiert ist, dass dir etwas zugestoßen ist, dass etwas wehtut, dass sich etwas verschoben hat, dass du nicht mehr so bist, wie du vorher mal warst – aber weil du nie aufgeschrieben hast, wer das jetzt noch mal genau gewesen sein soll, kann dir keiner beweisen, dass das stimmt. Also stimmt es vielleicht auch einfach nicht.

Du trinkst. Du trinkst Wein, weil der so gut zum Essen schmeckt, und das erste Glas zum Kochen und das zweite Glas auf das Essen und das dritte auch und das vierte auf die Liebe und das fünfte auf das Leben und das sechste auf das sechste und das siebte auf die Flasche Wein.

Du schläfst jetzt immer schlechter, und du träumst von diesem Unfall, der natürlich kein Verkehrsunfall war, sondern nur ein unscheinbarer, winziger Moment in deinem Leben, der gar nichts hätte bedeuten müssen. Vielleicht war es einfach nur der Moment, in dem du gemerkt hast, dass es jetzt schon sieben Jahre sind. Oder dieser Moment, in dem der Sarg in dem Loch liegt und du die Erde darauf geschmissen hast. Oder dieser Moment, als sie dir gesagt haben, dass es vorbei ist. Oder dieser Moment, als du es nicht geschafft hast. Oder dieser

Moment, als du gefallen bist. Oder dieser eine Traum. Oder dieser andere Traum. Oder dieser eine Mann. Oder dieser eine Wunsch. Dieser eine, verfluchte Wunsch. Vielleicht war es nur einer dieser Momente. Vielleicht war es auch keiner. Manchmal reicht nur ein winziger Augenblick aus, um zu begreifen, dass nichts jemals wieder so sein wird, wie es war.

Und eines Morgens stehst du dann vor dem Spiegel und siehst dich an und siehst das fahle Grau in deinen roten Augen, und du bleibst vor dem Spiegel stehen, du bleibst einfach stehen und bewegst dich keinen Zentimeter mehr weiter.

Und damit fängt es an.

Es ist ja nicht so, als würde irgendetwas helfen. Es ist ja nicht so, als würde es helfen, zu schreien oder zu beten oder zu weinen oder zu laufen oder zu tanzen oder mit jemandem zu reden. Doch, doch, bestimmt, du kannst reden. Du kannst unfassbar viel reden. Du kannst dabei in weichen Sesseln sitzen, und jemand vor dir bekommt ein bisschen Geld dafür, dass er dir zuhört, oder du kannst auf harten Stühlen in vollgestellten Küchen sitzen und all dein Gerede über all die Gründe auf die Tische vor dir schmeißen, du kannst es dahinrotzen, dahinschmeißen, es zerlegen, sezieren, du kannst jeden verdammten Augenblick auseinandernehmen und untersuchen, du kannst nächtelang darüber reden, wann es passiert ist, wann es noch mal passiert ist, dass du dich so furchtbar erschrocken hast vor der Welt, vor den Menschen, vor diesem Unfall, vor diesem einen Moment, dass du seitdem ständig das Gefühl hast, nicht mehr richtig gehen zu können, nicht mehr schnell genug sprechen zu können, nicht mehr beschützt zu sein, nichts mehr *einfach so* machen zu können, nichts mehr *einfach* so machen zu können – «einfach»?, nie gehört. Du kannst immerzu und an jedem Ort darüber sprechen, kannst Worte erbrechen, kannst behaupten und vermuten, kannst laut denken und leise sprechen, kannst es flüstern und kannst einfach deinen Mund nicht halten, aber niemals wird dir jemand sagen können, warum du, genau du in diesem Moment einfach nicht mehr funktionierst, warum du an diesem Tag diese eine Sache gemacht hast, die diese andere Sache ausgelöst hat, die wiederum diese weitere Sache hervorgerufen hat, und warum all diese Sachen dich zu diesem Moment gebracht haben, der dazu geführt hat, dass sich die Schwere und die Stille in dein Leben geschlichen haben, wie geruchloses Gas in eine Wohnung, in der du ruhig schläfst und nichts riechst und nichts schmeckst und gar nicht bemerkst, wie du vergiftet wirst.

Niemand kann es dir sagen, und kein Wort wird helfen, versprochen.

Du sitzt bloß da und redest. Du sitzt bloß da und redest und vermutest, und manchmal vermutet jemand mit, und manchmal glaubt sogar jemand, und immer öfter weiß auch mal jemand etwas zu sagen, das du dann aufgreifst, angreifst, mitnimmst, ausprobierst, dir in den Gedanken-Tank kippst, denn du willst ja nicht so sein, du willst ja schneller sein, du willst ja nicht immer müde sein, immer traurig sein, immer ängstlich sein, immer so am Ende sein, immer heulen, immer wieder von vorne anfangen müssen. Du willst ja nicht jeden Morgen das Gefühl haben, dass du schon wieder ganz neu beginnen musst, dass jeder Tag so unvorstellbar riesig und unbezwingbar groß ist, dass du ihn gar nicht besiegen kannst, diesen Tag, du willst nicht jeden Morgen aufwachen und das Gefühl haben, dass du viel zu klein für so große Tage und für so große Aufgaben bist, du willst lieber einfach weitermachen, so wie die anderen, du willst in diesen warmen Fluss zurück, in dem man einfach herumschwimmt und mitschwimmt und mitmacht und morgens aufwacht und einfach aufsteht und weitermacht. Keine Neuanfänge mehr, sondern nur noch Anschlüsse an das Gestern, an das Vorgestern, an irgendwann letzten Monat.

Du nimmst jeden Ratschlag, jede Meinung, jeden Tipp, all diese Worte nimmst du mit nach Hause, und du probierst sie alle aus.

Du gehst mal wieder raus.

Du machst mal wieder Sport.

Du isst keinen Weizen mehr, keinen Zucker, keine Milchprodukte, kein Fleisch, keine künstlichen Zusatzstoffe.

Du trinkst keinen Alkohol, keinen Kaffee und nur noch Wasser aus Vulkansteinquellen.

Du machst Yoga.

Du liest Bücher.

Du redest darüber.

Du fährst in den Urlaub.

Du hast mal wieder Sex.

Du gehst spazieren.

Du streichelst Tiere.

Du meditierst.

Du bist nett.

Du bist so verdammt nett.

Du hast eine Struktur.

Du hast einen Tagesplan.

Du hast also Pläne, und du probierst alles aus. Das machst du. Und du hast Hoffnung. Du hast echt verdammt viel Hoffnung, dass das eines Tages wieder weggehen wird. Die Angst. Die Müdigkeit. Diese ständige, bleierne Müdigkeit.

Bis hierhin hat schon mindestens einer von Therapie gesprochen. Dass ihm das «echt viel gebracht» hat. Dass das «gar nicht so schlimm» ist, «wie alle immer sagen». Er könne dir da auch eine Telefonnummer geben. Einfach mal hingehen. Ein bisschen reden. Du siehst so müde aus in letzter Zeit. Du siehst so abgekämpft aus in letzter Zeit. Du siehst so aus, als bräuchtest du echt mal jemanden zum Reden. Du hast genickt. Ja, warum nicht. Jeder braucht ja mal jemanden zum Reden. Manchmal hast du dich gefragt, warum du nicht einfach mit den anderen weiterreden kannst. Wo die doch schon mal da waren. Aber du hast weiter genickt. Immer alles abgenickt. Hilfe, hast du gedacht, kriegt man ja überall. Wieso nicht einfach alles nehmen, was man kriegen kann. Wieso nicht alles kriegen, was man nehmen kann.

Die Erde dreht sich trotzdem weiter mit 0,463 km/s. Sie rotiert vierundzwanzig Stunden am Tag. Je näher man dem Äquator kommt, desto leichter kann man in das Weltall abheben. Auch du rotierst jeden Tag um die immer gleiche Achse, drehst dich um dich selbst und in der immer gleichen Bahn. Deine Gedanken kommen dir vor wie Planeten, die sich um deine Erde drehen, und deine Haltlosigkeiten wie missglückte Versuche, einmal anzuhalten, stillzustehen, die zu nahe in die Nähe deiner Mitte geraten und dann einfach ins All geschleudert worden sind. Diese Mitte, auf der die Oberfläche nur ein winziges Stückchen größer ist als auf dem ganzen Rest, die hast du sowieso längst verloren, die ist irgendwie überall und morgens in deinen Füßen, und abends liegt sie irgendwo zwischen deinem linken Ohrläppchen und deinem rechten Mundwinkel. Ständig bist du damit beschäftigt, die Dinge in die Nähe dieser Mitte zu rücken, in die Nähe dieser Position, in der du vermutest, dass dort vielleicht «richtig» und «genug» und «genau» liegen könnte, aber sobald du dich in der Nähe wähnst, fliegen dir diese Versuche einfach davon. Ein Paradoxon, das dir schwer zu schaffen macht.

Du weißt ja, dass du deine Mitte nicht findest. Du weißt ja, dass, wenn du sie suchst, dir die Dinge entgleiten, die Versuche einer klaren Struktur, eines geregelten Tagesablaufs, dass sie jedes Mal einfach so davonfliegen, als würde dieser Vorgang einem Naturgesetz folgen, dem du dich verzweifelt entgegenstemmst, das du aber einfach nicht zu bezwingen vermagst. Eine Sisyphos-Tortur, die schon beinahe lächerlich wirkt, die du aber immer und immer wiederholst und die im Grunde nichts anderes bedeutet als: Jeder Versuch, einen Tag so zu verbringen, dass er mit dem eines Menschen vergleichbar wäre, dem die anderen nicht raten würden, psychiatrische Hilfe in Anspruch zu nehmen, scheitert schon bei dem kläglichen Unterfangen, vor dreizehn Uhr das Bett zu verlassen.

Eins

Hier liegt Müll. Seit Wochen liegt hier Müll. Hier liegen Flaschen. Seit Wochen liegen hier Flaschen. Ich bin vierundzwanzig Jahre alt und lebe auf einer Müllkippe, auf der ein Bett schwimmt, in dem ich liege. Menschenmüll. Das rechte Auge nimmt den Müll wahr, das linke bleibt stoisch zu und will nicht begreifen. Will die Kopfschmerzen nicht begreifen und den Tag nicht und will nicht begreifen, was das rechte Auge schon längst sieht.

Das fahle Licht des grauen Himmels vor den Fenstern lässt erahnen, dass Morgen sein muss, dass Herbst sein muss, dass wieder eine Nacht vorbei ist in dieser Stadt, in der ich mich winde vor Langeweile und Apathie. Der Atem ist flach, und der Hals schmerzt gerade genug, um zu wissen, dass das die Zigaretten sein müssen und keine Krankheit, die verhindern könnte, was heute passieren wird. Was heute passieren muss. Was heute auf jeden Fall und unabänderlich zu dem Tag macht, an dem ich für viele Wochen zum letzten Mal in diesem Bett aufwache.

Ich halte den Kopf still, die Hände, den ganzen Körper in seiner Rückenlage und versuche, flach zu atmen. Versuche, den Schmerz, der sich langsam zwischen den Schläfen ausbreitet und bei jeder Bewegung explodieren könnte, mit diesem Ein- und Ausatmen vorsichtig in Schach zu halten. Es ist warm im Bett, viel zu warm für die Möglichkeit, dass nur ein Körper in der Lage wäre, eine solche Wärme zu produzieren. Ganz langsam, nur im Nebel einiger Sinneseindrücke, beginnt der Kopf wahrzunehmen, was das linke Auge nicht sehen wollte, *eigentlich* nicht sehen wollte.

Ein leises Schnarchen neben mir drängelt sich in den ansonsten völlig stillen Raum und macht deutlich, dass der Körper heute Nacht offensichtlich nicht allein gewesen ist. Ich schließe beide Augen und seufze leise, so leise, dass es einem Atemzug ähnlich bleibt. Kein weiteres Geräusch wäre jetzt erträglich, kein «Guten Morgen», kein «Wer bist du?», kein «Was tust du hier?», kein «Was zum Teufel tust du hier eigentlich?».

Wie würde die Antwort auf solche Fragen auch lauten. Im Grunde wäre nur Schweigen die richtige Antwort, die richtige Alternative zu jeder erdenklichen anderen Form des Sichrechtfertigens. Im Grunde (und das wissen mein Gewissen und mein Körper schmerzlich genau) gibt es keine einzige wohlklingende Erklärung für das, was passiert ist.

Ich hatte getrunken, und ich hatte auch etwas in meinen Drink geschüttet, womit ich sagen will, dass ich mir in Wahrheit etwas durch die Nase gezogen hatte, aber *etwas in den Drink geschüttet (bekommen)* klingt – seien wir ehrlich – einfach mehr danach, als träfe mich weder daran noch an allem anderen auch nur die geringste Schuld. Und doch war es meine Schuld gewesen, dass ich die Tabletten mit Alkohol gemischt und meinen Verstand darin so lange ertränkt hatte, bis er blau anlief und erschöpft aufgab. Ich stand in der Bar und zitterte vor Angst. Das ist die Wahrheit. Ich hatte Angst vor den Menschen, die sich um mich drängten, und ich hatte noch mehr Angst vor der Vorstellung, dass irgendwer bemerken könnte, dass ich Angst vor der Vorstellung hatte, dass jemand bemerken könnte, dass ich furchtbare Angst hatte.

Ich war in die Bar gegangen, um Michael zu treffen, einen Bekannten, der mir am Telefon wenige Stunden zuvor versprochen hatte, den *letzten Abend* mit mir zu verbringen, und bei dem ich hätte wissen müssen, dass er mich versetzen würde, denn von den ungefähr zehn Malen, die wir bisher verabredet waren, hatte er geschlagene acht Mal kurz vor oder nach der verabredeten Zeit abgesagt. So stand ich um zehn nach neun Uhr allein in der Bar, spürte das Vibrieren meines Telefons in der Tasche und musste es nicht einmal herausholen, um zu wissen, wer mir geschrieben hatte.

Die gute Nachricht war: Ich hatte somit auch das letzte Argument erhalten, mich besinnungslos zu betrinken, mich selbst dabei einsam an der Theke sitzend zu bemitleiden, und wurde dabei von absolut niemandem mahnend angeschaut, eine Rolle, die meine Bekannten in der letzten Zeit mit einem Eifer übernahmen, der mir beinahe unheimlich war. Die schlechte Nachricht: Ich war einer dieser Menschen, die sich alleine in einer Bar sehr hilflos und auch irgendwie abstoßend vorkommen, und ich kam nicht mit dem Gedanken zurecht, alleine einen ganzen Abend lang auf das sich immer wieder füllende Glas zu starren. Die trübsinnigen Gedanken, die einem dabei kommen, waren nicht das Problem. Es war eher das Bei-trübsinnigen-Gedanken-alleine-an-der-Theke-sitzen-und-da-bei-von-Fremden-beobachtet-werden-Gefühl, das mir unbehaglich war.

Ich beschloss dennoch, mich zumindest probeweise an die Theke zu setzen, und bestellte einen Gin, um herauszufinden, ob ich schon so weit war, so weit am Bodensatz meines Drangs nach Eskapismus und Verflüchtigung der Gedanken, dass ich alleine an dieser gottverdammten Theke sitzen konnte.

Es ging erstaunlich einfach. Ich musste nicht mehr tun als trinken und starren und möglichst meinen Blick auf das Glas geheftet lassen, um nicht mitzubekommen, dass mich jemand ansah. Ohnehin kam mir der Gedanke, beobachtet zu werden, mit einem Male recht größenwahnsinnig vor, schließlich war ich nicht im Mindesten die Art Mensch, die permanent angestarrt wurde – ich war eher die Art Mensch, die sehr zufrieden mit einem Glas Gin und einer Zitrone und depressiven Gedanken sein konnte.

Ich fand heraus, dass ich ebenfalls sehr zufrieden mit einem Glas Wodka sein konnte und dass die Wahl des Getränkes sowieso keinen Unterschied machte, solange es kein Bier war, denn mit Bier allein an der Bar, das kam mir dann doch ein bisschen bemitleidenswert vor.

Die Angst schlich sich immer wieder zwischen zwei Schlucke und zwischen zwei Gedanken und zwischen Herz und Kopf und Lunge, aber ich schluckte sie tapfer hinunter, desinfizierte sie geradezu mit jedem Promille mehr, bis sie völlig frei war von Gedanken und Bewertungen und ich mir meine nackte, hässliche Angst ansah und sie sehr lächerlich fand. Sowieso fiel es mir in den letzten Monaten zunehmend leichter, jede aufkommende Panik so lange zu ertränken, bis sie nur noch ein fernes, weißes Rauschen war, das ich zwar wie einen störenden Tinnitus wahrnahm, bei dem ich aber durchaus in der Lage war, es zu ignorieren, solange ich nur laut genug schrie oder lange genug trank.

Dass ich beobachtet wurde, bemerkte ich erst, als ich doch einmal einen Blick zur Seite wagte, um herauszufinden, wie viele Schritte mich von der Toilette trennten. Er stand am anderen Ende der Theke und sah unverwandt zu mir herüber, gerade so, als würden wir uns kennen. Er sah mich an, und obschon er seinen Blick nicht abwendete und ich im schummrigen Licht der Bar glaubte zu sehen, dass er nicht einmal blinzelte, nahm ich seinen Blick nicht als ein Starren wahr, sondern eher als ein Staunen. Und plötzlich stand er neben mir.

«Ich bin Johannes.»

«Du hast mich angeschaut.»

«Du hast *mich* angeschaut.»

«Das stimmt.»

«Was trinkst du?»

«Wasser.»

«Dein Wasser riecht nach Wodka.»

«Deine Stimme auch.»

«Deine klingt müde.»

«Ich bin müde.»

«Warum bist du dann nicht zu Hause?»

«Weil ich jemanden hier treffen musste.»

«Mich vielleicht.»

«Würdest du das gerne hören?»

«Nein. Wir kennen uns ja nicht. Es wäre komisch.»

«Ich bin sehr komisch.»

«Alle sind immer sehr komisch.»

«Ich bin komischer.»

«Du wirkst nicht so.»

«Wie wirke ich denn?»

«So, als wärest du müde und hättest schon viel von diesem Wasser getrunken.»

«Wie heißt du?»

«Johannes.»

«Das kommt mir irgendwie bekannt vor.»

«Das liegt daran, dass ich es dir gerade schon einmal gesagt habe.»

«Ich vergesse ziemlich viel in der letzten Zeit.»

«Du solltest mehr Wasser trinken.»

«Ich bin so müde.»

«Warum gehen wir dann nicht zu dir und legen uns in dein Bett?»

«Weil ich komisch bin.»

«Du wirkst nicht komisch.»

«Ich bin sehr komisch.»

«Bestimmt nicht mehr als ich.»

«Ich werde morgen in eine Klinik gehen. So komisch bin ich.»

«Eine Klinik? Was fehlt dir denn?»

«Verstand. Schlaf. Am meisten Verstand.»

«Du gehst in eine Klinik, um Verstand zu bekommen?»

«Ja, irgendwie schon.»

«In so eine Klinik möchte ich auch.»

Die Erinnerungen der letzten Nacht laufen wie lachende Kinder viel zu laut schreiend und polternd durch meinen schmerzenden Kopf und beweisen, jede für sich, dass es wahr ist, dass es passiert ist, dass es schon wieder passiert ist und diese Situation kein Produkt eines schönen Abends war, sondern der gegärte Abfall aus Wein und Geschichten und Idiotie.

Johannes also. Der Wodka also. Die Langeweile also. Locken und Nähe oder der klägliche Versuch derselben also. Johannes. Ich versuche, an seinem Kopf vorbei die Uhrzeit zu erkennen. Auf dem kleinen Nachttisch zeigt der Radiowecker 8:05 Uhr. Es ist Zeit. Es ist nur eine verdammte Uhrzeit. Zeit, das Gepäck im Flur zu nehmen und den Müll zu verlassen. Endlich diesen Müll zu verlassen.

Leise stehe ich auf und schleiche auf Zehenspitzen und über Berge von Kleidung und Zeitungen steigend aus dem Zimmer. Der Kopf hämmert und schlägt die Sekunden im Takt. Das Licht über dem Spiegel lässt meine Pupillen für einen Moment winzig klein werden, bevor sie mich wieder aus roten Augen fixieren und sehen können, dass ich nackt bin, dass die Schminke längst verlaufen ist und in grauen Schatten unter meinen Augen hängend von dieser Nacht erzählt, wie von etwas, das noch gar nicht vorbei ist.

Ich wasche das Gesicht und auch die Hände, wasche den Schmutz unter den Fingernägeln fort, wie einen Zeugen all der Dinge, in die ich mich festgegraben habe. Kein Abschiedsschmerz, kein trauriger Blick zurück, keine Geschichten mehr unter den Fingernägeln, die brennen und auch noch morgen von dieser Nacht berichten würden, auch, wenn die Botschaft niemand außer mir verstehen würde. Nachdem ich mich geschminkt habe, stecke ich alles in den kleinen Beutel, der schon halb gepackt auf der Ablage liegt, und schleppe ihn und mich aus dem Badezimmer.

Johannes liegt unverändert in meinem Bett, nur sein Schnarchen ist einem schweren Atmen gewichen. Ich hebe vorsichtig ein paar Kleidungsstücke auf und rieche daran. Die meisten Kleider sind schon in der Reisetasche, und ich entscheide mich für das Kleid, an dem noch der Geruch von Zigaretten und Schweiß und Johannes hängt. Ich betrachte Johannes' schlafenden Körper, der sich in der Zwischenzeit in die Mitte des Bettes bewegt hat und dort liegt, als sei es sein Bett und mit einer ihm eigenen Selbstverständlichkeit, sich diesen Raum zu erobern, und in einer Gleichgültigkeit, als sei er schon immer hier gewesen.

Sein Gesicht sieht nicht friedlich aus. Es zuckt und bebt ein wenig, und eigentlich sieht es so aus, als bereite ihm der Schlaf Schmerzen, so zusammengekniffen sind seine Augen.

Sein Mund ist geöffnet, und manchmal schmatzt er zwischen zwei Atemzügen, als äße er im Traum. Seine Anwesenheit in diesem Raum, in dieser Wohnung, an diesem Morgen widerspricht grundlegend all den Vorstellungen, die ich von den letzten Momenten auf dieser Müllhalde der Vernachlässigung gehabt habe. Sie widerspricht dem dringenden Wunsch, diese letzten Augenblicke hier allein zu verbringen, allein mit einem Abschied, der nur temporär, aber von so großer Bedeutung ist, dass ich ihn auf keinen Fall hätte teilen wollen.

Ich erinnere mich an seinen fragenden Blick, als er das Gepäck im Flur sah, und daran, wie ich «Klinik» murmelte und er für einen kurzen Moment die Lippen aufeinanderpresste. Ich erinnere mich daran, wie er mich schnell küsste, um die Stille zwischen uns vor dem Gepäck stehend nicht zu laut werden zu lassen. Ich erinnere mich an seine gierigen Hände, die den Worten allen Platz nahmen und so völlig ohne ein Zögern und ohne einen Zweifel meinen Körper ergriffen. Wie sie mich wegzogen aus dem Flur in das Schlafzimmer und wie schnell sie die Tür hinter uns schlossen.

Ich erinnere mich an diesen einen Gedanken, an diesen einen Satz, der sich in einer Endlosschleife in meinem Kopf wiederholte, einem hässlichen Mantra gleich, das ich wie besessen immer und immer wieder vor mich hin dachte: Morgen ist es endlich vorbei. Morgen ist es endlich vorbei. Morgen ist es endlich vorbei. Morgen ist es endlich vorbei.

Ich setze mich vorsichtig auf die Bettkante am Fußende und betrachte die Hinterlassenschaft einer Einzelhaft, die viele Monate gedauert hat. Die Wände haben sich beinahe unmerklich gelblich gefärbt, und es riecht nach mir, nach diesem stinkenden Wrack, das sich in seinen sechzehn Quadratmetern eine Höhle gebaut und sich selbst bewiesen hat, dass Einsamkeit auch als ein Zustand der völligen Ignoranz der äußeren Welt gewertet werden konnte; dass genau diese Ignoranz sogar die Einsamkeit zu einer erträglichen Alltäglichkeit werden lassen konnte.

Ich beobachte ihn eine ganze Weile, bis ich endlich beschließe, ihn zu wecken. Ich rüttle unsanft an seiner Schulter, bis er die Augen erschrocken aufreißt und mich irritiert ansieht. Er murmelt müde ein «Hallo» und richtet sich ein wenig im Bett auf, sodass er sich auf seinem Ellbogen abstützen kann.

«Ja, hallo», antworte ich ihm und stehe hektisch auf. «Ich muss los. Ich muss wirklich los jetzt», sage ich schnell und beginne, nervös an den Ärmeln meines Kleides zu zupfen.

Er sieht mich belustigt an und antwortet: «Wenn du meinst.»

Ich spüre den Graben zwischen uns, der sich zwischen Wachsein und Schlaf und wieder Wachsein aufgetan hat und der nur verdeckt war von einer dünnen Schicht aus täuschend echter Nähe und dem Wunsch, dass wir nicht zwei Fremde sind, die im Grunde keine Ahnung voneinander haben.

Aus einem versöhnlichen Bedürfnis nach einem Abschied, der nicht das fahle Gefühl von Gleichgültigkeit zurücklässt, heraus versuche ich, ihn zum Lächeln zu bringen. «Ich muss jetzt wirklich gehen. Mach einfach die Tür hinter dir zu, wenn du gehst. Und es wäre nett, wenn du meinen Computer nicht klauen würdest.»

Er sieht mich irritiert an, und ich verziehe mein Gesicht zu einem verzerrten Grinsen, das ein Lächeln imitieren soll, aber nur grotesk und wahnsinnig wirken muss.

Ich drehe mich um und sage: «Mach's gut.»

Dann schließe ich vorsichtig die Tür zum Schlafzimmer,

nehme meinen Mantel und die zwei Taschen, die im Flur stehen, und verlasse den Müll, diesen ganzen verfluchten Müll, ohne einen einzigen Blick zurückzuwerfen.

Zwei

In der U-Bahn sitzen graue Menschen mit grauen Gesichtern und grauen Jacken. Vor dem Fenster rauschen Stadtteile und Wohnungsausschnitte wie in einem Videoclip vorbei. Manchmal kann man in die Wohnungen der Menschen sehen, und einen winzigen Augenblick befindet man sich in ihren Wohnzimmern, sieht ihre Bücherregale, ihren Esstisch, ihre unaufgeräumte Küche oder ihr nicht gemachtes Bett. Die U-Bahn fährt große Teile der Strecke überirdisch und manchmal so nah an den Häusern vorbei, dass man bisweilen sogar sehen kann, was auf den Tischen liegt und welches Muster ihre Bettwäsche hat. Ich fahre an geräumigen Wohnungen vorbei und an beengten, an leeren und an solchen, in denen Menschen gerade frühstücken. Ich denke an meine Wohnung und wie gut es ist, dass niemand von einem U-Bahnfenster einfach in mein Schlafzimmer schauen kann.

Wenn ich in diese Fenster blicke, stelle ich mir das Leben vor, das ich einmal führen könnte, würde ich in einer dieser großen, alten Wohnungen leben. Ich stelle mir vor, wie ich morgens an einem großen Tisch gesunde Dinge frühstücke, zusammen mit meinen gesunden Kindern und meinem gesunden Mann, der danach zu seinem Job mit gesunden Arbeitszeiten fährt, und ich bringe die Kinder in den Kindergarten, erledige ein paar gesunde Einkäufe und setze mich danach in mein Arbeitszimmer, um dort ein paar Texte für eine große, renommierte Zeitung zu verfassen, die unfassbar gut bezahlt werden, mache mir gesunde Gedanken, nämlich keine, hole danach die Kinder ab, und wir essen ein gesundes Mittagessen, spielen Spiele, und abends kommt der Mann von der Arbeit, wir trinken Rotwein in gesunden Mengen, er sagt den Kindern Gute Nacht, weil er eine gesunde Work-Life-Balance pflegt und ihm so etwas wichtig ist, und danach haben wir schmutzigen Sex auf dem Wohnzimmerteppich, weil so ein bisschen Ausbrechen aus dem Alltag ja auch mal gesund ist. Alles wäre so verdammt gesund. Gesunde Menschen mit gesunden Köpfen und gesunden Gedanken. Wir wären so gesund vor Glück, so gesund und glücklich, so gesund ohne Grund, dass wir nie auch nur eine Minute darüber nachdenken würden, dass Mama mal in einer U-Bahn saß und sich das alles nur vorgestellt hat und dass Mama eigentlich eine kranke Irre ist, die die meiste Zeit nur kranke Scheiße im Kopf hatte, weil das alles so schön lange her ist, dass wir alle gar nicht daran denken müssten, außer Mama, die weiß, ganz tief drinnen, dass sie eigentlich ein kleiner Zombie ist, der sich nur ein Menschenkostüm angezogen hat und Kinder bekommen hat und jetzt endlich glücklich ist, in dieser riesigen Wohnung in einem hübschen Stadtteil mit hübscher Aussicht und hübschen Menschen.

Es ist der letzte Augenblick, in dem ich noch umkehren könnte. Es ist der letzte Augenblick, der die Möglichkeit zur Flucht noch bereithält, der mir die Wahl zwischen Flucht oder Bleiben lässt. Es ist der letzte Moment einer Autonomie, die ich mit dem Schließen der Türen abgeben werde, die ich verlieren werde, nach der ich lauthals schreien werde, wenn ich sie erst einmal so bereitwillig verschenkt habe.

Ich könnte jetzt einfach nach Hause in eine hoffentlich wieder leere Wohnung fahren, könnte die Weinflaschen wegbringen, mal wieder lüften, mal wieder aufräumen, mal wieder Rechnungen bezahlen, mal wieder ans Telefon gehen, mal wieder duschen, mal wieder Sport machen, mal wieder arbeiten, mal wieder aufhören, so verdammt durchzudrehen. Ich könnte jetzt einfach nach Hause fahren und es selbst hinkriegen. Ich könnte mich einfach zusammenreißen, mich selbst nicht so ernst nehmen, nicht immer so schrecklich verzweifelt sein, nicht immer gleich alles so dramatisieren, ich könnte ein paar Tabletten nehmen, ich könnte mal wieder mehr lesen und den Fernseher, den Fernseher wollte ich ja auch endlich mal entsorgen, ich könnte Freunde anrufen, die bestimmt schon gar nicht mehr glauben, dass ich noch lebe, ich könnte aufhören, Musik von Selbstmördern zu hören, ich könnte aufhören, Bücher von Selbstmördern zu lesen, ich könnte aufhören, mir Reportagen über Selbstmord anzusehen, ich könnte aufhören mit dem Schnaps und mit dem Rauchen, und ich könnte mich einfach mal ein bisschen am eigenen Schopf aus dem Dreck ziehen, die Lungen mit viel mehr richtiger Luft und mit viel weniger heißer Luft und mit viel weniger kaltem Rauch füllen, ich könnte die Vorhänge aufziehen und Rohkostsalate essen und meditieren, zweimal täglich, und etwas gegen die Angst nehmen und für das Vergessen und für das Ertragen und gegen das Nicht-aushalten-Können, und ich könnte weinen, bis nichts mehr übrig ist von dem ganzen Dreck, ich könnte mir die Augen aus dem Kopf weinen, bis ich wieder richtig sehen kann, ich könnte mir die schmutzigen Gedanken mit den ganzen Tränen einfach abwaschen, und dann könnte ich mir weiße Westen anziehen und mal wieder tanzen gehen, und ich könnte spazieren gehen und Kalorien zählen und abnehmen, und ich könnte glücklich werden und mich verlieben und alles alleine schaffen, und ich könnte, wenn ich wollte, ich könnte das alles einfach machen, ich könnte, wenn ich müsste, wenn ich ginge, dann würde ich, ich würde, ich würde ...

Ich würde nach Hause gehen und mich betrinken. Ich würde überhaupt nichts machen. Ich würde ein paar Tabletten nehmen und hoffen, dass ich vergesse, dass ich ich bin, dass das mein Körper, mein Leben, dass diese ganze klägliche Scheiße mein Verdienst ist und dass sich daran niemals etwas ändern wird. Ich atme aus, und ich atme ein, und ich lasse die Tür hinter mir ins Schloss fallen und lasse mich fallen, lasse mich fallen in diese Möglichkeit, in diesen letzten ersten Tag, in dieses Boot, in dem ich nun sitze und das auf einem Ozean voll Angst und Irrsinn und Scheiße und stinkendem Dreck schwimmt, dieses Boot, das Klinik heißt und dessen Insasse ich gleich bin.

Drei

Das Gebäude ist ein grauer Block aus Beton, Stein und Stahl. Er liegt am Rande des Krankenhausgeländes, das nicht viel mehr als fünf solcher Blöcke, die kreisförmig errichtet wurden, umfasst. Jeder dieser fünfstöckigen Krankenkästen beinhaltet zwei bis drei Fachbereiche, nur der meinige ist einzig und allein Menschen vorbehalten, die ihren Kopf nicht mehr zu gebrauchen wissen, die den Weg nur noch dorthin, aber zu keinem anderen Punkt mehr finden können, der sich außerhalb des Wunsches befindet, «das alles» möge endlich und schnell zu Ende sein.

In dem Block wohnen Selbstmörder und Menschen, die das Waschen ihrer Hände für etwas so Essentielles halten, dass ihnen irgendwann keine Zeit mehr für etwas anderes geblieben ist. In dem Block wohnen Menschen, die manchmal leise schreien und weinen und sich winden und nicht mehr weiterwissen und die sich grämen, so sehr grämen, dass ihnen schon ein Lächeln als etwas erscheint, das weit außerhalb ihrer Vorstellungskraft liegt. In diesem Block leben Geister und Dämonen, zwischen den Stühlen und den Betten, dort wohnen die Trauer und die giftige Galle, dort wohnt mehr Menschenmüll, als ich in den Bars in den langen Nächten finden konnte.

Und trotzdem wohnt dort auch dieser Wille, dieses unbedingte Streben nach irgendetwas, das hilft, und schlussendlich sogar eine – wenn auch abstrakte und über alle Maßen individuelle – Vorstellung davon, dass alles, irgendwann, irgendwie und sowieso wieder gut werden kann, dass die Verstrickungen nur Knoten einiger Entscheidungen waren, die durch neue, durch *gesündere* wieder zu entwirren sein müssen. Dort wohnt das Leben, das nicht am Ende, sondern am Anfang steht, das Leben, das sich zwar in Tränen ersaufen will, das sich in Klagen ergehen und in Jammern und Schaudern zerreißen will, das aber da ist, so sehr da ist, dass es wehtut. Kurz: In diesem Block fünf, auf den sich mein schwerfälliger Körper zubewegt, wohnt genau das Leben, das es überall gibt, das auf den Straßen liegt und in den Cafés sitzt, das mittendrin, das immer da, das nie verschwunden war. Es ist kein fremdes Leben, es ist nur das obsessive Trauern einiger Menschen, die kein bisschen anders sind als all die anderen Menschen, als du, als ich, deren einzige, winzige Andersartigkeit nur darin besteht, dass sie eine Krankheit, einen Makel, einige Anlagen besitzen, die dazu geführt haben, dass sie ein paar Wochen hier und ein paar Jahre bei einem Therapeuten verbringen müssen.

Nachdem ich mich – wie mit der Verwaltungssekretärin telefonisch verabredet – pünktlich zur genannten Zeit mit Gepäck im Aufnahmebüro eingefunden habe, wird mir zunächst ein Platz angeboten, und ich werde aufgefordert, den Einweisungsschein und die Versichertenkarte abzugeben. Die hektische junge Frau, die sich um meine Papiere kümmert, ist nur unwesentlich älter als ich und trägt ein nervöses Zucken im Gesicht, das sie versucht zu verbergen, indem sie den Blick starr auf ihren Computer gerichtet hält und es vermeidet, mich anzusehen.

Nach einer Weile schiebt sie den Packen Papier, der zuvor in einzelnen Blättern schier endlos langsam aus dem Drucker gefallen kam, als müsste sich dieser Drucker nach all den Jahren jedes einzelne dieser Formulare mühsam herauspressen, diesen Packen jedenfalls schiebt sie über den Tisch und legt einen Kugelschreiber und einen auffordernden Blick obendrauf. Ich sehe sie verständnislos an, das Zucken ihres rechten Auges, die zitternden Mundwinkel, und warte auf Instruktionen.

«Lesen», sagt sie. Und «unterschreiben» und «bei Fragen einfach fragen». Ich lese viele Imperative, viele Sätze, die immer mit «Ich versichere, dass» beginnen und immer mit Eventualitäten aufhören. Ich versichere, dass ich die Kosten selbst übernehme, falls meine Krankenkasse sie nicht zahlt oder ich gar nicht erst versichert bin.

Ich lese und unterschreibe, versichere und schiebe die Papiere zurück. Sie nickt, reißt an den Blättern und reicht mir die Durchschläge. Anschließend schickt sie mich in die Halle zurück, in der ich warten soll, bis ich abgeholt werde.

Ich setze mich auf einen der vielen Stühle im Wartebereich und sehe mich um. An der Wand stehen ein Kaffeeautomat und ein Wasserspender, daneben ein Mülleimer, in dem sich leere Papier- und Plastikbecher stapeln. Auf einem kleinen Tisch in der Mitte liegen alte Zeitschriften, deren jüngste Ausgabe vom Januar dieses Jahres ist. Die Seiten sind zerknickt und befleckt, einige herausgerissen, andere bloß eingerissen, die Rätsel gelöst, der Psychotest ausgefüllt.

Auch ich hatte mich einem Psychotest unterzogen, hatte vor einer Woche alle Fragen beantwortet in einem Telefonat mit Kropka, einem alternden Professor, dessen Telefonnummer ich von meinem Therapeuten erhalten hatte, der sich nicht in der Lage sah, mich in meinem jetzigen Zustand weiterzubehandeln. Zu schlecht ginge es mir, sagte er, zu heftig seien meine Ausbrüche, zu instabil sei meine Stimmung. Widerwillig hatte ich schließlich zugestimmt und Kropka angerufen.

«Ja, hallo, also es geht um ... es geht um einen Platz bei Ihnen, weil ... es mir nicht so gut geht. Und ich vielleicht ... Hilfe bräuchte.»

Dieses Gespräch entwickelte sich schnell zu einer einzigen Tortur aus Stottern, Relativieren der offensichtlichen Tatsachen und einem zunehmenden Schmerz in meiner linken Schläfe. Ich rieb unablässig mit der einen Hand über meine Strumpfhose, versuchte, den Telefonhörer mit der anderen zu halten und dabei zu rauchen, was mir schwerlich gelang, und Professor Dr. med. Robert Kropka, leitender Oberarzt und stellvertretender Direktor der Klinik für Psychiatrie in H., zu erklären, was mein Anliegen war.

Das Gespräch dauerte genau sieben Minuten und zweiunddreißig Sekunden, in denen Kropka mich müde fragte, was genau denn nun der Grund meines Anrufes wäre, warum gerade ich denn nun Hilfe benötigen würde, warum gerade er mir denn genau bei diesen Problemen helfen könne, warum ich gerade ausgerechnet diese Klinik ausgewählt hätte und ob mir bewusst sei, um was für eine Art der Klinik, Behandlung und Behandlungsmethode es sich denn hier handeln würde. Seine Fragen stellte er knapp, routiniert, ohne eine Spur Freundlichkeit erkennen zu lassen, und die Tonalität ließ darauf schließen, dass das Stellen dieses Katalogs an Fragen ihn über die Jahrzehnte dermaßen zu langweilen begonnen hatte, dass ihm selbst simple Höflichkeitsformen darin verloren gegangen waren.

Ich würgte Antworten und Daten hervor, ich erklärte mit brüchiger Stimme und um Kürze bemüht, was in den letzten Monaten geschehen war, ich versuchte, aus den fragmentarischen Trümmern in meinem Kopf Sätze zu bauen, die für einen Außenstehenden verständlich sein konnten, ich kämpfte gegen die erstaunliche Arbeit der Spiegelneuronen an, die die Müdigkeit des Professors auf wunderliche Weise auf mich übertrugen und meine Gedankengänge um ein Vielfaches zu verlangsamen schienen, ich quälte meinen schmerzenden Kopf zu jenen Punkten zurück, an denen die Erinnerungen lagen, die den Grund meines Anrufes plausibel machten.

Nachdem ich alle Fragen halbwegs stotternd beantwortet hatte und langsam begann, mich zu fragen, ob ich mich in irgendeiner Weise rechtfertigen musste, ja, ob ich vielleicht etwas Falsches gesagt oder getan hatte, ob es vielleicht sogar Unrecht war, diesen Mann zu stören und ihn um einen Termin zu bitten, nannte er mir Zeit und Datum, wünschte mir einen guten Tag und legte auf.

Drei Tage später betrat ich zum ersten Mal die Klinik. Kropkas Büro lag im Erdgeschoss gleich neben den beiden Büros der Anmeldung.

Ich klopfte. Ich wartete. Es passierte nichts. Ich klopfte noch einmal, als von innen mit einem heftigen Ruck die Tür aufgerissen wurde und sich vor mir ein kleiner Mann aufbaute, der mir seine winzige Hand entgegenstreckte und mit einer dunklen, gelangweilten Stimme sagte:

«Guten Tag, Sie müssen Frau Schaumann sein. Bitte.» Mit einer Armbewegung signalisierte er mir, den Raum zu betreten, und schloss die Tür hinter mir.

Das Büro des Professors war beinahe leer. Einzig ein Schreibtisch in der Mitte des Raumes, drei dazugehörige Stühle und ein Bücherregal befanden sich in dem Zimmer. Kropka setzte sich an den Tisch, bat mich, mich ebenfalls zu setzen, und sah mich an. Wir schwiegen. Er trug ein hellblaues Hemd, darüber einen blauen Pullover mit V-Ausschnitt und eine schlichte, blaue Krawatte. Sein Haar war grau und spärlich und sein Gesicht blass und alt. Ein alter, kleiner, grauer Mann, der mich mit seinen winzigen Augen fixierte.

Endlich durchbrach er die Stille. «Nun, was führt Sie hierher? Sie sprachen am Telefon eine Diagnose an. Dürfte ich erfahren, um welche Diagnose es sich hier handelt?»

«Ich habe Probleme. Richtige Probleme. Die Art Probleme, bei denen man sich besser behandeln lässt. Glaube ich.»

«So, Sie glauben?»

«Ja, also ich weiß es. Das hat jemand gesagt. Ärzte. Ärzte haben das gesagt. Mehrere Ärzte. Und Therapeuten. Ich war bei mehreren Ärzten und Therapeuten und in mehreren Kliniken. Deshalb. Und wegen anderer Sachen. Aber hauptsächlich deshalb.»

«Verstehe. Und wie äußern sich diese *Probleme?*»

Nun, normalerweise betrinke ich mich, wenn es finanziell möglich ist, täglich und für gewöhnlich ab mittags. Außerdem versuche ich, wenig zu essen, damit man auch sieht, wie verdammt schlecht es mir geht, und außerdem bleibt dann mehr Geld für den Schnaps und die Zigaretten. Bevor Sie fragen: Ich rauche ungefähr zwei Schachteln täglich. Manchmal auch nur eine, das liegt dann am Husten und an den Halsschmerzen, die kriegt man, wenn man diese billigen Dinger vom Discounter raucht. In der Regel schalte ich als Erstes meinen Computer an, wenn ich aufwache. Das ist nicht schwierig, denn der liegt noch neben dem Bett, wo ich ihn in der Nacht liegen gelassen habe, wenn ich mir Pornos und anderen Dreck angesehen habe, um mich nicht so alleine und so verdammt ausgetrocknet zu fühlen. Wissen Sie, für ein Mädchen in meinem Alter ist das schon eine ganz schön schwierige Sache, immer so alleine zu sein, da muss man sich ab und an den Finger reinstecken, sonst bekommt man das Gefühl, dass da gar nichts mehr passiert, und leider ist das aber so, dass *man* sich danach nicht besser oder geliebter oder irgendwie gut fühlt, sondern ganz im Gegenteil, man fühlt sich ekelig und schmutzig, und das Ganze dauert ja höchstens ein paar Minuten, das kennen Sie ja vielleicht auch, und dann klickt man den Film weg und versucht zu verdrängen, dass man es irgendwie geil findet, wenn Frauen mit überdimensional großen Brüsten geschlagen und gestoßen werden, aber irgendwie ist man ja auch froh, dass da überhaupt noch was geht im Höschen, bei den ganzen Tabletten, die man so nehmen muss und die von der Libido so viel übrig lassen wie diese scheiß Krankheit von dem Gefühl, noch ein Leben zu haben, das etwas mit Autonomie zu tun haben könnte und mit Glück und Selbstständigkeit und all diesen Werbebegriffen, die man im Fernsehen lernt und die einem ja sogar schon das Deo verschaffen soll, Glück und Freiheit und das Gefühl von Frische. Das Gefühl von Frische, das habe ich schon seit drei Jahren nicht mehr gehabt, das habe ich vielleicht überhaupt noch nie gehabt, wissen Sie, und wenn ich da also morgens aufwache und in meinem Bett liege und den Laptop anschalte und in eines dieser Social Networks gehe, in denen ich angemeldet bin, und wissen Sie was, ich bin tatsächlich in allen angemeldet, die es überhaupt so gibt, was absolut lächerlich ist, wenn man bedenkt, dass ich ja überhaupt gar keine Freunde mehr habe und seit Monaten überhaupt keinen sehe, weil ich mich nicht traue, das verdammte Haus zu verlassen, und weil auch niemand vorbeikommt, weil ich ja nicht an das scheiß Telefon gehe, weil das Klingeln mir Angst macht, aber selbst WENN ich drangehen würde, dann würde niemand vorbeikommen, denn wenn ich da mit meiner depressiven scheiß Stimme meine ganzen Nicht-Geschichten zum Besten gebe, während der andere in der Leitung von seinem Leben erzählt, diesem Leben, das ich gar nicht kenne, verstehen Sie, ich habe gar keine Ahnung mehr, wovon die da überhaupt sprechen, dann jedenfalls will doch keiner mehr vorbeikommen, dann wollen die nur immer Mitleid haben und trösten und sagen, dass das alles schon wieder gut werden wird, als hätten die eine Ahnung, was «das» überhaupt ist und was da «gut werden» soll und wie das überhaupt gehen soll, und in diesen verschissenen sozialen Netzwerken habe ich über zweihundert Freunde, Herr Professor, über zweihundert Freunde, und Bilder sind da, lustige Bilder, oh ja, so lustige Bilder mit mir drauf und Bilder, auf denen ich tanze und lache und singe und auf denen ich gut aussehe, so verdammt gut, das müssen Sie sich mal vorstellen! Und dann sehe ich, wie die da kommunizieren und reden und schwallen und quatschen und wie die da ihren Müll rausschleudern in dieses Netz, in dieses soziale Netzwerk, das begrifflich gestohlen ist aus einer Zeit, in der damit noch das Auffangen gemeint war, das Auffangen von Menschen wie mir, in einer Gesellschaft, in der Menschen wie ich nicht mehr klarkommen und verrecken in den Betten, in denen sie ihren scheiß Laptop öffnen und NICHTS ZU SAGEN HABEN AUSSER: HILFE! Aber natürlich sage ich nichts, sondern klappe den Laptop wieder zu, und dann schlafe ich einfach, bis endlich Mittag ist oder Abend oder bis ich den Fernseher anmachen kann oder bis ich trinken kann oder bis ich vor Hunger Kopfschmerzen bekomme oder bis zum nächsten Tag oder bis irgendwann. Und das, Herr Professor, ist mein verdammtes Problem, und das, Herr Professor, ist der Grund, warum ich hier bin, und das, Herr Kropka, Professor Dr. med., ist die Äußerung meiner Synapsen, die auf dem Grill meines völlig demolierten Kopfes liegen. So äußert sich das.

«Hm. Ich schlafe viel. Ich schlafe unverhältnismäßig viel. An den meisten Tagen kann ich kaum das Bett verlassen, und ich habe Angst rauszugehen. Ich bin dauernd müde. Ich habe das Gefühl, dass ich irgendwie ... ich weiß nicht.»

«Verstehe. Organische Ursachen wurden ausgeschlossen?»

Ich nickte.

«Beschreiben Sie doch mal einen typischen Tag bitte.»

«Ich schlafe meistens den ganzen Tag. Manchmal stehe ich kurz auf, um ... um zu lesen. Oder fernzusehen. Ich mache eigentlich gar nichts mehr. Überhaupt nichts mehr. Hören Sie, ich kann das nicht besser beschreiben. Ich mache einfach nichts. Das geschieht nicht zum ersten Mal. Ich brauche wirklich Hilfe.»

«Ja, verstehe schon. Sie wissen, was ein solcher Aufenthalt bedeutet? Sie würden hier mindestens acht Wochen bleiben. Das heißt, dass Sie sich darauf einstellen müssten, für längere Zeit Ihre Wohnung zu verlassen, um sich hier in Behandlung zu begeben. Ist Ihnen das bewusst?»

Wie konnte mir das nicht bewusst sein. Wie konnte mir überhaupt irgendetwas in dieser schmerzlich realen Situation nicht bewusst sein.

Er wartete auf eine Antwort. Ich sagte «Ja, bitte», «Ja, gerne» oder etwas Ähnliches, das eher einer Art Reflex glich, das aus mir heraussprang, ohne dass mein bewusstes Zutun erforderlich war. Es ging nicht darum, einverstanden zu sein. Einverstanden konnte man mit Mobilfunkverträgen, der Wahl des Essens in einem hübschen Restaurant oder einem Kostenvoranschlag sein. Hier aber ging es um Abnicken, um Formalien, um Rettung, hier ging es darum, einen Platz zu bekommen, in dem der Irrsinn sich die für ihn angemessenen Räumlichkeiten schaffen konnte, um dort herumzutoben, um dort zu schreien, sich abzureagieren, um dort mit jemandem zu reden, warum er es für nötig hielt, meinen Kopf zu einer Art *Terrordrom* seiner Hyperaktivität zu machen.

Natürlich war ich einverstanden. Ich wäre mit allem einverstanden gewesen, das diesem Irrsinn ein Ende gesetzt hätte. Ich wäre auch damit einverstanden gewesen, wenn Kropka mir mit einem sehr schweren Gegenstand rhythmisch auf den Kopf geschlagen hätte. Wenn damit nur endlich dieser Wahnsinn ein Ende gehabt hätte.

Drei Tage später klingelte mein Telefon. Die Verwaltungssekretärin teilte mir mit, dass jemand abgesprungen sei. Es sei jetzt ein Platz frei. Ich könne am Montag kommen. Das war vor nicht einmal sieben Tagen.

Ich hatte meine Eintrittskarte bekommen, und das war eine Eintrittskarte zurück zu einem Punkt, an dem ich schon so viele Male gewesen war und den ich jedes Mal mit Stacheldraht und Warnschildern verlassen hatte. Auf den Schildern stand, dass ich mich von diesem Ort fernhalten solle, dass ich nicht zurückkommen solle, dass das hier verbrannte Erde wäre und dass ich mich jetzt verflucht noch mal zusammenreißen würde, und zwar so dermaßen zusammenreißen, dass ich von nun an ein gesundes, glückliches Leben führen würde, mit Morgens-früh-aufstehen und immer pünktlich Tabletten nehmen und mit Sport und Freunden und einem Job und Interessen und all diesen Dingen, die wie Fluchtpunkte waren, die den Weg in ein Leben ebneten, das *gesund* sein sollte. Diese Schilder waren Leuchtreklame für ein Leben gewesen, das das Gegenteil von dem Punkt war, an dem ich mich jetzt befinde.

Die Eintrittskarte lag seitdem auf meinem Schreibtisch, ein Überweisungsschein, eine Einweisung, eine Diagnose, *F32.2, schwere depressive Episode ohne psychotische Symptome,* und ich starrte auf den Zettel, während ich daran dachte, wie lächerlich ich mich gemacht hatte zu glauben, dass ich diesen Ort nicht wieder betreten würde, dass ich nicht wieder zurückkehren würde zu dieser Stelle, dass ich nicht jedes Mal lachend und voller Naivität und mit geschlossenen Augen besoffen und blind in meinen selbst aufgestellten Stacheldraht rennen würde. Es war mal wieder so weit. Die Wunden konnte ich mir danach jedes Mal ganz alleine lecken, denn wer rennen konnte, konnte sich auch selbst verarzten, und wer die Warnungen nicht erkannte, die er selbst so schön an jeder Ecke seines Lebenslaufes aufgestellt hatte, der hatte wohl auch nichts anderes verdient – nicht mehr jedenfalls, als wieder einmal in einem Wartebereich zu sitzen und darauf zu warten, dass «es» losging, dass er abgeholt wurde, dass er ein Bett zugewiesen bekam, in dem er sich jeden Abend vor dem Einschlafen fragen musste, was um alles in der Welt ihn zu dem Wesen gemacht hatte, das ihn fortan jeden Morgen nach dem Wecken im Spiegel einer Psychiatrie ansah.

Vier

Die Tür ist zu. Das ist schon mal ein Anfang. Ich bin drin. Ich stehe im ersten Stock und warte auf Frau Wängler, die, wie mir zuvor von einem Pfleger mitgeteilt wurde, meine Therapeutin sein wird. Aus einem Zimmer am Ende des Flures tritt eine Frau Mitte dreißig in einem weißen Kittel heraus und läuft mit eiligen Schritten auf mich zu.

«Ida Schaumann?»

«Ja?»

«Gut, wir haben Sie schon erwartet!»

Im Gehen erklärt sie: «Mein Name ist Beate Wängler, ich bin Ihre Therapeutin. Ich nehme Sie jetzt mit zu einem Vorgespräch. Danach wird Ihnen jemand Ihr Zimmer zeigen, und Sie können Ihr Gepäck ablegen. So, bitte, hier herein.» Sie hält mir die Tür auf, und ich betrete den Raum mit der Nummer 1016. Ein Schreibtisch, drei Stühle, ein Bücherregal, ein Therapeut, eine Verrückte. Verrückt, wie sich manche Dinge auf die immer gleiche Weise wiederholen.

Beate Wängler. Dreitausendsiebzig Google-Ergebnisse in 00,13 Sekunden. Hat Psychologie in B. studiert. Keine besonderen Einträge über Studiendauer oder Studienschwerpunkte. Vierjährige Ausbildung zur Psychotherapeutin am Lehr- und Universitätskrankenhaus in G. Danach Anstellungen in H., B. und seit zwei Jahren in der Klinik H. Mehrere Publikationen in verschiedenen Fachmagazinen, Teilnehmerin einiger Podiumsdiskussionen zu dem Thema «EKT – retrograde und anterograde Gedächtnisstörung: Fluch und Chance». Verheiratet, kinderlos. Außerdem blondes, schulterlanges Haar, meistens zu einem Zopf gebunden.

Beate Wängler legt ihre Hände in den Schoß und sieht mich an. Atmet aus und sieht mich an. Atmet ein und sieht mich an. Lächelt und sieht mich an. Schlägt die Beine übereinander und sieht mich an. Ich sehe zurück, sehe weg, sehe mich im Raum um, sehe den September vor dem Fenster, sehe Bücher, sehe Baumkronenspitzen aus einer Welt, die ab heute nur noch *da draußen* sein wird.

Manche Dinge ändern sich mit einem Mal auf eine unvorhergesehene Weise. Etwas wird weggenommen oder hinzugefügt, und plötzlich entstehen Relationen, die zuvor zwar denkbar, aber nicht relevant erschienen.

Da draußen war schon seit geraumer Zeit für mich ein Garten aus Dornen und Gestrüpp geworden, in dem ich mich immerzu verlief, in dem ich mir Verletzungen zuzog, versuchte ich, diesen Garten aufzuräumen, zu entwirren oder auch nur kennenzulernen.

Ein einziges Wort, das Einsteigen in einen Bus, das Nachdenken über das Kind, das sich gerade über die Schulter der Mutter erbrach, genügten, dass die Sicht und Betrachtung, die ich bis dahin auf das Leben um mich gehabt hatte, dass dieser Blickwinkel sich sofort Kratzer und Blessuren zuzog und an manchen Stellen so weit auseinanderklaffte, dass ich hinaussehen konnte und verstand, dass das Realität war, dass das das Leben war, von dem die anderen sprachen.

In diesem Moment, in diesem Zimmer wird die Diskrepanz zwischen mir – was *drinnen* bedeutet – und dem *da draußen* um eine Variable erweitert: Die Mauern dieses Gebäudes zeigen, dass ich jetzt offiziell drinnen bin und alles andere offiziell draußen. Einzig das Offizielle genügte, um die Relationen endlich deutlich zu machen.

«Frau Schaumann, sind Sie anwesend?»

«Ja, natürlich bin ich anwesend.»

«Gut, erzählen Sie mir, warum Sie hier sind.»

«Das ist doch offensichtlich.»

«Ich möchte es aber gerne noch einmal von Ihnen hören. Mit Ihren Worten.»

«Ich bin hier, weil es mir nicht gut geht.»

Ich hasse blonde Haare. Ich hasse es, dass sie nur ungefähr zehn Jahre älter ist und dass sie ungefähr dreitausend Euro mehr verdient als ich (also überhaupt etwas) und dass sie so etwas wie Karriere gemacht hat und dass sie jetzt vor mir sitzt mit ihrem Studium und ihrem Ehering und ihrem Pferdeschwanz an einem Kopf, aus dem Fragen wie Wartenummern herauskommen, während jemand unablässig auf einen Knopf drückt und nie zufrieden ist mit der Nummer, die der Automat für ihn ausspuckt.

«Was heißt das genau?»

«Mir geht es nicht gut, weil ... keine Ahnung. Das steht doch schon alles da in Ihren Unterlagen!»

«Beschreiben Sie doch bitte einmal, wie es Ihnen genau geht, wenn es Ihnen nicht gut geht. Wie fühlt sich das denn für Sie an? Sind Sie niedergeschlagen, zornig, antriebslos?»

«Ja, genau. Das ist ja das Lustige hier. Diese absurden Euphemismen. Wenn ich drei Wochen das Bett nicht verlasse und stinke und ekelhaft bin und widerwärtig und so absolut zum Kotzen und nicht aufstehen kann, weil sich mein Körper anfühlt, als hätte man ihn mit Blei aufgefüllt, und wenn ich diesen Körper einfach nicht mehr aus dem Bett kriege und erst recht nicht nach draußen und wenn ich mich einfach nicht bewegen kann, dann nennen Sie das ‹antriebslos›, so, als würde mir ein Motor fehlen und als wäre mein Körper eine Maschine, der leider mal eben der Antrieb kaputtgegangen ist. Und weil ich das jetzt so sage, können Sie sich da jetzt gleich auch noch aufschreiben, dass ich zornig bin, denn das ist ja auch so ein hübsches Wort für diese ganze Scheiße, Zorn! Als würde das irgendetwas sagen.»

«Sie wirken zornig.»

«Ja, verdammt.»

«Worauf sind Sie zornig?»

«Man kann nur über etwas zornig sein.»

«Gut, *worüber* sind Sie zornig, Frau Schaumann?»

«Weiß ich nicht. Ich weiß es nicht. Ich bin im Grunde nicht zornig. Ich bin sauer. Oder wütend. Zornig, das ist so ein hübscher Begriff. Das ist viel zu eitel für das, was ich empfinde. Meine Wut ist höchstens Zorn, der sich im Dreck gewühlt hat.»

«Gut. Beschreiben Sie Ihre Wut.»

«Das kann ich nicht! Kein Mensch kann doch seine Wut beschreiben! Soll ich Ihnen sagen, was die anhat? Oder welche Haarfarbe sie hat? Die Wut ist einfach da. Ich bin wütend, weil alles einfach so katastrophal ist.»

«Was ist katastrophal?»

«Alles. Hab ich doch gesagt. Alles. Alles ist katastrophal. Dass ich hier sitzen muss. Dass ich das hier erzählen muss. Dass ich über so etwas reden muss. Dass da ein nackter Mann in meinem Bett liegt und mich für völlig wahnsinnig hält. Dass ich nicht einfach draußen herumlaufen kann, arbeiten kann und dann irgendwann schlafen gehen kann. Dass ich nicht einfach *normal* sein kann. Dass alles irgendwie schwer sein muss.»

«Wie haben Sie denn bisher diese *Schwere* ausgehalten?»

«Keine Ahnung. Vielleicht habe ich mich einfach daran

gewöhnt, dass nie irgendetwas einfach ist. Oder dass mir nie irgendetwas einfach vorkommt. Irgendwann gewöhnt man sich doch an so etwas. Vielleicht leide ich ja auch an Fallsucht. Vielleicht bin ich so süchtig danach, in meine eigenen Fallen zu tappen, dass ich es irgendwie gut finde, mir wehzutun, mich selbst gefangen zu nehmen wie ein Tier, das gefälligst tanzen soll. Hier ist es warm. Könnten Sie bitte das Fenster öffnen?»

Beate Wängler nickt widerwillig, legt die Notizen, die sie sich während unserer Unterhaltung gemacht hat, auf den Schreibtisch und öffnet das Fenster hinter sich. Ich versuche, auf den Block zu schauen, auf dem sie etwas über mich und meinen *Zorn* aufgeschrieben hat, sehe mich aber außerstande, ihre Schrift zu entziffern. Sie setzt sich mit einem Seufzer wieder auf ihren Stuhl.

«Frau Schaumann, in Ihrem Vorgespräch haben Sie erwähnt, dass Sie bereits in mehreren Kliniken waren. In wie vielen genau?»

«In zwei Kliniken.»

«Warum waren Sie dort?»

«Aus den gleichen Gründen.»

«Konnte man Ihnen dort helfen?»

«Was denken Sie? Wenn man das gekonnt hätte, würde ich dann jetzt hier sitzen?»

«Nun, einige Menschen brauchen intensivere Hilfe. Öfter. Einmal reicht oft nicht aus.»

«Ja, ich bin dann wohl einer von diesen *einigen Menschen*.»

«Haben Sie auch ambulante Hilfe in Anspruch genommen?»

«Ja.»

«Befinden Sie sich zurzeit in ambulanter Behandlung?»

«Ja. Nein. Ja. Ich gehe manchmal zu einem Therapeuten. Er

hat gesagt, dass es vielleicht besser wäre, wenn ich etwas intensiver betreut werden würde. Das hat er so gesagt. *Intensiver betreut.* Als wäre ich ein Unfallopfer, das jetzt auf die Intensivstation muss.»

«Hmhm», nickt Beate Wängler, als wisse sie, wovon ich spreche. «Fühlen Sie sich denn so? Wie ein Opfer?»

«Herrje, müssen Sie alles aufgreifen, was ich sage, und es zu einer Frage umwandeln?»

«Macht Sie das wütend?»

«Schon wieder!»

«Was genau meinen Sie mit ‹schon wieder›?»

«Ich fühle mich nicht wie ein Opfer. Fühlen Sie sich wie ein Opfer?»

«Warum sollte ich mich wie ein Opfer fühlen, Frau Schaumann?»

«Könnten Sie bitte aufhören, dauernd meinen Namen zu wiederholen?»

«Warum stört Sie das?»

«Warum machen Sie das, Frau Wängler?»

«Frau Schaumann, ich denke, dass wir an dieser Stelle erst einmal Schluss machen und ich Sie jetzt zu Ihrer zuständigen Pflegerin begleite, die Ihnen den Tagesplan und den Ablauf hier erklären wird. Wir werden uns übermorgen wiedersehen. Sie werden wöchentlich einen Einzeltermin bei mir haben, den ich Ihnen noch mitteile. Alles andere erklärt Ihnen dann Ihre Pflegerin, die auch immer Ihre erste Ansprechpartnerin sein wird, wenn es Fragen oder Probleme gibt.»

Wir erheben uns beinahe gleichzeitig. Beate Wängler lächelt fahl und mit dem Lächeln eines Menschen, der gelernt hat, dass Lächeln die Munition ist, die die Waffe des Schweigens um ein

Vielfaches effektiver macht. Sie geht an mir vorüber, ihr blonder Zopf wippt dabei rhythmisch auf ihrem weißen Kittel hin und her, und öffnet die Tür. Mit einem «So, bitte, Frau Schaumann» bedeutet sie mir, den Raum vor ihr zu verlassen.

Nachdem sie die Tür abgeschlossen hat, gehen wir erneut den langen Gang entlang, in dem mittlerweile vereinzelt Menschen stehen. Zwei Frauen und ein Mann starren mich an. Ich starre zurück und versuche dann ein Lächeln, das mir im gleichen Moment unpassend erscheint. Vor einem Raum, dessen gesamte vordere Front verglast ist, bleiben wir stehen.

«Hier verabschiede ich mich von Ihnen. Zu Ihrer Orientierung: Wenn Sie Fragen haben, etwas benötigen oder jemanden zum Sprechen brauchen, dann finden Sie ihn hier. Ihre Medikamente können Sie ebenfalls hier abholen – die Zeiten der Ausgabe hängen an der Pinnwand dort drüben. Außerdem befindet sich im hinteren Zimmer der Aufenthaltsraum für die Pflegekräfte. Bitte warten Sie hier, es kommt gleich jemand und holt Sie ab.»

Sie lächelt wieder und streckt mir ihre Hand entgegen. Sie ist kalt und trocken, die Hand. Kalt und trocken.

Fünf

Ich setze mich auf einen der vier Stühle, die vor dem Anmelderaum stehen. Zwischen den Stühlen steht ein kleiner Tisch, darauf ein Stapel Broschüren, die über die Klinik und ihre Behandlungsmethoden informieren.

Herzlich willkommen.

Gut, dass Sie zu uns gefunden haben! Das Suchen und Finden ist oftmals schon der erste Schritt eines langen und beschwerlichen Weges voller ...

(Hier breche ich ab und überfliege die nächste Seite:)

Die Klinik H. ist eine vollstationäre Einrichtung, die seit 1983 Patienten mit den folgenden Erkrankungen behandelt:

· *Psychosen*

· *Wahnhafte Störungen*

· *Depressionen*

· *Angsterkrankungen*

· *Verhaltens- und Persönlichkeitsstörungen* (*«Borderline»*)

Ich lege die Broschüre zurück auf den Stapel und versuche stattdessen, durch die Glasscheibe der Anmeldung zu erkennen, ob sich überhaupt jemand im Raum der Pfleger befindet. Es ist mittlerweile zehn Uhr, und gerade, als ich beschließe zu klopfen, tritt ein etwa dreißigjähriger Mann aus einem Raum heraus, blickt mich erschrocken an, fasst sich augenblicklich, lässt die Tür hinter sich zufallen und sagt: «Hallo.»

«Hallo», antworte ich.

«Ich bin Richard. Wer bist du? Du bist die Neue, oder? Ich habe schon gehört, dass du die Neue bist. Ich habe schon gehört, dass du heute kommst. Habe ich schon gehört. Ist immer anstrengend, so ein erster Tag. Ging uns allen so. Geht's dir auch so? Ging mir auch so. Ich setze mich mal, ja. Wartest du auf jemanden? Ich musste hier auch warten. Musste ganz schön lange warten. Wie heißt du noch mal? Und warum bist du hier? Habe ich schon gesagt, wie ich heiße? Oder kannst du dir eh nicht alle Namen merken? Ich kann mir ja nie alle Namen merken. Das ist immer so schwierig, sich so viele Gesichter auf einmal zu merken, oder?»

Er sieht mich mit braunen, weit aufgerissenen Augen an.

Ich starre zurück und antworte schließlich: «Entschuldigung, aber du redest unheimlich schnell.»

Richard fährt unbeirrt fort: «Ja, das ist so eine Sache bei mir, ich kann da nichts machen, ich muss da noch dran arbeiten, sagt Frau Wängler, da muss ich echt noch dran arbeiten, aber das wird schon besser, ich bin auch schon länger hier, schon drei Monate, aber ich schlafe nicht hier, ich schlafe mittlerweile schon zu Hause und komme nur noch tagsüber. Weißt du schon, wie lange du hier sein wirst? Oder hat dir das noch keiner gesagt? Und hat dir schon einer gesagt, in welchen Gruppen du sein wirst? Oder hat noch keiner mit dir gesprochen? Hm, wahrscheinlich nicht, du sitzt ja noch hier, dann hat die Gräfin wohl noch nichts gesagt. Bei der musst du aufpassen, die ist gefährlich, die ist ganz gefährlich, die Gräfin, da muss man aufpassen, muss man da, ich habe da ...»

Die Tür öffnet sich erneut mit einem heftigen Schwung, und ein zierliches, sehr dünnes Mädchen blickt Richard an.

«Richard, was machst du denn da? Ich soll dich abholen. Du bist schon viel zu spät – wir haben schon wieder angefangen. Los!»

Sie hält die Tür auf, und Richard erhebt sich von seinem Stuhl und sieht mich an. «Also, bis später dann, ja.»

Das Mädchen wartet, bis Richard an ihr vorübergegangen ist, dann lässt sie die Tür hinter beiden zufallen.

Im gleichen Moment öffnet sich die Tür des Pflegerraums, und heraus tritt eine dicke etwa fünfzigjährige Frau, die mich mit zusammengekniffenen Augen ansieht.

«Schaumann, Ida?»

«Ja.»

Sie nickt.

«Mein Name ist Gräfling, ich bin Ihre Bezugspflegerin. Würden Sie mir bitte folgen?»

Frau Susanne Gräfling arbeitet im Klinikum H. schon, seit der erste Patient auf Station 1 aufgenommen wurde. Die Geschichten, die ich in den kommenden Wochen über sie hören werde, sind so vielfältig wie die Gerüchte, die am Tage im Essensraum geflüstert und am Abend auf dem Raucherbalkon belacht werden. Frau Gräfling ist neunundvierzig Jahre alt, verheiratet, mag die Farbe Grün, Thomas Gottschalk und die Tatsache, dass ihre beiden Kinder begriffen haben, dass Arbeit eine Größe im Leben ist, die nicht nur von substantieller Bedeutung im Hinblick auf die psychische Gesundheit ist, sondern sich schlichtweg auch für ein anständiges Leben gehört. Frau Gräfling verachtet Faulheit, ihre Nachbarin Sabrina, mit der sie jahrzehntelang eine innige Freundschaft verband, bis Sabrina beschloss, einen Mann kennenzulernen, der es wagte, mehr Geld als sie zu verdienen, und sie es daraufhin wagte, nicht mehr zu arbeiten. Frau Gräfling hielt das für eine nicht wiedergutzumachende Charakterschwäche und verzieh Sabrina nie, dass diese sich so leicht hatte abhängig machen können. Außerdem verachtenswert erscheinen ihr: Vegetarier, Menschen, die sich nicht helfen lassen, und Hysterie in jeder erdenklichen Form.

Frau Gräfling hat schon viele kommen und gehen sehen. Traurige und Verzweifelte, Verwundete und Kaputte. Die Therapeuten und Ärzte betreuen meistens nur eine bestimmte Zahl an Patienten, die anderen sehen sie in der Regel nur als Namen auf dem Papier oder als stille Gestalten auf dem Gang. Sie aber sieht sie alle. Siebenundzwanzig Jahre lang hat sie die verschiedensten Arten von Menschen die Station betreten sehen. Männer, Frauen, Mädchen, Jungen, hübsche, hässliche, fette, dünne, junge, alte, große, kleine, blonde, braunhaarige und auch welche, die gar keine Haare hatten. Sie alle waren so unterschiedlich wie ihre Symptomatiken, und Frau Gräfling hatte alle ihre Akten gelesen. Und sie hatte mit allen gesprochen. Und sie hatte erkannt: Sie alle hatten etwas gemeinsam. Es war nicht die Verzweiflung oder der Irrsinn oder der Wahnsinn, den sie alle mitbrachten. Das, was alle *wirklich* gemeinsam hatten – da war sich Frau Gräfling sehr sicher –, war Hoffnung. Egal wie ausweglos und wie verfahren und wie verworren und verbogen das Leben derjenigen war, die ihren Raum betraten, alle hatten diese eine Sache gemeinsam: Irgendetwas in ihnen hatte ihnen gesagt, dass es da noch diese allerletzte Möglichkeit gab, dass ihnen irgendwie geholfen werden konnte. Und das, fand sie, war doch schon mal ein ziemlich guter Anfang.

Nichtsdestotrotz hatte sie nach einem unglücklichen Zwischenfall zwei Jahre nach Beginn ihrer Dienstzeit in der Klinik beschlossen, ein rüdes Regiment zu führen, das keinen Widerspruch duldete. Sie war es leid, Dinge immer wieder zu erklären, und ohnehin kam es ihr meistens so vor, als seien diese armen Menschen oft in einen Zustand einer solchen Infantilität zurückgefallen, dass ihr gar nichts anderes übrig blieb, als sie mit herrischer Stimme immer wieder zu ermahnen, ihren Aufforderungen Folge zu leisten. Mit den Jahren hatte sich diese Art des Kommandierens als zweckmäßig und bequem herausgestellt, denn die Patienten leisteten ihr keinen Widerstand und taten meistens, was sie von ihnen verlangte. Dass man sie «die Gräfin» nannte und dass dieser Spitzname sich über die Jahrzehnte bis heute gehalten und weitergetragen hat, missfiel ihr anfangs zwar sehr, bald sah sie aber ein, dass sie diese Tatsache lediglich als eine der typischen Nebenwirkungen zu betrachten hatte, die unweigerlich einsetzen, wenn man in der Lage ist, sich durchzusetzen und somit nicht so *verweichlicht* zu sein wie so manch anderer auf der Station, den die Patienten zwar mögen, der aber auch damit leben muss, dass er hintergangen wird und dessen Anweisungen nur nach Gusto Folge geleistet werden.

Frau Gräfling mag das Gefühl von Macht zu sehr, als dass sie sich gerne an der Nase von Verrückten herumführen lässt, und so hat sie die fünfundzwanzig Jahre seit dem unseligen Vorfall in dem ruhigen Wissen verbracht, zwar nicht geliebt, aber wenigstens respektiert zu werden.

«Sie werden hier keine Probleme haben, wenn Sie mir gut zuhören und wenn Sie machen, was ich sage.»

Sie sieht mich mit zusammengekniffenen Augen an. Ich finde, dass das ein schöner Satz für eine Entführung wäre, und denke an die Frage von Frau Wängler, ob ich mich als Opfer fühle.

«In Ordnung. Was heißt das genau?»

«Wir frühstücken hier zusammen. Damit meine ich: *Jeder*

erscheint zum Frühstück. Danach findet die Morgenrunde statt, an der alle teilnehmen. Mit *alle* meine ich *alle*. Das heißt, dass ich es persönlich nehme, falls Sie zu spät kommen, nicht anwesend sind oder die Gruppe anderweitig stören. Das gilt übrigens für alle Gruppen. Danach haben Sie eine halbe Stunde Pause. Da können Sie Kaffee trinken oder was Sie da auch immer machen wollen. Um zehn fangen die ersten Gruppen an. Um zwölf gibt es Mittagessen. Um vierzehn Uhr finden die nächsten Gruppen statt. Den Rest können Sie dem Plan entnehmen. Um achtzehn dreißig ist Abendessen. Danach können Sie bis zehn machen, wozu Sie lustig sind. Aber: Sie werden hier keinen Alkohol trinken, Sie werden keinen Geschlechtsverkehr mit Mitpatienten haben, und Sie werden sich bei mir höchstpersönlich abmelden, falls Sie planen, das Gelände zu verlassen, verstanden?»

Sie fixiert mich mit zusammengekniffenen Augen, und ihre Lippen werden zu einem dünnen Strich, der genau von ihrem rechten Mundwinkel bis zu einem kleinen Zucken im linken reicht und eine Botschaft überbringt, die mir bedeutet, dass ihre Fragen weniger selbige sind, sondern Befehle, und dass die richtige Antwort immer nur ein Folgeleisten sein kann.

Ich nicke, darum bemüht, den Eindruck zu vermitteln, absolut verstanden zu haben. Und zwar alles. Das Gesagte und das nicht Gesagte.

«Gut. Nun zu uns beiden. Ich bin Ihre Bezugspflegerin. Das heißt, dass Sie einmal die Woche ein Gespräch mit mir haben, in dem Sie mir erzählen, wie es Ihnen geht. Das ist wie ein Therapeutengespräch. Außerdem bin ich für Sie da, falls es Probleme gibt. Ich denke aber, dass das nicht der Fall sein wird, oder?»

Sie sieht mich drohend an.

«Nein. Keine Ahnung. Was für Probleme?»

«Eben. Was für Probleme. So sehe ich das auch. Das ist die richtige Einstellung. Noch Fragen?»

Ich verneine, und sie erklärt mir, dass sie mir nun mein Zimmer zeige.

Als ich hinter ihr den Gang entlangtrotte, lasse ich den Blick starr auf ihren Rücken gerichtet. Die Patienten auf dem Flur weichen uns aus, als bildeten wir einen königlichen Zug, sie die Königin und ich ihr Lakai: Die Gräfin demonstriert und zeigt, verlangt und fordert und scheint auch etwas als Gegenleistung anzubieten – obschon ich mir nicht mehr sicher bin, ob es sich dabei um Fürsorge oder um das bloße Verschonen der eigenen Person handelt.

An der Zimmertür angelangt, dreht sie sich abrupt um und sieht mich noch einmal mit diesem ihr eigenen Blick an, den ich erst ein paar Wochen später richtig zu deuten wissen werde. Für diesen Moment aber winde ich mich unter ihren Augen, als hätte ich etwas zu verbergen, und nehme mir vor, diesem Blick standzuhalten, egal, welche Schreckhaftigkeit er auch immer bei all den nächsten Malen zu bieten vermag.

Ihr Klopfen an der Tür ähnelt eher einem Hämmern, aber auch das scheint gewöhnlich bei ihr zu sein. Als niemand öffnet, drückt sie die Türklinke hinunter und betritt vor mir den ungefähr zwanzig Quadratmeter großen Raum. Zwei Betten und zwei kleine Nachttische, ein Fernseher an der Wand und ein WC neben der Tür befinden sich darin, außerdem ein Schrank, dessen eine Tür sie jetzt öffnet und mir erklärt, dass das Krankenhaus für eventuelle Diebstähle keine Haftung übernähme. Sie reicht mir den Schlüssel, mit dem der Spind verschließbar ist, und nennt mir noch einmal die Zeiten für das Mittag- und Abendessen.

«Viel mehr müssen Sie erst einmal nicht wissen», schließt sie endlich ihren Vortrag, um mich dann alleine zu lassen.

Sechs

Das Bett ist ein Krankenhausbett in einem Krankenhauszimmer in einem Krankenhaus, das sich Klinik nennt. Genau genommen wurde es so benannt, und es hat noch ein paar andere Namen, «Psychiatrie» zum Beispiel. Ich lege meine schwere Tasche also auf ein Bett der Psychiatrie, das auf der Station für Menschen mit Depressionen und Angsterkrankungen steht.

Die Tasche liegt also auf dem Bett, und ich liege einen Augenblick später daneben, und so liegen die Tasche und ich auf einem Bett, das ab heute meinen Geruch und meinen Körper und jede einzelne meiner mühsam herausgequetschten Tränen aufsammeln wird, denn meine Tränen fließen schon lange nicht mehr, irgendwann hat jeder Körper mal genug von diesem ständigen Zittern und Beben und Flüssigkeiten-herausfließen-Lassen.

Wir sind da. Wir sind alle hier drinnen und da. Der Körper, die Angst und ich. Wir sind hier und liegen auf dem Bett und starren an die Decke, die ab heute zuschauen wird, wie wir hier Nacht für Nacht herumliegen und uns fragen, ob wir uns jemals endlich trennen können. Die Tränen und ich, der Körper und das Sein in Räumen wie diesem. Die Decke wird uns bei diesem Versuch einer Scheidung zusehen, und sie wird sich vielleicht erinnern an all die anderen feuchten Gesichter an all den anderen müden Körpern, die schon vor mir hier lagen. Vielleicht nicht im selben – aber zumindest im gleichen Bett und auf jeden Fall im gleichen Elend, das ist absolut sicher.

Noch nie habe ich es ertragen können, in fremden Betten zu liegen. Nicht bloß nicht in fremden benutzten Betten, in denen der Talg und die kleinen abgefallenen Hautschüppchen und die Hormone und Pheromone und der ganze restliche Abfall eines Menschen seinen Geruch in alles drücken, das ihn umgibt. Ich habe es nicht ertragen, in Betten zu liegen, in denen schon einmal jemand geschlafen hat, egal wie frisch die Wäsche war, die aufgezogen worden ist, und egal wie sehr ich diesen Körper, der dort schon geschlafen und geatmet und geträumt hat, mochte.

In jedem Hotel habe ich mich in Kleidung gewickelt und sehr genau darauf geachtet, dass kein unbedeckter Körperteil die Kissen oder die Bettdecke berührte. In jedem Krankenhausbett habe ich meine Decken aus Kleidung ausgebreitet und mich daraufgelegt – immer wissend, dass meine Hände oder mein Mund im Schlaf das fremde, noch so heiß gewaschene Laken doch berühren werden.

Ein sinnloses Unterfangen also, dessen zwanghafte Wiederholung schon zu einem Running Gag geworden war, über den ich selbst nicht lachen konnte, obschon ich seine Pointe war.

Dieses obsessive Vermeiden jeder Berührung zwischen meinem Körper und der Unterlage oder der Decke habe ich inzwischen so weit perfektioniert, dass ich irgendwann die Idee hatte, immer einen Schlafsack mitzunehmen und ausschließlich in diesem zu schlafen, egal wie luxuriös das Hotel war, in dem ich schlief, oder wie frisch die Laken des Krankenhausbettes aussahen. Auch meinen jeweiligen Freunden habe ich glaubhaft klingende Geschichten erzählt, die gar keinen anderen Schluss zuließen als die Tatsache, dass es absolut notwendig war, in diesem mitgebrachten Sack zu schlafen. Es war demütigend und zugleich erleichternd, dass nie jemand versuchte, mich davon abzuhalten, bei jeder Übernachtung irgendwann den Schlafsack aus seiner Tasche zu ziehen, ihn auf dem Bett auszubreiten und schließlich in ihn zu kriechen wie ein Kind in einem Ferienlager, kurz bevor im Dunkeln die ersten Geschichten geflüstert werden. Es war demütigend, weil nur ich die Wahrheit kannte, und erleichternd, weil ich sie niemandem erzählen musste.

Dieses Mal habe ich den Schlafsack zu Hause gelassen, weil ich beschlossen habe, dass ich ab heute alles berühren werde, egal, wie ekelhaft es sein mag. Dazu gehören: das Laken, meine Gedanken beim Betrachten meiner Gedanken, die Decke, zwei bis acht Erinnerungen, das Kopfkissen, die Tränen, der Schmutz meiner Fingernägel, meine Antwort auf die Frage, wie es mir heute geht, und die Kaffeemaschine im Gemeinschaftsraum. Ich werde alles anfassen, ich werde alles in die Hand nehmen, weil ich das kann, Etwas-in-die-Hand-nehmen, und ich werde es lieben, ich werde es so unfassbar lieben, wie man etwas sehr Schönes, sehr Kostbares liebt, und so sehr, dass alle Ekelhaftigkeit aus den Dingen verschwindet.

Ich drehe mich auf die Seite und sehe zu dem zweiten Bett im Zimmer herüber. Auf dem Bett befinden sich andere Kissen als auf meinem, private Kissen, Kissen, die jemand mitgebracht hat und die signalisieren, dass dieses Bett in Beschlag genommen wurde, dass es kein einfaches Krankenhausbett mehr ist, sondern jetzt jemandem gehört. An der Wand hängen zwei mit Reißzwecken angebrachte Bilder, die beide schwarz-weiß sind und öde Wüsten zeigen. Auf dem Nachttisch liegen drei Bücher, und ein Wasserglas steht gefährlich nah am Rand des Tischchens.

Früher oder später wird also jemand diesen Raum betreten, wird sich auf das Bett legen und vielleicht mit mir zusammen die Decke anstarren, die uns dabei zusieht, wie wir sie anschauen, und es wird ihr egal sein, der Decke, ganz egal, von wem sie angesehen wird und wie lange. Es wird einfach egal sein.

Vielleicht werden die Person und ich ja Freundinnen, vielleicht werden wir uns unterhalten, nächtelang, über all die Dinge und Punkte und Menschen, die daran schuld sind, dass wir hier in dieser Gemeinschaftszelle mit Schlüsseln in der Hand sitzen und jederzeit gehen könnten, und die Frau und ich würden in all den Nächten herausfinden, wie ähnlich wir uns sind, wie ähnlich wir denken und fühlen, auch wenn wir nur erahnen können, ob die gleichen Worte und Umschreibungen für etwas auch bedeuten, dass man wirklich das Gleiche empfindet.

Wie sehr wir uns bemühen würden, die richtigen Worte zu finden, und wie sehr wir uns bemühen würden, immer wieder zu diesem Punkt zurückzukommen, der sich so wohlig warm und vertraut anfühlt, dieser Punkt der Gemeinsamkeit, der Gänze, dieser «Ach, das ist bei mir genauso!»-Punkt, dem wir hinterherjagen würden in all unseren Erzählungen, immer hoffend, dass wir mit uns nicht allein sein müssen, immer hoffend, dass die andere sagt, dass es ihr genauso ergeht, so und nicht anders. Wie sehr wir dieses Gefühl mögen würden, dieses Gefühl, nie mehr allein sein zu müssen, denn da gibt es ja jemanden, der das Gleiche fühlt, und wenn es schon einen gibt, der sich so fühlt, dann gibt es vielleicht ganz viele, dann sind wir nicht einsam, sondern viele, und «viele», das wäre ja schon fast «alle», und das heißt ja schon beinahe, dass wir gar nicht so anders sind, wie wir gerne wären oder eben auch nicht gerne wären, je nachdem, wie schick unsere Macke gerade aussieht, und je nachdem, wie sexy sie jemand findet.

Denn es passiert ja so schnell, dass da jemand kommt und

sagt, dass er dich liebt, er liebt alles an dir, so sehr, ja ja, ganz bestimmt, Schatz. Er mag dann deine Cellulite und deinen Schwabbelbauch, und dass du im Schlaf grunzt, das mag er auch. Er findet deine Wutausbrüche temperamentvoll, und deine Panikattacken sind nur ein Zeichen deiner Sensibilität, und plötzlich denkst du, dass das stimmen könnte, und du wirst süchtig danach, dich durch seine Augen zu sehen und den Dreck deiner Seele, der so schön glänzt, wenn er über seine Harmlosigkeit spricht. Alles, was dir vorher so unerträglich hässlich erschien, so wenig ansehenswert, so sehr versteckenswert, wird in sein Gegenteil verkehrt, wird durch seine Augen schön und interessant und besonders. Er liebt deine Macken, weil er sie für solche hält und weil er noch gar nicht weiß, was ihm noch blüht, aber bis er das herausfinden wird, schaust du dich durch seine Augen wie durch ein Fernglas an, schaust dir zu aus sicherer Entfernung und gibst dir Mühe, dass er erst einmal nicht zu nah an dich herankommt, damit der schöne, distanzierte Blick nicht verloren geht, denn sein Verlust ist dein Verlust.

Ich liege auf dem Bett und fühle die Matratze wie das klopfende Herz unter dem Dielenboden und weiß nicht, wie ich mich bewegen soll, weiß nicht, wie ich nur einen Schritt auf dem Boden vor dem Bett machen soll, und selbst wenn ich es wüsste, so bestimmt nicht, wohin dieser Schritt und alle seine folgenden gehen sollen.

Ich müsste mich aus dem Bett bewegen, müsste vielleicht aus dem Zimmer gehen und nach anderen Menschen suchen, besonders nach denen, die ich zu Freunden machen kann, damit ich schnell damit anfangen kann, nachts mit ihnen zu reden und mich nicht mehr allein zu fühlen.

Ich müsste die Tasche auspacken, auf jeden Fall die Tasche auspacken und die Koffer auch, damit ich mich «zu Hause» fühlen kann, damit ich meine Spuren in diesem Zimmer wie Pisse an einem Baum hinterlassen kann, damit ich mein Revier markiere und auch irgendwann so ein Bett mit eigenen Kissen darauf haben werde. Ich fühle mit der Hand nach, ob die Tasche noch neben mir auf dem Bett liegt, und tatsächlich, sie hat sich nicht bewegt.

Sieben

Ich laufe durch den langen Gang der Station und versuche, Dinge wiederzuerkennen. Dinge, die mir bekannt vorkommen müssten in meinem Glauben, dass sich jede Psychiatrie und jede Klinik in tausendfacher Ausfertigung wiederholt, wie Fertighäuser, die einfach irgendwo gebaut und vollgestellt werden mit all den Sachen, die individuell sein sollen und doch nur Füllmaterial eines Hauses sind, das genauso auch noch an tausend anderen Orten steht und von außen nicht zu unterscheiden ist von seinen Kopien.

An den Wänden hängen Bilder, die Patienten gemalt haben. Aquarelle und Kreidezeichnungen in bunten Farben und auch ein paar düstere, die Geschichten von Angst und Qual und Hoffnung erzählen. Daneben hängen kleine Schilder, wie man sie auf Ausstellungen sieht, die den Vor- und den gekürzten Nachnamen des Patienten zeigen sowie den Monat und das Jahr der Entstehung der Bilder.

Die Wände sind gelb gestrichen und der Boden aus grauem Linoleum. Es ist alles genauso wie in all den anderen Kliniken auch. Das Gelb der Wände variiert in winzigen Abstufungen, die Bilder sind mal scheinbar wahllose Kopien großer Werke, mal Stillleben und mal – wie hier – Bilder, die von Patienten stammen, der Boden manchmal ein bisschen grauer oder ein bisschen älter, aber im Grunde sehen sie alle gleich aus, die Psychiatrien dieses Landes.

Vor dem Gruppen- und Gemeinschaftsraum treffe ich auf Richard, der intensiv einen Zettel betrachtet, der an der Wand neben dem Raum hängt. Als er mich bemerkt, erschrickt er für einen Augenblick, beruhigt sich aber sofort und strahlt.

«Du bist ja noch da!»

«Natürlich.»

«Das ist nicht so selbstverständlich, Ida.»

Auf meine Frage, warum es nicht so sei, tippt er sich grinsend an die Stirn: «Verrückt, verrückt, verrückt», und konzentriert sich wieder auf den Zettel.

Dort ist eine Liste zu sehen mit zehn Namen. «Depressionsgruppe» steht über den Namen und eine Uhrzeit und ein Datum. Mein Name steht an siebter Stelle.

«Hey Richard!»

Ich drehe mich unwillkürlich zur Seite. Die Stimme gehört einem Mann um die vierzig.

«Hallo. Bist du neu hier?», fragt der Mann und betrachtet mich mit einem Blick, den ich nicht einzuschätzen vermag.

«Ja, ich bin heute gekommen», antworte ich ihm und versuche, seinem Blick standzuhalten.

«Na dann herzlich willkommen. Ich bin Peter.»

«Ich bin Ida.»

«Und, warum bist du hier, Ida?»

Das scheint hier – wie in all den anderen Kliniken – eine Art Begrüßungsritual zu sein. Man begrüßt sich nicht mit der Frage nach dem Befinden, weil die Antwort sowieso immer die gleiche wäre. Im Grunde wäre diese Frage sogar einfach nur zynisch. Weil man aber diese leere Stelle an diesem wichtigen Punkt der ersten Interaktionen irgendwie füllen muss, fragt man eben: «Und, warum bist du hier?», und erntet in den meisten Fällen nicht einmal erschrockene Gesichter oder fragende Blicke, sondern nur eine Diagnose als Antwort, meistens noch begleitet von einer kurzen Hintergrundinformation, zum Beispiel einem auslösenden Ereignis. All das passiert völlig hemmungslos und ohne jedwede Scham, denn hier ist man unter sich, und hier muss man sich nicht verstecken, zum ersten Mal nicht mehr verstecken, und da kann es ja von mir aus auch jeder wissen, wer welche Macke, welche Diagnose, welchen Schaden davongetragen hat und wie sehr, schließlich sitzen wir doch alle im gleichen Boot, nicht wahr, da kann man doch wohl mal ganz freizügig darüber sprechen, dass man leider so ein klitzekleines bisschen *verrückt* ist, haha, so ein bisschen, das aber leider gereicht hat, um groß genug zu werden, dass es aus den Kinderschuhen herausgewachsen ist und jetzt den Erziehungsberechtigten des eigenen Verstandes spielt, dieses kleine Arschloch, und sich aufführt und einen ganz irre macht, und deshalb ist man jetzt hier, in diesem Boot, hallo Leute.

Peter sieht mich abwartend an, und ich presse mühsam die Antwort hervor.

Er nickt bestätigend und sagt: «Also wie alle.»

«Ja, vermutlich.»

Er überlegt einen Moment und fragt dann: «Hat dir jemand erklärt, wie das hier abläuft?»

«Ja, Frau Gräfling.»

«Na dann lass uns mal reingehen, Ida.» Er drückt die Klinke zum Gruppenraum hinunter, und wir betreten den Raum, in dem sich außer uns noch drei andere Patienten befinden, die gerade die Tische decken.

Langsam füllt sich der Raum mit Menschen, die sich setzen und ihre Teller mit Essen füllen, das in großen Schalen dort bereitsteht. Ich versuche, ein paar Bissen zu essen, aber jedes Blatt Spinat und jede Gabel Kartoffelpüree fällt in meinen Bauch wie ein Fremdkörper, den mein Magen wieder herauswürgen will. Nach ein paar Minuten gebe ich auf und lege das

Besteck zur Seite, stehe auf und verlasse den Raum. Auf mir haften Augenpaare, die mich betrachten wie mein Magen das Essen zuvor: wie einen Fremdkörper, der hinuntergewürgt wird.

In meinem Zimmer setze ich mich auf mein Bett und zähle sehr oft von zehn bis eins. Ich zähle keine Sekunden, sondern Gedankenstriche. Ich zähle, weil ich nicht weiß, was ich denken soll. Was ich denken kann und was ich denken muss. Ich zähle, weil Zahlen so viel einfacher zu buchstabieren sind als Gefühle, die sich immer auf eine Art breitmachen, als hätte jemand sie darum gebeten, als hätte jemand, also ich, ihrer selbstverständlichen Präsenz eine Einladungskarte geschickt, auf der steht, dass sie immer willkommen sind, dass sie vorbeikommen können, wann immer sie wollen. Gefühle, das sind diese Dauergäste, die man nicht mehr loswird, die sich breitmachen in allen Räumen des Verstandes und Botschaften wie Leuchtraketen abfeuern, auf dass ja nie jemand sie übersehe.

Ich zähle so oft, dass mir der Sinn der Zahlen abhandenkommt. Irgendwann werde ich müde, decke mich schließlich zu und falle in einen unruhigen Schlaf. Ich träume von dieser Sache, gegen die kein Zählen und kein Kämpfen wirkt, gegen die die größten Mauern keinen Schutz bieten. Ich träume von dieser Nacht, von dieser sich immer wiederholenden Nacht, die sich in die Träume frisst und kleine Löcher in meinem Verstand hinterlassen hat wie Holzwürmer, deren Löcher man von Weitem gar nicht wahrnimmt, deren Schäden aber noch das massivste Holz früher oder später einfach zusammenfallen lassen. Ich träume in Möbiusschleifen, in eingetretenen Pfaden, in Wiederholungen.

Irgendwann wache ich mit einem plötzlichen Schrecken auf

und finde mich zusammengekauert am Fußende des Bettes. Ich weine ein bisschen, weil ich glaube, weinen zu müssen, und ich stehe auf, weil ich glaube, dass das helfen könnte. Ich sehe auf die Uhr, und ich sehe auf die wenigen Minuten, die ich geschlafen habe, und ich sehe auf mein klopfendes Herz, das sich nicht beruhigen lassen will durch die Schritte, die ich im Kreis gehe. Vielleicht, denke ich, ist es an der Zeit auszupacken.

Acht

Isabell kommt ins Zimmer, als ich gerade meine Sachen auspacke, setzt sich stumm aufs Bett und sieht mir zu. Irgendwann drehe ich mich um, gehe ein paar Schritte auf sie zu, halte ihr die Hand entgegen und sage: «Ida Schaumann, Depressionen und Angststörung, angenehm.»

Sie lacht. «Isabell Stern, ebenfalls Depressionen und Angststörung, angenehm.»

Wir schütteln uns die Hände, und ich setze mich auf mein Bett und zupfe verlegen am Bezug. Isabell legt sich auf ihr Bett und sieht zur Decke hinauf. Wir schweigen beide.

Nach einer Weile richtet sie sich auf und fragt: «Bist du zum ersten Mal in so einer Klinik?»

Ich schüttele den Kopf.

«Fühlt sich trotzdem komisch an, oder? Man sieht diese ganzen Leute, und bei manchen denkt man, dass man sich das Ganze genau so vorgestellt hat, und bei manchen fragt man sich irgendwie, was die eigentlich hier verloren haben. Und am meisten fragt man sich selbst, warum man eigentlich hier gelandet ist.»

«Warum bist *du* hier?», frage ich sie vorsichtig.

«Ach.» Sie richtet sich auf. «Ich dachte immer, dass alles ganz in Ordnung wäre. Ich dachte, dass es in Ordnung wäre, dass ich immer weniger rausgegangen bin und dass ich ständig geheult habe. Irgendwie fand ich das damals alles gar nicht so schlimm. Ich nahm an, dass das eben eine Phase ist, etwas, das sich mit der Zeit wieder legen würde. Aber als ich die Abgabefristen für die Prüfungen nicht einhalten konnte, bin ich zum Arzt gegangen, damit er mir etwas aufschreibt. Dann unterhielten wir uns, und er fragte, ob ich noch normal esse und normal viel schlafe, und als ich ihm sagte, dass *normal* mittlerweile für mich bedeutete, so gut wie nichts mehr zu essen und nur noch zu schlafen, antwortete er, dass es dann wohl an der Zeit sei, dass ich die *andere* Normalität wiederfände.»

«Und dann bist du gleich hierhergekommen?»

Sie schüttelt den Kopf. «Nein, erst mal verschrieb er mir Tabletten und empfahl mir, zu einem Psychiater zu gehen, damit ich mit dem besprechen kann, welche Therapie sinnvoll wäre. Und er hat mir ein Attest ausgestellt für die verpassten Prüfungen und mich krankgeschrieben. Ich musste aber sehr lange auf einen Termin bei dem Psychiater warten. Du kennst das ja bestimmt.»

Ich nicke.

«Jedenfalls hatte ich dann vor zwei Monaten endlich den Termin, und der Psychiater unterhielt sich ziemlich lange mit mir und fand dann, dass es wohl besser sei, wenn ich intensiver behandelt werden würde.»

Ich schweige und denke an all die leeren Monate, in denen ich auf Termine, auf freie Plätze, auf Gespräche gewartet habe. Diese Monate, die sich nicht füllen ließen, weil sie immer nur ein *Dazwischen* waren, eingepfercht zwischen Lethargie und einem Fixpunkt, der irgendetwas versprach, von dem ich selbst nie so genau wusste, was. Ich denke an die Unmöglichkeit jedweder Planungen, weil jeder Termin alles ändern konnte, weil eine Aufnahme jederzeit möglich war und die Stimmen am Telefon immer nur wiederholten, dass sie nur einen ungefähren Termin nennen könnten, es tue ihnen leid, aber.

In diesen Zeiten ließ sich nichts voraussehen, nichts zusagen. Jederzeit konnte das Telefon klingeln, und jederzeit konnte eine Stimme am anderen Ende sagen, dass es jetzt so weit sei, man könne jetzt die Koffer packen, es sei jetzt ein Platz frei. In diesen Zeiten saß ich zu Hause und wartete auf ein Klingeln, ein Zeichen, eine Nachricht, und nichts anderes ließ sich tun als warten, am Fenster sitzen, fernsehen, schlafen, warten, aufstehen, am Fenster sitzen, fernsehen, schlafen, warten, warten, warten.

«Ich empfand das alles als so unfassbar absurd», unterbricht Isabell plötzlich die Stille und schüttelt den Kopf. «Ich dachte die ganze Zeit, dass er das nicht ernst meinte. Dass er nicht wirklich glauben konnte, dass ich in so etwas gehöre. Ich meine, in *so* etwas, in so eine *Klapse*.» Sie sieht mich bestürzt an und schüttelt weiter den Kopf, als würden Erklärungen aus ihm herausfallen, wie Zettelchen aus einer Lostrommel, wenn sie nur lang genug schütteln würde.

Schließlich frage ich: «Und dann? Warum bist du dann trotzdem hierhergekommen?»

Ihre Stimme wird leiser, und fast flüstert sie: «Weil ich musste.»

Ich traue mich nicht, sie zu fragen, welches *Müssen* sie meint, ob sie von einer Notwendigkeit spricht, die außerhalb der offensichtlichen liegt. Stattdessen sage ich: «Ich kenne das. Diese Gedanken, dass man an so einem Ort nichts verloren hat. Das war bei mir beim ersten Mal auch so. Eigentlich war es immer so.»

Sie nickt unmerklich.

Dann lacht sie – wie durch eine plötzliche Eingebung überrascht – mit einem Mal auf und grinst. «Hat dir eigentlich schon jemand die Station gezeigt, Ida?», fragt sie, und ich erzähle ihr von der Begegnung mit Frau Gräfling und ahme ihren Tonfall nach, als sie mir einschärfte, dass es doch sicher keinerlei Probleme mehr geben würde, «oder?».

Isabell lacht wieder und erzählt mir von ihrem ersten Zusammentreffen mit der Gräfin. «Am Ende hat sie mir tief in die Augen gesehen und gesagt: Ich rieche es, wenn jemand etwas vorhat, das mir nicht gefällt. Und Sie riechen mir sehr danach.» Sie wirft ihre langen, schwarz gefärbten Haare in den Nacken und grinst.

Ich frage sie, was sie darauf geantwortet habe, und Isabell zuckt mit den Schultern. «Vielleicht hat sie ja recht gehabt», antwortet sie mit einem Male sehr ernst.

Diese plötzliche Wandlung hat eine zutiefst beunruhigende Wirkung auf mich. Isabells Augen haben einen feindlichen Ausdruck angenommen, und sie sieht mich an, als sei ich der Mittelpunkt eines fremden Universums, das es zu bekämpfen gilt. Ich werde nervös und suche nach Worten.

Schließlich frage ich: «Und? Hat sie?»

«Hat sie was?»

«Hat sie recht gehabt? Die Gräfin?»

«Keine Ahnung. Wer weiß.»

Sie sieht mich mit leeren Augen an.

«Lass uns gehen, bevor die Gruppen anfangen.»

Glücklich über diesen Vorschlag, der für das Erste die Sackgasse, in die unser Gespräch unweigerlich zu führen scheint, umgeht, springe ich vom Bett auf, und wir verlassen gemeinsam das Zimmer.

Auf dem Gang nimmt Isabells Gesicht wieder einen anderen Ausdruck an, den ich in diesem Moment nicht zuzuordnen weiß. Ich lerne bald, dass sie in der Lage ist, ihre Stimmungen wie Kleidung zu wechseln, und nur Winzig-, beinahe Unsichtbarkeiten in der Art, wie sie lacht oder ein Wort betont, verraten, wie es ihr tatsächlich geht – ohne dass ich jemals mit Sicherheit sagen kann, ob ich mit meiner Einschätzung im Bereich des Tatsächlichen liege.

Zielsicher steuert sie nun auf das Zimmer zwei Türen weiter zu und bleibt dort stehen. «Hier wohnen Hermann und Thorsten», erklärt sie. «Die beiden wirst du nur selten sehen, weil sie meistens in ihrem Zimmer sind und sich nicht trauen herauszukommen. Was du aber über sie wissen solltest: Sie haben einen unermesslich großen Vorrat an Zigaretten da drinnen, und wenn du mal eine brauchst, dann findest du hier bestimmt jemanden, der dir weiterhelfen kann», flüstert sie und fügt hinzu: «Das einzige Problem: Sie erwarten dafür immer eine Gegenleistung.»

Ich sehe sie skeptisch an und frage mich, was für eine Gegenleistung zwei Männer mit einem Haufen Zigaretten im Schrank wohl erwarten würden.

Als hätte Isabell meine Gedanken gelesen, sagt sie: «Sie wollen dafür meistens Süßigkeiten. Die kriegen sie nämlich nicht mehr, weil die Gräfin angeordnet hat, dass die beiden abnehmen müssen und deshalb nichts mehr zu essen bekommen, das in irgendeiner Weise Zucker enthält oder auch nur danach aussieht. Die beiden haben sich schon an jeder erdenklichen Stelle darüber beschwert, aber das Problem ist: Wenn man sie ansieht, muss man der Gräfin einfach zustimmen.»

An der nächsten Tür klopft sie kurz und wartet. Es regt sich nichts im Zimmer, und Isabell sagt enttäuscht: «Schade, die beiden hätte ich dir wirklich gerne vorgestellt. Nun ja, dann erzähle ich es dir jetzt, und du wirst sie ja später noch kennenlernen.»

Ich nicke und fühle mich einem gefügigen Tier ähnlich, obschon ich so bald die Lust verloren habe, Geschichten über diese mir noch so fremden Menschen zu hören, wie ich die Lust verloren habe, mir all ihre Namen zu merken – im Grunde bin ich froh, dass ich bis zu diesem Zeitpunkt kaum Gelegenheit hatte, jemanden hier näher kennenzulernen. Zu anstrengend erscheint mir das sich in jeder Klinik wiederholende Kennenlernen der Patienten, das dem Prinzip des immer gleichen Inventars der Fertighäuser nicht unähnlich ist, und zu anstrengend erscheint mir in diesem Moment beinahe alles, was außerhalb meines Bettes stattfindet.

Isabell bemerkt von alldem nichts und sieht nur mein nimmermüdes Nicken. «Also, hier schlafen Lisa und Birgit. Die beiden sind schon ewig hier», fährt sie fort. «Ich weiß gar nicht genau, wie lange, und die beiden äußern sich dazu auch nicht, aber jeder sagt, dass sie schon da waren, als er oder sie hier angekommen ist. Also muss es wohl schon ziemlich lange sein.»

«Kann man denn hier so lange bleiben?», frage ich, plötzlich besorgt, dass dies kein Ort zu sein scheint, den ich so schnell wieder verlassen werde. Acht Wochen hat Kropka gesagt, und obschon ich weiß, dass ein Klinikaufenthalt sich manchmal über mehrere Monate hinwegstrecken kann, so hoffe ich auch dieses Mal wieder, dass meine Anwesenheit nur von kurzer Dauer sein wird.

«Ein ehemaliger Patient, Lars, war zum Beispiel sechs Monate hier. Also ja, ich denke, man kann hier ganz schön lange bleiben.»

«Und wenn man das nicht will?»

«Dann entlässt man sich selbst. Du bist freiwillig gekommen, also kannst du auch freiwillig wieder gehen. Das ist hier nicht die Geschlossene.»

Ich frage mich, wie freiwillig wir alle hier sind. Und ob der Begriff «freiwillig» hier noch seiner Bedeutung nachkommt. Ich erinnere mich an all die Wochen, in denen ich nicht das Haus verlassen habe, weil mir alles Angst einjagte, das weiter als drei Schritte von meinem Bett entfernt lag. Ich erinnere mich an die Trümmer eines Lebens, das im besten Fall noch das Aushalten einiger Unerträglichkeiten geworden war. Ich erinnere mich an diesen Käfig aus Angst und Lähmung, dessen Boden übersät war mit Erinnerungen an die Zeiten, in denen ich noch nicht darüber nachdenken musste, ob ich es heute wohl endlich schaffen würde aufzustehen, mich zu duschen und anzuziehen.

Als wir vor der gegenüberliegenden Tür stehen, klopft Isabell erneut, und dieses Mal erklingt ein «Ja?», und wir treten ein.

Auf dem Bett an der rechten Seite des Zimmers sitzt ein hageres Mädchen und sieht uns neugierig an. Ich erkenne sie als das Mädchen wieder, das Richard einige Stunden zuvor von mir weggezogen hat.

«Ah, du bringst den Neuzugang mit», sagt sie zu Isabell gewandt und gibt mir dann die Hand. Ihr Name ist Nina, und sie fragt mich – wie üblich –, warum ich hier sei. Ich wiederhole mich, denke ich, wie sich alles wiederholt. Die Fragen, die Antworten, die Gleichförmigkeit der Eindrücke in den Kliniken – im Grunde geschieht selten etwas von eklatanter Neuheit, wenn man, wie ich, zum wiederholten Mal versucht, sich in einer Einrichtung dieser Art zurechtzufinden. Die Grobheit der Wiederholung ist jedoch nur bei einer rudimentären Betrachtung der Umstände existent; im Detail unterscheiden sich die Gesichter natürlich, die Geschichten und die Räume. Und trotzdem kann ich das Gefühl der Wiederholung nicht abstreifen, und so wiederhole auch ich mich. Meine Antwort auf Ninas Frage bleibt die gleiche wie zuvor in Isabells Gegenwart. Und sie wird eine lange Zeit die gleiche bleiben.

Isabell erkundigt sich nach Iris, mit der Nina sich das Zimmer teilt.

«Die ist draußen und findet sich selbst», antwortet sie.

«Jeden Abend atmet sie in ihr Chakra und macht diese komischen Verrenkungen und Übungen. Wenn die Gräfin ihr nicht die Räucherstäbchen verboten hätte, müsste ich auch noch die ganze Zeit den Gestank aushalten. Aber zum Glück lässt sie mich mittlerweile damit in Ruhe und fragt nicht mehr dauernd, ob ich nicht doch ganz eventuell mal Lust hätte, an einem ihrer Rituale teilzunehmen, oder ob sie mir mein aktuelles Horoskop erstellen könne oder was auch immer sie wieder versucht.»

Isabell scheint einen Moment zu überlegen und wendet dann ein: «So schlimm ist sie auch wieder nicht.»

«Du musst dir ja kein Zimmer mit ihr teilen.»

Isabell lächelt plötzlich, dreht sich zu mir und ergreift meine Hand, als hätte sie diese Geste schon viele Male zuvor ausprobiert. Ich erschrecke unmerklich, aber Isabells Griff verhindert, dass sich unsere Hände loslassen, und sie strahlt Nina an, als gelte es, etwas zu demonstrieren. Nina senkt den Blick, während ich verwirrt zu Isabell schaue, aber diese drückt nur noch fester meine Hand und sagt: «Wir werden uns bestimmt verstehen.» Ihr Blick in diesem Moment ist fest und auf eine

Art herausfordernd, die nicht bedrohlich, aber bestimmend ist.

Nina lächelt fahl und bemerkt, dass sie noch etwas aufzuschreiben habe, und wir verlassen das Zimmer.

Isabell lässt meine Hand so abrupt los, wie sie sie genommen hat: «Weißt du, eigentlich ist das alles ein einziger Witz.» Sie schüttelt den Kopf.

Ich bin mir nicht sicher, was sie anspricht, und widerstehe dem Drang, eine Wahl zwischen den Antwortmöglichkeiten zu treffen, die möglicherweise mehr über mich als über sie verraten. Wieder sehe ich sie nur an, und sie fügt hinzu: «Das ist deshalb lächerlich, weil die beiden sich am Anfang gut verstanden haben, aber dann ...»

Während wir sprechen, öffnet sich die Tür zum Nebenzimmer, und heraus tritt ein braunhaariger, gut aussehender Mann, der uns zuhört.

Als Isabell ihn bemerkt, unterbricht sie sich erschrocken: «Hast du etwa die ganze Zeit zugehört, Simon?»

Er grinst, tritt in den Flur und schleicht ein paar müde Schritte auf uns zu. «Ja», entgegnet er knapp. Sein Blick wandert von ihr zu mir, und er lächelt beinahe, während er ein «Hallo» flüstert.

Ich grüße zurück, dann sehen wir uns einen Augenblick stumm an, und wieder fühle ich mich an etwas erinnert, das ich scheinbar längst vergessen habe. Um Simon ist es nebelig, ein Nebel, der sich über seine Augen und seine Gestik legt. Er ist in einem optischen Sinn unscharf, und bevor ich ihn genauer betrachten kann, ist er auch schon wieder verschwunden.

Nach und nach lerne ich durch Isabells Ausführungen alle Patienten der Station kennen. Wir klopfen an keine einzige

Tür mehr, aber Isabell erzählt mir die (auf jeden Fall so und nicht anders passierten) Geschichten meiner Mitpatienten so präzise, wie sie es eben für nötig hält.

Ich erfahre, dass Simon allein in dem Zimmer schläft und niemand den Grund dafür kennt. Seine Geschichte scheint die einzige, über die nichts zu Isabell durchgedrungen ist, und der Nebel, der ihn umgibt, hat offenbar nicht nur meine Einschätzung seiner Person unmöglich gemacht.

Sie erzählt von Walter, einem zweiundfünfzigjährigen ehemaligen Postbeamten, der gewaltige Mengen Post hat verschwinden lassen, weil er es nicht geschafft hat, sie in der vorgegebenen Zeit auszutragen. Er war stets pünktlich zur Arbeit erschienen, schaffte es aber wegen seiner Depressionen immer seltener, bis zum Mittag im Dienst zu bleiben, bis er schließlich auf die Idee kam, die restlichen, nicht ausgetragenen Briefe einfach mit nach Hause zu nehmen. Als er immer häufiger schon ein paar Stunden nach Antritt seiner Schicht zu müde und deprimiert war, um weiter die Post auszutragen, und sich die Berge an Briefen und Zustellungen immer bedrohlicher in seiner kleinen Zwei-Zimmer-Wohnung türmten, beschloss er, die Briefe zu vernichten. Das Feuer, das er in einer alten Tonne auf seinem Balkon entfacht hatte, griff durch einen unglücklichen Zufall, den er dem Wind und seiner Unaufmerksamkeit verdankte, erst auf die Zeitungen über, die auf einem kleinen Tischchen neben der Tonne lagen, um letztendlich die Markise in Brand zu setzen. Die Nachbarn sahen den Qualm von Walters Balkon, schlossen anhand der Intensität des Rauches darauf, dass Walter wohl nicht im November beschlossen hatte zu grillen, und riefen die Feuerwehr. Die Einsatzkräfte fanden einen völlig verwirrten Walter, der vergeblich versuchte, den

Brand mit eilig herbeigetragenen Wasserflaschen zu löschen, und einen beachtlichen Berg an Briefen und Prospekten, die das Feuer gerade fraß. Walter kam in Haft, weil die hinzugerufene Polizei befand, dass das hier ganz eindeutig nach mutmaßlicher Brandstiftung und dem Vernichten von Beweisen aussah, die unmissverständlich gezeigt hätten, dass Walter mindestens drei von sehr vielen Postgesetzen gebrochen hatte. Walter wurde noch am Tag der Vernehmung in die geschlossene psychiatrische Abteilung des Krankenhauses Z. überwiesen, in der er fünf Monate blieb. Um dem drohenden Verfahren gegen ihn zu entgehen, hatte Walter dem Drängen seines Anwalts schließlich nachgegeben und sich im August selbst in die Klinik eingeliefert, um «die Sache auszusitzen», wie er mit einem Grinsen immer wieder erzählte. Tatsächlich hatte Walter jedoch mehrmals angekündigt, sich das Leben zu nehmen, falls es jemals zum Prozess kommen sollte, und weil dies so sicher war wie die Tatsache, dass nur ein winziger Augenblick ein Feuer entfachen kann, mit dessen Brandwunden man ein Leben lang zurechtkommen muss, wurde Walter von seinem Anwalt in die Klinik gebracht, bis der Prozess gegen ihn im Oktober stattfinden sollte.

Walter teilt sich das Zimmer mit Florian, einem pickligen Zwanzigjährigen, der ebenfalls angekündigt hatte, sich das Leben zu nehmen, nachdem ihm seine große Liebe, eine unbekannte Schönheit, die er nur von Fotos, zahlreichen Chats und einem einmaligen Telefonat kannte, gestand, dass sie in Wahrheit leider schon vergeben sei und sich bei Florian mit den Worten bedankte: «Du hast mir wieder gezeigt, was ich an ihm habe, ich danke dir so sehr dafür und wünsche dir eine Frau, die dir das gleiche Gefühl von Liebe und Vertrauen geben kann,

wie ich es bei meinem Schatz endlich wieder gefunden habe.»
Florian hatte daraufhin in einem Chatroom angekündigt, «jetzt
auch mal Schluss zu machen, und zwar mit allem», woraufhin
die Unbekannte, die im Besitz seiner Adresse und Telefonnummer war, erst versucht hatte, ihn anzurufen, und, als er nicht
an sein Telefon ging, die Polizei verständigt hatte. Die Beamten
trafen auf einen weinenden Florian, der beteuerte, dass all das
nur ein Scherz und niemals wirklich ernst gemeint gewesen
war, und ließen sich nur durch die Zusage des Vaters davon
abhalten, ihn in die Psychiatrie zum diensthabenden Arzt zu
überstellen, auf jeden Fall und versprochen, Herr Kommissar!
Ganz sicher! Der Vater schwor bei seinem Leben, brachte die
Herren zur Tür und verprügelte Florian anschließend so sehr,
wie er es noch nie zuvor getan hatte. Am nächsten Tag fuhr
er ihn zum Arzt und verbot ihm mit drohender Stimme, dem
Doktor auch nur ein Sterbenswörtchen davon zu berichten.

Ebenfalls auf der Station: Andrea und Marie, zwei Frauen
in den Dreißigern, die beide an schweren Depressionen und
Panikattacken leiden. Miriam, eine blonde Schauspielerin, die
eines Tages wegen eines Panikanfalls die Vorstellung nicht
spielen konnte und daraufhin nicht mehr in der Lage war, auch
nur ein einziges weiteres Mal die Bühne zu betreten. Tanja,
eine junge arbeitslose Erzieherin, die nach der Geburt ihres
ersten Kindes depressiv wurde und in eine solche Apathie verfiel, dass sie ihr Baby die meiste Zeit nicht einmal anschauen
oder anfassen wollte.

Ein weiteres Zimmer teilen sich zwei Frauen (Anne und
Bianka) und eines zwei Männer: Jürgen und Alexander. Die vier
sind erst vor wenigen Tagen aufgenommen worden, über sie
weiß Isabell also noch nicht genug, als dass sie ihre Geschich-

ten erzählen kann. Sie mutmaßt Krankheiten und Diagnosen, aber im Grunde kennt sie nur Eckpunkte und einige biographische Details wie Alter und Herkunft der Frauen (Anne ist siebenunddreißig und aus Köln, Bianka Ende vierzig und aus Hesslingen), von Alexander und Jürgen weiß sie hingegen so gut wie gar nichts.

Schließlich gelangen wir zu der Gemeinschaftsküche, die zwar allen zur Verfügung steht, aber nie genutzt wird. Isabell bleibt vor der Küche stehen und erklärt in knappen Worten, dass dieser Raum meistens abgeschlossen sei, zeigt mir dann nacheinander die zwei Gruppenräume, den Essensraum und den «Pfleger-Stützpunkt», der von allen nur «Glas-Stütze» genannt wird und den ich von meinem Gespräch mit Frau Gräfling bereits kenne. Die Therapeutenzimmer liegen jeweils nebeneinander und sich gegenüberliegend um den «Stützpunkt» verteilt.

Am Ende unseres Rundgangs gehen wir in unser Zimmer zurück, setzen uns an den Tisch und schweigen eine Weile. Isabell unterbricht die Stille, indem sie sich räuspert und mich mit ernstem Blick fragt: «Ida, warum bist du eigentlich genau hier?»

Ich habe diese Frage erwartet und seufze müde.

«Keine Ahnung. Ganz ehrlich: Ich weiß es nicht. Ich könnte jetzt Diagnosen aufzählen oder Probleme, die Art Probleme, die hier wohl jeder hat. Aber im Grunde habe ich keine Ahnung, warum ich hier bin und warum ich nicht einfach draußen sein kann und mit den anderen Kindern spielen darf.»

«Ich hatte das etwas weniger metaphysisch gemeint», sagt Isabell.

«Das weiß ich, aber was willst du genau hören?»

«Vielleicht Daten. Fakten. So etwas eben.» Sie hält einen Moment inne und fügt dann hinzu: «Vielleicht doch eine etwas detailliertere Diagnose. Ja, ich glaube, vielleicht fangen wir damit einfach einmal an.»

Ich bin mir nicht sicher, wie weit die Antwort auf diese Frage gehen kann – wie wenig oder wie weit detailliert ich schon bereit bin, Auskunft zu geben. Ich überlege eine Weile, während ich mir nervös auf die Unterlippe beiße, auch wenn ich weiß, wie sehr dieses Innehalten einen Spannungsbogen erzeugt, der mir völlig verfehlt erscheint.

Schließlich wiederhole ich: «Depressionen. Angstattacken. Ständig Panik. Vor beinahe allem. So sehr, dass ich Angst hatte, die Wohnung zu verlassen. So sehr, dass ich sogar beim Einkaufen geweint habe, wenn ich nicht sofort das Richtige fand, und dann den Laden fluchtartig verlassen habe.» Ich überlege einen Moment. «Es gab eigentlich nichts, das mir keine Angst gemacht hätte. Es war eigentlich eher so, dass es nur noch diese beiden Gefühle gab: Angst oder Panik. Und dazwischen lagen nur eine monströse Müdigkeit und das Gefühl, nie wieder aufstehen zu können, wenn ich erst mal im Bett lag. Und das tat ich am Ende die meiste Zeit: im Bett liegen und Angst haben.»

Sie lächelt zufrieden und lehnt sich in ihrem Stuhl zurück. «Dann scheinst du hier ja am richtigen Ort zu sein.»

Sie reibt sich die Hände, als wäre meine Anwesenheit die endgültige Vollendung eines Plans – und wie um mir zu beweisen, dass auch sie Teil dieses Plans und seiner Durchführung war, beginnt sie, ihre Geschichte zu erzählen.

Isabell ist ein Jahr jünger als ich und stammt aus einer durch und durch durchschnittlichen Mittelschichtsfamilie. Ihre Mutter, eine neurotische und zwanghafte Frau, die ihren Beruf der

Kinder wegen aufgegeben hatte, traktierte Isabell entweder mit einer nervenaufreibenden Mischung aus übertriebener Besorgnis (und der daraus resultierenden Kontrollsucht) oder verfiel in das Gegenteil: einer kühlen Distanz, die sich hauptsächlich darin zeigte, dass sie keine Art von Verständnis oder Akzeptanz gegenüber Isabell aufbringen konnte, die über ihre eigenen Verhältnisse hinausging. Da sich die Tochter schon früh für Kunst und Malerei begeistert hatte, hörte das Verständnis der Mutter eben genauso früh auf, und sie versuchte mehrere Male vergeblich, ihre Tochter dazu zu bewegen, etwas «Bodenständigeres» zu lernen oder etwas «Kaufmännischeres», schließlich hatte sie, die Mutter, auch einmal einen solchen Beruf erlernt (sie war Floristin in einem kleinen Blumenladen gewesen) und konnte deshalb aus eigener Erfahrung sagen, dass gerade diese Art von Beruf den meisten Erfolg sowohl auf persönlicher als auch auf finanzieller Ebene versprach.

Dass sie den Beruf bei der ersten sich ihr bietenden Gelegenheit aufgegeben hatte (die Schwangerschaft mit Isabells älterem Bruder Niklas), erwähnte sie in diesen Gesprächen nie und auch nicht die Tatsache, dass sie sich selbst ein Leben lang mehr als gewünscht hatte, ihrer Kreativität einen weitaus größeren Spielraum zuzugestehen, als bei dem Binden von Blumensträußen erforderlich gewesen war. Im Grunde, da war sich Isabell sehr sicher, hasste ihre Mutter den Gedanken zutiefst, dass die Tochter *die Frechheit besaß*, freie Malerei zu studieren, während sie, die Mutter, mindestens ihren Job, aber eigentlich ihre ganze «kreative Energie» geopfert hatte.

Isabells Vater hingegen war vernarrt in seine Tochter und gestand ihr zu, sich frei zu entwickeln, ja, förderte sogar ihr Talent mit dem Bezahlen privater Unterrichtsstunden bei einem mit der Familie befreundeten Maler, den er sehr verehrte. Ihr Vater reiste beruflich viel und vermisste, so schien es, Isabell mehr als den Rest der Familie, was mitunter zu unschönen Eifersuchtsszenen zwischen den Eheleuten führte.

Kurzum: Zwischen ihren Eltern und Isabell entspannte sich mit der Zeit eine krankhafte Dreiecksbeziehung, die sich darum drehte, wer wem etwas genommen oder gegeben oder zugemutet oder vorenthalten oder geraubt hatte. Ihr Bruder hielt sich aus diesen Revierkämpfen meistens geschickt heraus und betrachtete Isabell durch die Augen ihrer Mutter – und daher als potentiell eher verachtenswert.

Isabell war in der Schule mittelmäßig beliebt gewesen, hatte ein mittelmäßiges Abitur abgelegt und war direkt im ersten Anlauf (und auch durch die guten Kontakte des Malers) an der Kunsthochschule angenommen worden. Dort hielt sie es zwei Semester aus, bis sie zum ersten Mal ein Urlaubssemester nahm, was, wie sie beteuerte, nur ihrer Selbstfindung dienen sollte, tatsächlich aber der Beginn von etwas war, das sie erst später begreifen würde: Es war das erste Mal, dass sie tagelang im Bett lag und sich krank und nutzlos fühlte und nicht imstande war, die düsteren Gedanken zum Erliegen zu bringen. Der zweite – jetzt nicht mehr als solcher zu leugnende – Zusammenbruch erfolgte vor ein paar Monaten und endete mit einem Einweisungsschein in die Klinik H.

Beim Abendessen setzen wir uns nebeneinander wie zwei alte Freundinnen, denen die Selbstverständlichkeit der gegenseitigen Nähe in Gestik und Habitus übergegangen ist und bei denen jede ihrer Bewegungen wie eine Art Trockenübung zweier Synchronschwimmerinnen aussieht, die schon längst nicht mehr nachsehen müssen, was die andere tut.

Das Essen verläuft ruhig und ohne große Vorkommnisse, und wir rauchen auf dem Balkon, der fast ausschließlich diesem Zweck dient, ein paar Zigaretten, um schließlich auf unser Zimmer zu gehen, uns bis spät in den Abend zu unterhalten und endlich einzuschlafen.

Neun

In der Dunkelheit wirkt sich Stille wie ein Verstärker aus. Anstelle der Synapsen zwischen die Nervenzellen angeschlossen, potenziert er alle Sinneseindrücke beinahe um ihr Quadrat. Ähnlich verhält es sich mit den Gedanken, die in der Dunkelheit von einem weißen Rauschen zu klaren Frequenzen aus Bildern und Tönen werden. Sich in die Dunkelheit zu flüchten, ist nur eine Option des Äußeren, nur eine Versteckmöglichkeit des Körpers in seiner Umwelt. Alles Innere tritt erst in der Dunkelheit hervor, in der Stille, in der Einsamkeit einer Nacht, die wie diese ist.

Ich sitze auf meinem Bett und betrachte Isabell, betrachte das Zimmer, das beinahe gänzlich in Dunkelheit und Nacht getaucht ist, und höre den Stimmen im Inneren zu, den Geräuschen meines Körpers, dem Schreien der Erinnerungen. Mein Schlaf wurde jäh durch eine Krankenwagensirene unterbrochen, die mich aufschrecken und meine Augen im Dunkeln verwirrt nach Orientierung suchen ließ – bis sie schließlich bei Isabells schlafendem Körper angelangten und ich begriff: Ich bin nicht mehr allein, nicht mehr in meiner Wohnung, nicht mehr in meiner Illusion eines Zuhauses.

Ich sitze eine lange Weile so da und weiß nicht, wohin mit mir und der Anstrengung des Versuchs, mich zu beruhigen.

Schließlich streife ich mir eine Jacke über und schleiche aus dem Zimmer. Das Licht des immer erleuchteten Flurs blendet mich so sehr, dass ich für einen kurzen Moment taumle und nach Orientierung suche, bis ich schließlich die Augen zu kleinen Schlitzen zusammenkneife und einen Augenblick auf dem Gang vor unserer Tür stehen bleibe, bis ich mich an die Helligkeit gewöhnt habe.

Es ist still auf dem Flur, und alle Türen sind geschlossen. Die Uhr am Ende des Ganges zeigt halb eins. Unsicher, wohin ich gehen soll, beschließe ich, dass die beste aller Optionen in diesem Moment ist, einfach loszulaufen, irgendwohin zu laufen, bis mich jemand aufhält. Dieses Prinzip hat sich noch nie als erfolgreich herausgestellt, noch nie den Wunsch nach Erfüllung, nach Aufgehaltenwerden, nach Gestopptwerden gestillt. Aber einer Motte gleich, die immer und immer wieder in die Lampe fliegt, gebe ich das Versuchen nicht auf.

Ich schleiche auf leisen Sohlen an den Zimmertüren entlang, hinter denen all diese Menschen schlafen, die Fremde sind und Fremde bleiben, in jedem Fall noch so fremd sind, dass ich mich kaum an ihre Gesichter oder Namen erinnere.

Beim Abendessen stellten sie sich vor, sahen verstohlen herüber oder sprachen mich direkt an, lachten manchmal und erzählten dies und das, aber eigentlich, so empfand ich es in diesem Augenblick, hatte ich mir kaum eine Geschichte, einen Satz, auch nur ein Wort richtig merken können, und noch empfand ich mein Dasein hier als eine Art Provisorium, als einen Zustand, der eben genau das war: ein Moment, der vorübergehen würde, ein bloßer Zustand, kein Verweilen.

Nach wenigen Schritten stehe ich vor dem Pflegerraum, und eine ältere Dame, die anscheinend meine Schritte vernommen hat, tritt aus der Tür. «Guten Morgen Frau Schaumann. Ich vermute, Sie sind schlaflos?»

«Ganz offensichtlich, ja.»

Sie bittet mich einzutreten und schließt hinter uns die Glastür. «Frau Schaumann, mein Name ist Schwester Blohm. Ich mache hier die Nachtschicht. Liegt Ihnen etwas auf der Seele, mein Kind?»

Achttausend Kilo Schwermut. Vierundzwanzig Jahre Risse und Flecken und das Gefühl, dass der Geist nur ein monumentales Denkmal ist in einem Körper, der nie älter geworden ist als achtzehn.

«Nein, ich kann nur nicht schlafen, das ist alles.»

«In den ersten Nächten ist es für einige Patienten ungewohnt, hier zu sein. Ich kann Ihnen anbieten, mit mir zu sprechen.»

«Können Sie auch singen? Sie könnten mir ja Schlaflieder vorsingen.»

Sie schaut mich irritiert an. «Gut, ich verstehe das als Nein. Es ist üblich, dass Sie von mir eine leichte Schlafmedikation bekommen können. Möchten Sie etwas zum Schlafen?»

«Ich glaube, ein Kamillentee wäre ausreichend. Kann ich jetzt gehen?»

Einen Augenblick zögert Frau Blohm, dann nickt sie und lässt sich wieder auf ihren Stuhl fallen.

Ein paar Minuten später sitze ich allein im Essensraum, in eine Tasse Kamillentee starrend. Den Tee hatte ich dankend entgegengenommen, die dazu angebotene Gesellschaft erschien mir etwas übertrieben, und so überließ mich die Schwester meinem Getränk und meinen Gedanken, und ich sehe meinem Spiegelbild in den dunklen Fenstern zu, wie es trinkt, pustet und trinkt.

Die Minuten vergehen und werden zu einer halben Stunde, werden schließlich zu einer Dreiviertelstunde, und ich sitze noch immer allein in dem Raum mit einem mittlerweile kalt gewordenen Rest Tee.

Gerade, als ich beschließe, endlich in mein Zimmer zurückzukehren, öffnet sich die Tür. Ich drehe mich erschrocken um und sehe in das Gesicht von Simon, der in einer grauen Trainingshose und einem verwaschenen weißen T-Shirt in der Tür steht und mich überrascht ansieht.

«Auch hier», stellt er fest und stößt sich vom Rahmen der Tür ab, geht ein paar Schritte auf mich zu und setzt sich schließlich auf den gegenüberstehenden Stuhl.

Ich nicke und betrachte angestrengt meine Fingernägel.

Wir schweigen beide. Wir schweigen eine lange Zeit, so lange, dass die Stille beinahe unangenehm wird und ich sie schließlich durchbreche.

«Warum kannst du nicht schlafen?», frage ich.

«Ich kann meistens nicht schlafen.»

«Das ist keine Antwort auf meine Frage.»

«Weil ich es eben nicht kann», antwortet er und greift nach meiner Tasse, die er zwischen seinen Fingern hin und her bewegt.

«Manche Dinge sind halt einfach so.»

«Ich wollte bloß höflich sein», entgegne ich, mittlerweile ein wenig gereizt von seinem offenkundigen Missmut.

«Höflichkeit also. Ida Schaumann ist also ein höflicher Mensch.»

«Woher kennst du meinen Namen?»

«Dein Name stand bei den Teilnehmerlisten der Gruppen.»

«Aha.»

«Und, wie gefällt es dir in unserer kleinen WG?»

Jede seiner Fragen wirkt wie eine Aussage, deren tieferem Sinn er unterstellt, dass nur er ihn entdeckt und verstanden hat, dass kein anderer Mensch in der Lage ist zu verstehen, was hinter den Dingen, hinter den Worten verborgen bleibt – weil alle anderen zu dumm, zu wenig tief, zu sehr unvorsichtig mit den Worten umgehen. Dieses tiefe Misstrauen gegenüber den Menschen verleiht ihm einen feindseligen, einen trotzigen und beinahe bösartigen Ausdruck, der im Grunde gelangweilt und kalkuliert wirkt.

«Gut», antworte ich.

«Ich werde dich nicht fragen, warum du hier bist. Vermutlich hast du Depressionen, weil Mama und Papa nicht nett zu dir waren, oder du hast irgendeine schicke Phobie, das ist doch gerade so in – eine kleine, gepflegte Phobie, nicht wahr?»

Er blickt gelangweilt im Raum herum und vermeidet es, mich anzusehen.

«Ist das deine verdrehte Art von Humor, Simon? Ist das deine Art, ein Gespräch anzufangen?»

«Oha, sie hat sich also auch meinen Namen gemerkt. Na, das ist doch was. Da haben wir doch eine Grundlage für eine Unterhaltung. Ich bin im Übrigen recht humorlos, musst du wissen. Wenn du ein paar Witze benötigst, solltest du dich eher an Isabell oder an die anderen Pappnasen halten.»

Wir starren uns feindselig an, und ich bemerke ein leichtes Zittern meiner Hände, die ich schnell zurückziehe und unter dem Tisch verkrampft aneinanderreibe.

Ich sollte aufstehen. Ich sollte aufstehen und gehen. Ich sollte diesen Ort verlassen, diesen Raum. Ich sollte meine Tasse nehmen und sie ihm ins Gesicht werfen, sollte etwas Impulsives tun oder das Gegenteil davon, sollte in jedem Fall aber schleunigst diesen Moment beenden und in jedem Fall gehen, aufstehen und gehen.

«Danke für dieses erbauliche Gespräch», sage ich, während ich schon aufstehe, «es war mir eine Freude.»

«Ist das kleine Mädchen jetzt eingeschnappt?», Simon lehnt sich auf seinem Stuhl zurück.

«Ja, was auch immer.» Ich gehe zur Tür.

«Gute Nacht, kleine Ida, träum süß», ruft Simon mir von seinem Platz hinterher, während ich schon die Tür von außen schließe.

Auf dem Gang hole ich ein paar Mal tief Luft und zähle sehr häufig von zehn bis eins.

Plötzlich öffnet sich die Tür hinter mir, Simon drückt sich an mir vorbei und baut sich vor mir auf.

«Du hast etwas vergessen», grinst er und drückt mir die Tasse in die Hand. Dann dreht er sich um und geht leise pfeifend den Flur entlang zurück zu seinem Zimmer. Und während er die Tür schließt, bewegt sich der Zeiger der Uhr mit einem «Klack» auf halb zwei.

Zehn

Die Tür öffnet sich mit einem Schwung und knallt gegen die Wand, um dann zurückzufedern und beinahe den Kopf der Gräfin zu treffen, der durch den Türrahmen lugt und schreit: «Frau Schaumann, Frau Schaumann, sind Sie hier?»

Ich stehe vor dem Schrank in der Ecke, erschrocken und ein wenig erstarrt ob ihres beeindruckenden Auftritts, und zucke zusammen, als sie sich vor mir aufbaut und fragt, ob ich ihr Klopfen nicht gehört habe. Ich verneine, ich hätte unter der Dusche gestanden.

«Gut, gut», sagt sie, «ich möchte Sie gerne mitnehmen zur Visite.»

Die Chefarzt- oder auch Oberarztvisite ist ein meistens wöchentlich stattfindendes Ritual: Der Patient wird in einen Raum gebracht, in dem der Chef- oder Oberarzt sitzt sowie die behandelnden Therapeuten und das Pflegepersonal. Der Patient setzt sich auf einen Stuhl und wird ein paar Minuten lang nach Fortschritten, Rückschritten und möglichen Zielsetzungen befragt.

Läge man mit einem gebrochenen Bein in einem Krankenhausbett, so käme die Gruppe in das eigene Zimmer, stünde am Bett und würde sich kurz darüber beraten, wie die Wunde, der Knochen, der ganze Mensch verheile.

Und weil die meisten Psychiatrien zu Krankenhäusern gehören, finden auch hier Visiten statt. Der Patient kann aber meistens laufen und läuft deshalb zur Visite und nicht umgekehrt. Über Wunden wird trotzdem gesprochen. Über Heilung und Wundheilung, über Verbände und Fortschritte, über das Desinfizieren der Wunde, wie sehr die Nähte schmerzen und ob sie reißen, wenn der eigene Kopf sich wieder zu sehr bewegt, so sehr bewegt, dass die Wunde aufreißt und eitert – ein Eiter aus Gedankenabfall und Angst, eine Flüssigkeit aus Gift und stetigem Widerwillen.

Frau Gräfling führt mich den Gang entlang und durch die Haupttür der Station. Mit dem Fahrstuhl fahren wir zwei Stockwerke hinauf, bis wir zu Station 3 kommen – die Privatstation. Hier stehen mehr Stühle auf dem Gang, und es hängen mehr Bilder an den gelben Wänden, hier stehen ein Wasserspender und frische Blumen. Der Wahnsinn trägt hier hübsche Kleider und riecht gut.

Wir betreten ein Zimmer, das ganz am Anfang der Station liegt, Frau Gräfling öffnet die Tür und lässt mich als Erste eintreten. An einem runden Tisch sitzen Kropka und Wängler, und Frau Gräfling setzt sich umständlich und ächzend dazu, so als bereite ihr der Aufenthalt in diesem Raum große Schmerzen. Kropka deutet mit der Hand auf den einzigen freien Platz, der ihm gegenüberliegt, und ich setze mich vorsichtig, langsam, wie jemand, der eine Sitzhaltung eigentlich nur andeuten möchte, um schnell aufzustehen und herauslaufen zu können, sobald sich die Gelegenheit bietet.

«Wie war Ihre erste Nacht, Frau Schaumann?», beginnt Kropka das Gespräch.

«Ungewohnt», antworte ich, was seltsam klingt, denn: Nur das Gefühl kann ungewohnt sein, die Nacht selbst bleibt und ist nicht mehr als die Abwesenheit von Licht und die Anwesenheit von sehr viel Schatten.

«Konnten Sie schlafen?», fragt Kropka.

«Ja, ein wenig. Genug.»

«Ich nehme an, dass Sie wissen, was bei einer Visite passiert, nicht?», fragt er und wirft einen schnellen Blick zu Frau Wängler, die sich eifrig Notizen auf einem Block macht, während sie ab und zu den Kopf hebt und mich mit einem Lächeln betrachtet.

«Ja, ich habe genug Erfahrung in solchen Visiten sammeln können, um ungefähr zu wissen, was mich hier erwartet: Sie stellen die Fragen, und ich antworte so, als wüsste ich, was Sie von mir erwarten, damit wir nach ein paar Minuten alle glücklich und zufrieden auseinandergehen können.»

Er kneift die Lippen zusammen, und Frau Wängler hebt erneut den Kopf und sieht abwechselnd die Gräfin, Kropka und mich an, ein mittlerweile verzerrtes Lächeln im Gesicht. Die Metamorphose ihres Lächelns führt bisweilen zu einer Art umgekehrter Mimikry: je feindlicher der Gesichtsausdruck ihres Gegenübers, desto freundlicher der ihrige.

«Nun gut, Frau Schaumann, ich sehe, Sie haben Ihren Sinn für Humor nicht gänzlich eingebüßt.»

Die Gräfin beißt ihre Zähne aufeinander, die Muskulatur ihres Kiefers ist dermaßen gespannt, dass sie selbst bedrohlich wirkt, wenn sie schweigt. Frau Wängler atmet geräuschvoll aus, scheinbar erleichtert ob der Deeskalation des Oberarztes. Ich lehne mich zurück und verschränke die Arme.

«Gleichwie, wir würden heute gerne kurz mit Ihnen besprechen, was Sie zu Ihrem Aufenthalt hier bewogen hat.»

«Haben wir das nicht schon besprochen, Herr Kropka?»

«Der Zweck dieser Angelegenheit hier ist, dass Sie noch einmal in wenigen Worten Ihre Problematik zusammenfassen, damit wir in Zukunft bei unseren wöchentlichen Zusammenkünften gemeinsam feststellen können, inwieweit Sie Fortschritte machen und ob wir gemeinsam auf dem richtigen Weg sind.»

«Ich bin seit ungefähr sechs Jahren depressiv. Ich glaube manchmal, dass ich schon so zur Welt gekommen bin. Ich kann mich jedenfalls nicht daran erinnern, jemals das Gefühl gehabt zu haben, einen wertvollen Beitrag zum Weltgeschehen durch meine Frohnatur beigetragen zu haben. Viel mehr hatte ich den Eindruck, eine große Störung, ein unvorhergesehener Zwischenfall zu sein. Eine Störung im System, irgendwie falsch programmiert, irgendwie so aussehend wie die anderen, aber in der Software total beschädigt.»

«Haben Sie jemals versucht, sich absichtlich zu verletzen? Oder sich das Leben zu nehmen?»

«Ja, immerzu. Immerzu denke ich darüber nach. Ich würde wirklich sehr, sehr gerne mein Leben nehmen und es irgendwo hinschmeißen. Vielleicht kann man es noch weiterverwerten. Vielleicht braucht ja gerade jemand zufällig so eine Katastrophe von Leben. Und kann mir dann seines geben. Das wäre doch was, oder?»

«Die Frage war: Haben Sie jemals versucht, sich umzubringen?»

«Nein. Erstaunlicherweise habe ich das nie ernsthaft versucht.»

«Gibt es etwas, das Sie davon abgehalten hat? Oder jemand? Der Ihnen viel bedeutet?»

«Nein. Im Gegenteil. Mich hat sogar die Abwesenheit von etwas davon abgehalten. Die Abwesenheit einer echten Alternative. Ich wollte nicht auf diese Art sterben. Nicht sterben, ohne wenigstens eine Phase der Zufriedenheit erlebt zu haben. Und der Tod war mir eine zu unsichere Sache, was die Zufriedenheit angeht. Vielleicht kommt danach ja gar nichts, und dann liege ich da, tot und nie zufrieden gewesen, und habe sogar da versagt. Also dachte ich: Hey Ida, versuche lieber im Leben noch irgendwie zufrieden zu werden, das hat vermutlich die größeren Chancen auf Erfolg. Wie sich mittlerweile herausgestellt hat, lag ich falsch, aber wenigstens habe ich es versucht.»

«Wäre Zufriedenheit eine mögliche Zielsetzung für Ihren Aufenthalt hier?», mischt sich Frau Wängler in das Gespräch.

«Ja, bitte, das wäre doch ein wirklich nettes Ziel.»

«Gut, dann halten wir das so fest. Sie wünschen sich also mehr Zufriedenheit. Noch etwas?»

«Abgesehen von der Möglichkeit, endlich so viel Geld zu verdienen, dass ich die Nabelschnur, mit der ich immer noch an Mama und Papa hänge, mit einer Schere aus Gold durchtrennen kann, wünsche ich mir eigentlich nur, dass ich mein Leben endlich verbessern kann. Auf die Art, die man immer in den Ratgebern liest: die Mischung aus Struktur, Leugnung der Tatsachen und gewaltfreier Kommunikation mit Mitmenschen. Ich wünsche mir, dass ich mit dem zurechtkomme, was ich habe. Und dass ich die Wohnung verlassen kann, ohne das Gefühl zu haben zu ersticken. Keine Angst und viel mehr Freude, das wünsche ich mir.»

Kropka nickt und wirft einen Blick auf Wängler, die meine Worte hoffentlich zu etwas umschreibt, das nicht nach Roman klingt.

«Einen letzten Punkt haben wir noch: Wir würden gerne mit Ihnen über eine mögliche Medikation sprechen. Es gibt ein paar gute Medikamente, die in Ihrem Fall der Therapie auf eine sinnvolle und unterstützende Art zuarbeiten können. Natürlich ersetzen sie keine Therapie, aber sie sind eine wertvolle Ergänzung. Wir würden Ihnen gerne P. vorschlagen, ein Medikament, das sich gegen Angst- und Panikstörungen bewährt hat, aber auch gegen Depressionen gute Resultate erzielt hat. Können wir uns darauf einigen?»

Weißer Schaum in der Kloschüssel. Würgen. Weißer Schaum neben der Kloschüssel. Zittern, Kopfschmerzen, Schwindel. In das Schlafzimmer zurückwanken, auf das Bett fallen, zitternd, würgend, fiebrig. Drei Tage, hatten sie gesagt, drei Tage, und dann würde es besser. Das lasse nach, bis es ganz verschwände, ganz bestimmt. Tagelange Übelkeit. Dann die Wand. Eine Nebelbank vor allem, das wehtut. Der Nebel, der einer Mauer ähnlich alles abprallen ließ, das über das gelegentliche Seufzen und ferne Erinnerungen hinausging. Eine Wand, die das Jetzt vom Gestern fernhielt, den Tag von der Realität des Status quo, eine Wand wie ein Loch, in das alles fiel, was Angst machte. Nach einer Woche hatten sie es abgesetzt, etwas stimme nicht mit dem Blut, und etwas stimmte auch mit mir nicht, der Schaum war längst verschwunden, als der Nebel gekommen war und sich nicht lichtete, bis das Medikament nach drei Tagen endlich aus dem Blut verschwand.

«Ich weiß nicht. Ich habe keine guten Erfahrungen mit Psychopharmaka gemacht.» Zum ersten Mal Unsicherheit zwischen Kropkas Worten und meiner Antwort: Ich war mir nicht sicher, ob ich eine solche Tortur, die nicht nur die Psyche, sondern auch die physischen Bestandteile meines Körpers angegriffen hatte, ob ich eine solche Erfahrung wiederholen wollte. Andererseits war der Schaum längst zu Gas geworden, das sich in der Luft des Badezimmers verflüchtigt hatte und nur ferne Erinnerung blieb, während ich im Jetzt und Hier sitze und nach Hilfe frage. Ob sie nun aus dem Mund Wänglers oder aus einem Blister kommt, ist für mein jetziges Ich von großer Gleichgültigkeit. Also nicke ich und sage Ja, Ja, ich will es versuchen, *noch einmal* versuchen. Aber dieses Mal in niedriger Dosierung und langsamer Steigerung derselben. Kropka nickt, weist Wängler an, die Dosis zu notieren, und erhebt sich, um mir seine klebrige Hand zu reichen.

Ich drehe mich um und verlasse den Raum leise, ziehe die Tür hinter mir zu, als dürfte ich kein Geräusch mehr machen, kein einziges Geräusch, das an dieser Entscheidung noch etwas ändern könnte.

Und wenn es nur das laute Zuziehen einer Tür sein mochte: Das Geschrei in meinem Kopf scheint nur noch eine winzige Aufforderung zu benötigen, um zurückzulaufen und zu rufen: Ich habe Angst, ich will das nicht! Ich habe Angst vor den Tabletten und davor, dass ihr alles noch schlimmer macht. Dass ihr gar nicht wisst, was ihr mit mir anstellen sollt. Dass ihr nur rätselt und ratet und Psychologie spielt, um zu schauen, wer nachher gewinnt: Der irre Kopf oder euer Studium, eure Supervision, eure ganze Erfahrung, mit der ihr glaubt, einen Menschen in ein paar Wochen so begreifen zu können, dass ihr ein Leben aus Irrsinn ausgleichen könnt mit gut gemeinten Ratschlägen.

Ich will ja glauben und will ja tanzen und will mir ja die Fäden selbst ziehen, mit denen ich vernäht habe, was gar nicht abgeheilt ist, sondern nur eitert und schmerzt und brennt. Ich will ja glauben und will ja beißen und will mich ja verhalten, auf eine Art verhalten, die zur Unsichtbarkeit wird, zu jenem Nicht-Auffallen zwischen all dem anderen Unsichtbaren. Ich will ja werden, was ihr seid, will ja begreifen, was ihr schon wisst, aber bitte, könnten Sie diesen Zettel unterschreiben? Auf dem steht, dass ich mich bei Nichtgefallen umtauschen kann, dass Sie mir den Preis an Lebenszeit zurückerstatten, in Tag und Monat und Erlebnis und Mut. Würden Sie bitte hier gegenzeichnen?

Ich wanke ein wenig, taumle der Nische entgegen, die sich durch die Umbaumaßnahmen ein paar Jahrzehnte zuvor ergeben haben muss: zwei Wände und eine kleine Einbuchtung dazwischen, die keinen Zweck erfüllt und architektonisch sinnlos ist, aber zahlreich vorkommt in sanierten Altbauten und öffentlichen Gebäuden.

Die Nische ist gerade so groß, dass mein Körper an der Wand hinuntersacken kann und ich kniend die Tropfen zähle, die mir auf die Oberschenkel fallen. Fünfundzwanzig sind es schon nach einer Minute, dann versiegt der Strom langsam, und ich wische mir die Augen mit dem Ärmel ab und verharre in meiner Hocke.

Etwas ändern, das war die Maxime. Etwas ändern, das etwas änderte, das mein Leben war. Eine Durchhalteparole, die in Bewegung war, die nie zum Ziel führte, war doch ebenjenes Ziel nicht festgelegt, war das Ziel bloß Metapher eines Zustandes: Zufriedenheit. Wann bin ich zufrieden und wann bloß befriedigt? Wann bin ich nicht einfach nur satt, sondern fühle mich *angekommen*, dieses Angekommen, von dem die anderen immer sprechen, wenn sie eigentlich «erreicht» meinen. Und was hatten sie dann erreicht? Was ist es eigentlich, das ich erreichen muss, um da zu sein, wo die anderen stehen, wenn sie lachen, sich freuen, herüberwinken von der Insel, vor der ich im offenen Meer schwimme und Leuchtraketen aus Geschrei abfeuere?

Ich hatte durchaus einmal Ziele gehabt. Ich hatte das Abitur und ein Studium abschließen wollen, ich wollte Freunde und eine Wohnung, die beim Betreten gleich ruft: Hier wohnt eine, die zufrieden ist, das kann man an den Kerzen und an den Kissen und an der ganzen glückseligen Gemütlichkeit erkennen, Herrschaften. Aus mir hätte etwas werden sollen, und was das war, war auch bloß Metapher, vage Vorstellung und ein bisschen Träumerei gewesen, aber immerhin war es ein Ziel, das ich versucht hatte zu erreichen. Irgendwann war etwas passiert, das begonnen hatte, den Weg zu zerfressen, den ich ging, etwas, das aus dem Weg einen Hindernisparcours gemacht hatte. Und das, was da passiert war, war *ich* gewesen. Ein Gedanke, der sich gesetzt hatte in mein Leben, das ihm den Platz in der ersten Reihe geboten hatte. Der Gedanke, der Frage war, der Zweifel war, der Angst war: Mache ich all das für mich oder für die anderen?

Und mit einem Mal war alles Streben, war alles Ziel zur Fragwürdigkeit verkommen. Ich hatte nicht mehr gewusst, ob ich mich anstrengte, um etwas zu erreichen, das mir lag oder das nur den Wünschen der anderen entsprach. Ich hatte nicht mehr gewusst, ob ich für mich aufstand oder für die Erfüllung einer Vorstellung, die mir eingepflanzt worden war, damit ich dabei blieb, damit ich nicht abtrieb in das offene Meer der Ziellosen. Und ich fand die Antwort nicht. Mit jedem Mal mehr, das ich darüber nachdachte, zerfiel die Schnur, an der ich mich bis jetzt noch im schlimmsten Sturm hatte orientieren können, immer mehr zu Fasern, die schon rissen, wenn ich sie nur leicht berührte. Ich stolperte weiter vor mich hin, versuchte dies, versuchte das und scheiterte am Ende immer wieder an einer einzigen Frage: Warum tat ich das alles?

«Du kannst nicht so weitermachen!» Die Stimme von Frau Wängler durchdringt meine Gedanken, und gerade, als ich aus der Ecke steigen und ihr antworten will, noch ganz überrascht ob ihrer augenscheinlichen Fähigkeit, Gedanken lesen zu können, erklingt eine zweite Stimme.

«Ich weiß, aber es ist mein Job, hörst du? Ich kann ihm das nicht noch zwanzig Jahre vorwerfen, ohne auch noch verrückt zu werden.» Frau Gräflings Stimme zittert leicht, eine Unsicherheit, die ihr nicht zuzutrauen war.

«Susanne, ich sage dir schon seit Jahren, dass du endlich mit ihm reden musst. Das geht so nicht weiter. Entweder klärt ihr das endlich, oder du leidest noch bis zu deiner Pension. Und das halte ich für eine sehr schlechte Option, um ehrlich zu sein.»

«Ich hasse dieses *um ehrlich zu sein*. Als wären die Menschen grundsätzlich unehrlich, aber jetzt, in diesem einen Gespräch, sagen sie endlich mal die Wahrheit.»

«Und das entspricht ja so gar nicht deiner Vorstellung der Menschen, nicht wahr? Im Übrigen: Du lenkst ab. Ich bemerke so etwas.»

«Hör mal Beate, ich bin keine deiner Patienten. Ich brauche keine eingehende Beratung darüber, wie ich mit Hermann umgehen soll. Wir haben das damals unter uns geregelt, und ich habe zugestimmt, darüber Stillschweigen zu bewahren. Und damit habe ich mir selbst den Mund zugeklebt. Für alle Zeiten. Und jetzt Schluss damit.»

«Sprich endlich mit ihm.»

«Was soll ich ihm denn sagen? Wenn du damals für mich da gewesen wärst, anstatt mich mit dieser Assistenzärztin zu betrügen, hätte mich dieser Irre niemals so schwer verletzen können, und du wärst heute nicht Oberarzt, weil du Daddys Darling gevögelt hast, während ich von diesem Patienten attackiert wurde? Und dann? Wird er sich entschuldigen, mir zustimmen, sie verlassen und einsehen, dass das alles ein ganz großer Fehler war? Das ist über zwanzig Jahre her, er hat es bestimmt längst vergessen. Und zum Glück muss ich ihm ja nur einmal die Woche in sein verlogenes Gesicht ...»

«Warte mal, da kommt jemand.»

Sie schweigen einen Moment, grüßen dann kurz jemanden und fahren flüsternd fort.

«Also noch mal: Es würde einfach gar nichts ändern, Beate. Er bleibt Oberarzt, und ich weiß seit damals wenigstens, wie man mit den Leuten hier umzugehen hat. Punkt.»

«Ich wünschte, ich könnte dich dazu bringen, endlich reinen Tisch zu machen. Und du hast recht: Ich bin nicht deine Therapeutin. Aber deine Freundin. Deshalb schreibe ich dir nichts vor, sondern bitte dich bloß darum, es dir noch einmal durch den Kopf gehen zu lassen. Wenn du danach immer noch meinst, dass es nicht an der Zeit ist, die Sache zu klären: bitte schön.»

«Da gibt es nichts mehr zu klären. Ich muss jetzt los, bis später in der Kantine?»

Sie gehen auseinander, ich höre die Stationstür zufallen, dann ein Seufzen, das nach Wängler klingt, und ihre Schritte, die sich langsam entfernen. Eine Tür schließt sich, und es ist wieder still. Vorsichtig blicke ich um die Ecke des Wandvorsprungs und erhebe mich dann langsam, um auf die Station zurückzugehen, die ab heute zu Hause sein soll.

Elf

Ich setze mich an einen Tisch im Essensraum, um den Anamnesefragebogen auszufüllen, der jedem Patienten zu Beginn seiner Therapie ausgehändigt wird und dessen Auswertung den Therapeuten helfen soll, eine Übersicht über Vergangenheit und Zustand des Patienten zu bekommen.

«Morgen», murmelt jemand hinter mir, dessen Gesicht ich erinnere, dessen Name mir aber noch nicht bekannt ist. Er stellt seine Tasse neben meine, während er sich setzt.

«Hallo.»

«Gut geschlafen? Die erste Nacht ist immer furchtbar, oder?», er gähnt und reibt sich die Augen, so, als wäre es seine Nacht gewesen, über die wir hier sprechen. «Ich hoffe, du weißt, dass dir die Nachtschwester etwas zum Schlafen geben kann?»

Ich nicke und erzähle ihm, dass die Nachtschwester es zunächst mit einer Medikation versuchen wollte, es dann aber doch bei einem Kamillentee beließ. «Vielleicht gewöhne ich mich ja noch daran, dass es hier zuerst immer Medikamente gibt, bevor etwas anderes in Betracht gezogen wird. Wäre ja nicht das Erste, an das ich mich schneller als erwartet gewöhne.»

«Woran noch?», fragt er.

Ich überlege einen Moment.

«An zu viel.»

«Ich vermute: Alkohol?»

«Wo gibt es hier Alkohol?», ruft plötzlich jemand hinter mir, und ich wende mich erschrocken um. In der Tür steht Florian, grinst und ahmt das Zischen nach, das beim Öffnen einer Bierflasche entsteht.

«Leider nirgends. Aber wenn du dir vorstellen kannst, dass

die braune, wässrige Suppe, die sie hier in die Thermoskannen füllen und Kaffee nennen, Bier ist, dann hast du gute Chancen, dich von morgens bis abends zu betrinken.»

Florian setzt sich zu uns und legt seinen Kopf auf beide Hände. Er stöhnt. «Gott, Peter, mir ist so langweilig. Heute sind alle meine Gruppen ausgefallen, und ich habe keine Ahnung, was ich mit der ganzen Zeit anfangen soll.»

«Vielleicht nachdenken?», schlägt Peter eine Spur zu aggressiv vor.

«Wenn ich noch mehr nachdenken muss, dann implodiert etwas in meinem Kopf, das lebenswichtig sein könnte», antwortet Florian ungerührt und zeigt dann plötzlich auf mich.

«Ida, stimmt's?»

Ich nicke.

«Willkommen in unserer Reisegruppe *Psychotours*. Der Weg ist das Ziel, die Reise der Ort. Sie kommen vielleicht nie an, aber trotzdem viel Spaß auf unserem kleinen Trip!»

«Ich frage mich, ob du auch mal zwei Minuten den Mund halten kannst», sagt Peter jetzt zu Florian gewandt und starrt ihn feindselig an.

Die Tür öffnet sich erneut, und Nina und Isabell treten ein und setzen sich zu uns.

«Haben wir die neue Selbsthilfegruppe für Idioten verpasst?», fragt Nina und gibt Florian einen leichten Klaps auf den Hinterkopf. Er errötet und blickt verlegen zur Seite.

«Na», spricht mich Isabell an, «anhand dieser beiden Prachtexemplare kann man deutlich erkennen, wie gut es ist, dass es diese Einrichtung gibt.» Nina und Isabell lachen, und ich sehe zu Peter hinüber, dem es jetzt scheinbar leidtut, Florian bloßgestellt zu haben.

«Ich dachte, ihr beiden seid das beste Beispiel dafür, wie wenig Therapie in manchen Fällen ausrichten kann», fährt er Isabell an.

«Du musst es ja wissen, Peter, so als Urgestein der Psychiatriegeschichte», antwortet Nina, und alle vier starren einen Moment aneinander vorbei, als sei nun alles gesagt.

Ein plötzliches Gift liegt in der Luft, ein schweres, lautes Gift aus Worten.

Peter wendet sich schließlich schweigend seiner Tasse zu und beginnt, in seinem Kaffee zu rühren. Der Löffel erzeugt ein Geräusch, das wie ein regelmäßiger Glockenschlag klingt, der dem Gesagten einen eigenwilligen Rhythmus verleiht. Dann fragt er: «Warum bist du eigentlich hier, Ida? Wenn ich fragen darf?»

Acht Augen starren auf meinen Mund, auf meine Nase, in mein Gesicht und warten. Warten auf die Antwort, die ich selbst nicht weiß. Warum ist Ida Schaumann, vierundzwanzig Jahre alt, nicht in der Lage, ein Leben zu führen, das «leben» standhält. Warum steht auf Idas Körper überall in Zaubertinte geschrieben: Vorsicht, fragil. Und wieso kann überhaupt niemand die Zaubertinte lesen, außer mir? Wer soll das beantworten, wenn nicht einmal ich alle Variablen zu einem richtigen Lösungsweg zusammenfügen kann? Wenn alles zu verschwimmen droht, sobald jemand versucht, die richtige Antwort zu geben? Wenn die Antwort immer nur eine Diagnose sein kann, um das Unerklärliche zu Worten zu machen, die zwar ein Nicken, eine Ahnung von Verständnis hervorrufen, aber niemals das fassen können, was hinter den Worten liegt? Wenn eine Diagnose zwar bedeutet «Panikstörung» oder «Depression», aber doch jede Panik anders ist, jede Depression sich in unzähligen Schattierungen von der anderen unterscheidet? Meine Depression ist nicht die, die Peter hat, wenn er davon erzählt, wie müde und erschöpft er ist. Meine Angst ist nicht Ninas Angst, ist nicht Florians Angst, ist überhaupt niemandes Angst, außer die meine.

«Wegen des bisschen Lebens», antworte ich schnell, weil die Stille wie Brandbeschleuniger ist, dessen Dosierung erhöht wird, je länger sie währt: Sie zündet alle Worte an, die ihr folgen, um sie heller und deutlicher erscheinen zu lassen, als sie eigentlich sind.

«Na, also irgendwie wie bei allen», findet Peter, und ich bereue schon, geantwortet zu haben, als Isabell sagt: «Sagt mal, was mich wirklich interessieren würde: Gab es bei euch eigentlich einen Moment, an dem ihr gewusst habt, dass ihr jetzt völlig durchdreht? Dass es jetzt wirklich mit eurem Verstand vorbei ist? Erinnert ihr euch an so etwas, oder gab es den nur bei mir?»

«Ich bin raus. Ich bin eingewiesen worden, das zählt nicht», antwortet Florian schnell und lacht. Die anderen schweigen.

«Kommt schon, so etwas hat es doch gegeben bei euch?», fragt Isabell nach, die scheinbar noch nicht aufgegeben hat, Mitstreiter zu finden, die aus ihrem individuellen Gefühl eines der Gemeinschaftlichkeit machen, eines, das sie teilen und verteilen kann, damit es in den Nächten auch einmal in anderen Betten liegen kann, als immer nur auf ihrem Kopf, der dann nicht mehr schlafen will.

«Ich habe es gemerkt, weil ich ständig dieses Herzrasen hatte und keiner erklären konnte, woran das liegt. EKG, Ultraschall, alles war ohne Befund. Der Arzt hatte schon von Anfang an so einen Verdacht, aber ich habe das alles abgewehrt. Bei mir nicht, dachte ich, so etwas haben doch nur *Psychos* aus dem Fernsehen, die immer heulend in die Kamera schauen mit ihren Betroffenheitsfressen, die sie permanent zur Schau stellen. Aber dann gab es diesen einen Morgen, das weiß ich noch ganz genau, da stand ich in der Küche und habe an die Präsentation gedacht, die ich halten sollte an dem Tag, und plötzlich hatte ich das Gefühl, dass mein Herz sich verkrampft und irgendwie nicht mehr im Takt schlägt, und ich wusste: Herzinfarkt, jetzt ist es so weit. Meine Frau hat den Notarzt gerufen, und die haben dann festgestellt, dass ich eine Panikattacke hatte. Und ich lag allein in dem Untersuchungsraum, während meine Frau sich einen Kaffee holte, und wusste plötzlich: Du bist ein Verrückter, Peter, du bist jetzt einer von denen. Und dann habe ich mich am nächsten Tag auf Anraten meines Hausarztes hier vorgestellt.»

«Krass», bemerkt Nina beinahe anerkennend und wirkt plötzlich gar nicht mehr wie das Mädchen, das immerzu Sticheleien von sich gibt. «Bei mir war das nicht ganz so heftig. Ich konnte einfach irgendwie nichts mehr essen. Und dann hatte ich auch dauernd so ein schlechtes Gefühl, wenn ich in die Praxis musste. Ich hatte so viel Stress in der Berufsschule, dass ich dachte, dass das alles daher kommen würde. Die Appetitlosigkeit und so. Und dann bin ich zum Arzt wegen einer Grippe, und der Arzt hat ziemlich schnell festgestellt, dass ich keine Grippe habe, sondern einfach nur total erschöpft bin. Ein paar Wochen später bin ich dann bei der Arbeit umgekippt. Und da hat der Arzt dann gesagt: Jetzt aber in die Klinik. Aber ich habe nie gedacht, dass ich sterben müsste oder so. Dafür war ich sowieso zu müde. Für solche Gedanken.»

«Ich wusste eigentlich die ganze Zeit, dass man mich besser einsperren sollte», sagt Isabell.

«Ich gehe mal rauchen», sagt Nina plötzlich mit einem zornigen Blick auf Isabell, die nur lächelt.

In der Tür stößt sie fast mit Richard zusammen, der hochrot in den Raum stürzt, sich eine der Wasserflaschen nimmt, die dort für alle zur Verfügung stehen, und gierig trinkt.

«Was ist denn mit dir los?», fragt Peter.

«Ich fasse das nicht. Ich fasse das nicht. Ich fasse das echt nicht. Immer macht die das, die Wängler, immer muss die so etwas machen, als wäre das fair, obwohl es das nicht ist, ist es gar nicht, fair ist das nicht, und dann soll ich mich nicht aufregen, sagt sie, aufregen soll sich der liebe Richard nicht, obwohl man sich doch da richtig aufregen kann, wenn einer so was macht, also das ist doch wirklich nicht fair, einen so zu behandeln!»

Die anderen lachen, und Peter fragt noch einmal: «Was ist los, Richard?»

«Also, da sagt die, dass ich mir nicht genug Mühe geben würde, also, als ob das wahr wäre, als ob man das so sagen kann, kann man nicht, kann man nicht! Und wisst ihr, was die noch gesagt hat? Wisst ihr das? Nein, könnt ihr ja nicht wissen, ihr seid ja nicht dabei gewesen, aber die hat gesagt, dass ich mich mehr anstrengen müsste, sonst würde das ja alles nichts bringen, aber ich strenge mich doch schon an, so an, also das ist doch, das ist doch ...»

«Darf ich vorstellen: Richard, der Mann, der die Schallgeschwindigkeit nur mithilfe der Sprache überwindet», bemerkt Isabell und erntet einen wütenden Blick von Richard.

«Genau das ist es ja! Ich kann doch nichts dafür, dass die nicht so schnell denkt, wie ich reden kann, dass scheinbar überhaupt niemand so schnell denken kann, wie ich sprechen kann, das ist ja wohl nicht meine Schuld, ja! Und mir geht es ja auch schon viel besser, viel, viel besser geht es mir, ich bin richtig zufrieden, und vielleicht bekomme ich sogar meine eigene Wohnung demnächst, das müsst ihr euch mal vorstellen, und dann sagt die Wängler, ich würde nicht genug Fortschritte machen, um in eine eigene Wohnung zu ziehen, dabei stimmt das doch gar nicht, ich habe total große Fortschritte gemacht!»

Sichtlich erregt knallt Richard die Wasserflasche auf den Tisch und verschränkt die Arme wie ein kleines, wütendes Kind. Dann verlässt er plötzlich schweigend den Raum so schnell, wie er ihn betreten hat.

Peter blickt ihm kopfschüttelnd hinterher und fragt dann: «Und Ida, du hast die Frage gar nicht beantwortet, oder? Was war denn dein Moment der Erleuchtung, dass eigentlich alles ziemlich finster aussieht?»

Der Moment, in dem ich an ihrem Grab stand und furchtbar lachen musste.

Der Moment, als ich vom Dach eines Hochhauses nach unten geblickt und nichts als Erleichterung gespürt habe. Erleichterung über die Möglichkeit eines Ausgangs, wenn alle anderen Türen blockiert sind.

Der Moment, in dem ich vor der Toilette saß, auf den ganze Würgetage folgten, in denen ich mich erbrach, weil ich herausfinden wollte, wie viele Schmerztabletten sich mit Alkohol mischen ließen, ohne dass etwas eklatant Schlimmes passierte.

Der Moment, in dem ich die Kassiererin anschrie, sie solle sich gefälligst ins Knie ficken mit ihrer scheiß Langsamkeit.

Der Moment, in dem ich mit der Faust gegen den Spiegel der Umkleidekabine schlug, weil ich das Gesicht, das ich sah, genauso abstreifen wollte wie das Kleid, das zu eng war, und es einfach nicht schaffte.

Der Moment, in dem ich meine Mutter fragte, warum sie so etwas wie mich nur hatte zeugen können.

«Ich glaube, da gab es keinen Moment, der mir das in aller Deutlichkeit gezeigt hätte. Er war einfach schon immer da, dieser Gedanke, dass es einfach besser wäre, nicht ich zu sein. Oder unsichtbar zu sein. Wenn ich mich richtig erinnere, gab es mal die kleine Hoffnung, unsichtbar zu sei. Ich saß an einer U-Bahn-Haltestelle und musste lange auf den Zug warten. Es kamen viele Menschen an mir vorbei, es war später Nachmittag, und deshalb war der Bahnsteig recht überfüllt. Aber keiner hat mich angesehen. Kein Einziger. Und plötzlich dachte ich: Vielleicht bin ich jetzt endlich unsichtbar geworden. Aber als mich jemand anrempelte und sich entschuldigte, da wusste ich, dass es wieder nicht geklappt hatte.»

Peter seufzt und sieht Isabell an, die mich unumwunden anstarrt. Es ist ein kaltes, ein grausames Starren, das den Eindruck erweckt, als hätte ich ihr mit dem Gesagten etwas weggenommen.

«Tja», sagt sie schließlich, «wären wir alle unsichtbar – und ich finde, dass wir das durchaus auf eine gewisse Art und Weise sind –, hätte die Pharmaindustrie sehr viel weniger Freude an uns. Ich werde das Gefühl nicht los, dass das alles lächerlich ist. Als wüsste man erst in dem Moment, dass man verrückt ist, wenn man seine erste Panikattacke hat. Oder erst dann, wenn man sich wünscht, unsichtbar zu sein. Ich glaube, wenn jeder mal ganz ehrlich zu sich ist, haben wir alle diesen leisen Verdacht schon sehr viel früher gehabt. Egal, wie sehr wir auch das Gegenteil behaupten: Verrückt wird man nicht plötzlich, verrückt wird man mit den Tagen, mit den Augenblicken, mit all den hinuntergeschluckten Taten und Worten, die man besser hätte sagen sollen, sie dann aber doch irgendwie verdaut hat, auch, wenn bei jedem Mal ein wenig mehr davon im Körper geblieben ist, bis wir den ganzen Schmutz unserer Gedanken irgendwann in einem Schwall erbrochen haben. Das ist meine Meinung.»

«Ich glaube auch nicht, dass es unbedingt immer so deutlich sein muss. Bei mir hat es Jahre gedauert», wirft Peter ein.

«Und in all den Jahren hast du nicht einmal gedacht, dass etwas nicht stimmt, ja?»

Er schweigt.

Isabell nickt und erhebt sich. «Schönen Tag noch, und immer daran denken: einatmen, ausatmen.»

«Du teilst dir ein Zimmer mit ihr, oder?»

«Ja, aber wir haben uns noch nicht besonders gut kennengelernt.»

«Ich wäre da auch ein bisschen vorsichtig mit dem Kennenlernen. Sie ist ein wenig ... schwierig im Umgang.» Peter sieht mich nachdenklich an.

«Bestimmt nicht schwieriger als ich.»

«Ida, wenn ich dir einen guten Rat geben darf: Kümmere dich hier um dich. Nur um dich. Was die anderen machen und sagen, ist egal. Kümmere dich nicht mehr als nötig um ihre Angelegenheiten. Du hast genug mit dir selbst zu tun.»

«Wie gut, dass ich schon groß bin und auf mich selbst aufpassen kann», sage ich, und die Genervtheit ob seines väterlichen Ratschlags lässt mir kaum die Möglichkeit, mich einfach nur zu bedanken. Einfach mal Danke sagen. Einfach mal nett sein. Einfach mal den Mund halten, nicken und Danke und Knicks.

Einfach mal ein Mädchen sein, das sich benehmen kann. Einfach mal nicht ständig 180 fahren, gegen die Worte aller anderen, gegen alles, was nicht wehtut, gegen jeden Ratschlag dieser Welt.

«Danke», füge ich schnell hinzu.

Er nickt und trommelt mit den Fingern auf dem Tisch. Dann lächelt er plötzlich und legt mir eine Hand auf die Schulter.

«Das wird bestimmt alles besser hier, Ida.»

Nachdem er den Raum verlassen hat, versuche ich, mich wieder auf den Fragebogen zu konzentrieren. Hunderte Fragen sind dort aufgelistet, von denen ich die meisten mit einer Einschätzung von eins (gar nicht) bis fünf (sehr, immer) beantworten soll.

Haben Sie schon einmal einen Raub begangen? Haben Sie schon einmal Stimmen gehört, die andere nicht wahrgenommen haben? Sind Sie dauernd müde? Haben Sie manchmal das Gefühl, verfolgt zu werden? Würden Sie sich als spirituell bezeichnen? Glauben Sie, dass Sie Kräfte besitzen, die andere Menschen nicht haben? Haben Sie schon einmal jemandem Gewalt angetan? Haben Sie schon einmal versucht, sich das Leben zu nehmen? Leben Sie in einer Partnerschaft? Haben Sie Kinder? Stören Sie Geräusche, die andere nicht stören? Haben Sie schon einmal Gebrauch von einer Schusswaffe gemacht? Fühlen Sie sich zornig? Glauben Sie, dass Sie eigentlich jemand ganz anderes sind? Fällt es Ihnen schwer, morgens aufzustehen? Treiben Sie Sport? Wie ist Ihre Sexualität? Wie heißen Sie? Welchen Beruf üben Sie zurzeit aus? Wie ist Ihr Schlafverhalten? Nehmen Sie regelmäßig Tabletten ein? Wenn ja, welche? Nehmen Sie Drogen? Gehören Sie einer Sekte oder einer religiösen Gemeinschaft an? Wie fühlen Sie sich unter

Menschen? Glauben Sie, dass Ihre Gedanken von einer übernatürlichen Macht gelenkt werden? Empfinden Sie noch Freude?

Ich lächle – ein Lächeln, das einer Geste gleicht, die den Raum füllt, wenn etwas Unaussprechliches zwischen zwei Sätzen und einem Blatt stehen bleibt.

Liegen

Das Unaussprechliche

Meine Kindheit ist die Kindheit eines Mädchens, einer Frau, über deren Verlauf man nicht, über deren Bewertung man aber sehr wohl streiten kann. Es ist die Kindheit, wie sie Millionen von Malen passiert ist, wie sie aufgeschrieben wurde in Tausenden Worten, in Tausenden von Büchern und Erzählungen, deren Interpretationen sich wiederholen wie ihr Inhalt, wie ihre Aussage, wie der Wunsch nach einer Schublade, in die sie hineinpassen. Es ist die Kindheit eines Menschen, der in den Achtzigerjahren des vorangegangenen Jahrhunderts geboren wurde, dessen erste greifbare Erinnerungen sich in den Neunzigerjahren und dessen erste ernst zu nehmende Schritte sich erst nach der Jahrtausendwende ereigneten. Es ist die Kindheit eines Menschen, der in der Mittelschicht aufgewachsen ist, dem es an nichts fehlte, der immer genügend Kleidung, Nahrung und Möglichkeiten hatte und dessen Eltern sich weder trennten noch scheiden ließen, noch es jemals auch nur in Erwägung zogen, derlei Schritte zu gehen. Es ist eine Kindheit der Kleinstadt, der Langeweile, der grenzenlosen Lethargie des Wartens auf den Moment, in dem die Flucht aus dem Vorort das Vorwort zur eigentlichen Geschichte wird, dieser Geschichte, die sich das Kind schon erzählte, als es noch Bier an Bushaltestellen trank und seinen ersten Joint rauchte und darauf hoffte, das alles möge schnell vorübergehen, damit das richtige, das echte, das Leben *an sich* losgehen konnte.

In dieser kleinen Stadt, in diesem Vorort einer viel größeren Stadt, begann das Unaussprechliche sich mit den Jahren zwischen die Sätze und zwischen die Zeilen zu drängen, und es wirkte dort so deplatziert, so unangenehm raumfordernd, wie man es nur vor einem sehr dicken Menschen kennt, der sich auf den Platz zwischen einem selbst und dem nächsten Passagier in einem Flugzeug setzt, dessen Route gerade so lange ist, dass man genügend Zeit hat, diesen Menschen verachten, gar hassen zu lernen. Das Unaussprechliche nahm zum ersten Mal in meinem Leben Platz, als ich vierzehn war, und machte es sich auf diesem Langstreckenflug so gemütlich, wie es nur konnte. Das Unaussprechliche setzte sich zunächst sehr leise zwischen mich und den Rest der Welt und gab sich alle Mühe, seine Fettleibigkeit zu kaschieren, indem es die Luft anhielt und schwieg. Es griff nicht nach Sätzen, nach Worten oder Gesten, es schwieg einfach und blieb still sitzen und sah aus dem Fenster, während die Jahre vorbeirauschten.

Bis zu dieser einen Nacht. Ich war gerade achtzehn geworden und sah einen langweiligen Film im Fernsehen. Die Nacht war lau, es war Mai und schon sehr warm. Ich war zu Hause, und zu Hause, das bedeutete zwei Brüder und einen Vater und eine Mutter und Langeweile und Einsamkeit. Meine Brüder, die beide älter waren als ich, hatten sich schon früh darauf verständigt, lieber unter sich zu bleiben, Mädchen zu treffen oder Bier zu trinken – in jedem Fall aber ihre Zeit nicht mit einer kleinen Schwester zu vergeuden, die sie weder besonders gut kannten noch besonders mochten. Wir grüßten uns auf dem Schulhof wie entfernte Bekannte, und sie vermieden es, sich mit mir sehen zu lassen. Ohnehin waren die beiden in höheren Klassen als ich, und der älteste, Daniel, der gerade sein Abitur machte, würde bald die Stadt verlassen. Uns verband also nicht mehr, als die zufällig selben Eltern – was im Grunde eine Menge sein könnte, sich aber in der Realität als nicht weiter beachtenswert herausstellte. Ich war gerade in der zehnten Klasse des Gymnasiums und sehnte ungeduldig die Sommerferien herbei, nach deren Ende ich endlich in die Oberstufe kommen und somit, glaubte ich, einen weiteren Schritt in Richtung Verlassen der Stadt tun würde.

An diesem Abend saß ich also vor dem Fernseher und wartete darauf, müde zu werden und schlafen zu können. Um kurz nach zweiundzwanzig Uhr klingelte plötzlich mein Telefon, und meine Freundin Julia teilte mir mit, dass eine spontane Party bei einem Bekannten anstehen würde. Sie bat mich, sie zu begleiten. Ich sagte – froh über diese unerwartete Ablenkung – sofort zu, und sie nannte mir den Ort, an dem sie auf mich warten würde.

Um kurz vor halb elf verließ ich das Haus und fuhr mit dem Fahrrad zum Treffpunkt. Ich brauchte nicht einmal zehn Minuten dorthin, und so stand ich eine Weile an mein Fahrrad angelehnt, rauchte und wartete auf Julias Eintreffen. Ich erschrak, als ein Auto neben mir hupte und schließlich hielt. Die Scheibe wurde heruntergekurbelt, und ich erkannte Julias Gesicht auf dem Beifahrersitz.

Sie sagte: «Ida, hey, hallo. Wir fahren mit dem Auto, das geht schneller. Robert kommt auch mit!»

Julias Freund Robert stieg aus dem Wagen und half mir, mein Fahrrad im Kofferraum zu verstauen. Ich setzte mich auf die Rückbank, Robert stieg wieder vorne ein, und wir fuhren über die Landstraße in das nächstgelegene Dorf.

Wir tranken und feierten ausgelassen. Irgendwann sah ich erschrocken auf die Uhr und stellte fest, dass es längst Zeit war aufzubrechen. Ich hatte Julia seit einer Weile nicht mehr gesehen und vermutete sie bei Robert, den ich jedoch allein im Garten vorfand, wo er missmutig aus einem Glas Cola trank.

«Wo ist Julia?», fragte ich, und er erwiderte, dass er das – zum Teufel – auch nicht wisse.

«Vermutlich mit diesem Arschloch unterwegs», fügte er hinzu und nippte wieder an seiner Cola.

«Mit welchem Arschloch denn?», fragte ich, und er erzählte mir von einem Streit, den die beiden kurz zuvor gehabt hatten.

«Ich habe ihr tausendmal gesagt, dass sie die Finger von ihm lassen soll. Sie sagt natürlich, dass die beiden nur Freunde sind, aber ich traue diesem Kerl nicht», stieß er wütend hervor und spuckte auf den Boden. «Ich weiß genau, was der vorhat, aber sie will das natürlich nicht sehen. Oder vielleicht will sie es doch sehen und genießt es sogar.»

Ich drehte mich abrupt um, lief ins Haus zurück und durchkämmte alle Räume, doch Julia war nirgends zu finden. Schließlich bat ich Robert frustriert, mich nach Hause zu fahren. Wir verließen ohne einen Abschied das Grundstück.

Schweigend fuhren wir die Landstraße entlang, als wir plötzlich in der Ferne Flammen und Blaulicht auf der Straße sahen. Je näher wir kamen, desto unruhiger wurde ich, und Robert kommentierte: «Mann, immer diese Idioten, die zu schnell fahren.» Ich nickte nur stumm, und als wir an dem beinahe völlig ausgebrannten Autowrack vorbeifuhren, hielt ich für einen Moment die Luft an.

Die Tage nach Julias Beerdigung verbrachte ich damit, auf sie zu warten. Ich wartete am Schultor darauf, dass sie wie jeden Morgen zu spät kam und wir in großer Eile die Treppen in unsere Klasse hinaufrannten. Ich wartete darauf, dass das Telefon klingelte und sie mir von ihren kläglichen Versuchen erzählte, ihrem Vater das Trinken und ihrer Mutter das Weinen zu verbieten. Ich wartete darauf, dass endlich jemand kam und mir erzählte, dass das alles nur ein Scherz gewesen sei. Es kam niemand. Niemand rief an, und niemand sagte ein Wort. Ich saß stumm auf meinem Bett und wartete auf den Schmerz, auf das Nachbeben, auf irgendetwas, von dem ich annahm, dass es passieren müsste. Und eines Nachts kam es. Es war kein Schmerz, wie ich ihn erwartet, kein Weinen, wie ich es vermutet hatte. Das Unaussprechliche kam auf leisen Sohlen, schlich sich in mein Bett und deckte mich zu.

All die Jahre, in denen ich nur seine Existenz vermutet, sie aber nie bewiesen gesehen hatte, all die Jahre, in denen ich zwar manchmal gespürt hatte, dass es sein könnte, dass da wirklich nichts mehr kommen könnte, manifestierten sich in dieser Nacht zu einem Satz, dem erst das Entsetzen darüber, den einzigen Menschen, dem ich vertraut hatte, zu verlieren, die Worte gegeben hatte.

Das Unaussprechliche flüsterte sich fortan durch die Tage und durch die Nächte. Es sprach von all diesen Dingen, und hätte ich sie aufgeschrieben, es wären Zeilen voller Abscheu gewesen. Zeilen darüber, wie sinnlos es war, sich auf etwas zu verlassen. Wie furchtbar mühselig im Grunde jede Handlung blieb, die erwirken sollte, dass etwas von Bestand entstehen konnte. Zeilen über die Unmöglichkeit des Festhaltens, des Bleibens, des Verweilens. Zeilen über Haltlosigkeiten und Vertrauen, das immer nur ein Provisorium war. Denn im Grunde blieb das Unaussprechliche unaussprechlich. Es blieb ein Satz, der sich durch jede Gedankenstruktur fraß, der Momente vergiftete wie Säure, die erst an der Oberfläche Blasen warf und ihre wirklichen Schäden unter einem Zischen und Blubbern und Stinken verbarg. Dieser eine Satz, der mehr Gefühl als Worte war, der ausgesprochen abgewunken und widersprochen wurde, der ein solcher Allgemeinplatz geworden war und der trotzdem unabänderbar wie eine Überschrift der Geschichte, die ich eigentlich hatte schreiben wollen, über allem stand.

Es blieb nur dieser eine Satz, den das Unaussprechliche sich selbst beschreibend einem Mantra gleich wiederholte. Leben ist sinnlos.

Zwölf

Beate Wängler öffnet so ruckartig und schnell die Tür, als hätte sie lauernd hinter der Tür auf mich gewartet. Ich stand zuvor eine Weile unschlüssig vor ihrem Zimmer und wartete darauf, dass etwas passierte. Dass sich die Tür von allein öffnete oder dass jemand kam und mich von dort wegzog, in ein Auto steckte und mit mir davonfuhr. Wie so häufig geschah nichts dergleichen. Also klopfte ich schließlich an.

«Frau Schaumann, bitte sehr!», begrüßt Frau Wängler mich nun fröhlich und weist auf einen der drei Stühle, die sich in dem Raum befinden. Wir sitzen uns gegenüber, wie wir es schon bei unserem ersten Gespräch taten. Sie lächelt. Ich starre aus dem Fenster. Sie atmet ein, atmet aus und legt die Hände in den Schoß.

«Frau Schaumann, wie geht es Ihnen?»

«Super», antworte ich und verziehe mein Gesicht zu einer schiefen Grimasse.

«Nun, verzeihen Sie, wenn ich das so offen sage, aber Sie sehen nicht so aus, als würde das der Wahrheit entsprechen.»

«Das könnte daran liegen, dass das gelogen war. Überraschung!»

«Wie geht es Ihnen also tatsächlich?»

«Ich habe wenig geschlafen, hatte Albträume, mir ist übel von den Tabletten. Ansonsten ist das ja ein ganz hübsches Hotel hier, wenn das Essen bloß ein wenig besser wäre und nicht dauernd jemand heulen würde, nicht wahr.»

«Sie sehen Ihren Aufenthalt bei uns also als eine Art Urlaub?», fragt Frau Wängler, während ihr Lächeln langsam erstirbt.

«Natürlich. Ich habe lange gespart, um mir endlich die Eintrittskarte für dieses hübsche Etablissement kaufen zu können. Schön, es endlich geschafft zu haben.»

Frau Wängler atmet ein und atmet aus. Reibt ihre Hände aneinander, scheint einem Gedanken nachzuhängen, um dann plötzlich in die Stille zu fragen:

«Ich würde gerne wissen: Warum sind Sie eigentlich hier?»

«Das wissen Sie doch. Wir sprachen bereits darüber», antworte ich.

«Das ist das, was Sie erzählt haben, ja. Aber was ich mich frage ist: Was ist der wirkliche Grund? Sie wirken auf mich sehr wütend und im Grunde sogar ablehnend. Deshalb frage ich mich, was der Auslöser für Sie war hierherzukommen. Warum Sie unsere Hilfe in Anspruch nehmen möchten und ob Sie diese überhaupt wollen.»

Sie sieht mich mit dem leeren, ausdruckslosen Blick einer Therapeutin an, in deren Augen niemand etwas hineininterpretieren soll, mit diesem Blick, bei dem ich mich immer wieder frage, ob man ihn lernen kann oder ob er nur das Resultat einiger unangenehmer Erfahrungen ist. Ich versuche, in diesem Blick zu lesen, versuche, mir ihre Augen vorzustellen als solche, die mehr Tränen und mehr zerlaufene Wimperntusche gesehen haben als die meisten. Ich versuche, mir ihre Augen vorzustellen, wenn sie lacht und wenn sie kocht und wenn sie beim Einkaufen jemandem begegnet, den sie mag. Ich versuche, sie mir als Freundin vorzustellen, als jemanden, dem ich beim Einkaufen begegne. Es gelingt mir nicht, ich kann mir diesen undurchdringlichen Schleier ebenso wenig wegdenken wie die Tatsache, dass diese Frau mir eigentlich völlig fremd ist und es immer bleiben wird.

«In Ordnung», sage ich, «ich erkläre es Ihnen.»

Sie nickt auffordernd.

«Eigentlich geht es mir schlecht, seit ich denken kann. Manchmal höre ich die anderen sagen, dass sie sich wünschen, wieder so zu werden, wie sie einmal gewesen sind. Das ist bei mir nicht so. Ich bin nämlich nie richtig anders gewesen. Oder eigentlich bin ich immer anders gewesen. Im Kindergarten war ich das eine Mädchen, mit dem die anderen Kinder nicht spielen wollten. Dieses eine Mädchen, das immer irgendwo am Rand sitzt und von den Müttern ein bisschen mitleidig angeschaut wird. Das war mir egal. Ich fand das in Ordnung, für mich war das Normalität. In der Grundschule änderte sich das nicht, und später, auf dem Gymnasium, wurde es sogar noch schlimmer.»

«Das muss sehr traurig für Sie gewesen sein.»

«Es war ja kein Zustand, der plötzlich auftrat. Es gab keinen plötzlichen Absturz, es gab keine Fallhöhe», erkläre ich gleichmütig und mit der Gelassenheit eines Menschen, der seine eigene Geschichte so häufig durchdacht hat, dass die Dramen, die dahinterliegenden Emotionen nur noch in einsamen Momenten zutage treten – nicht mehr bei dem bloßen Erzählen des Geschehenen.

«Wie ging es weiter? Wie erlebten Sie Ihre Zeit auf dem Gymnasium?»

«Die Zeit war nicht viel anders als die Jahre zuvor. Ich hatte drei Freunde – Peer, Sebastian und Julia –, und mit ihnen habe ich die meiste Zeit verbracht. Zumindest mit Peer und Sebastian. Mit Julia irgendwann nicht mehr.» Ich stocke und bemerke, wie meine verschwitzten Hände unablässig an meinen Oberschenkeln reiben.

«Warum mit Julia nicht mehr?», fragt Frau Wängler, und ich beginne, auf meiner Unterlippe zu kauen.

Ich schweige und spüre den abwartenden Blick meiner Therapeutin. Ich kann nichts sagen, bin völlig außerstande, auch nur ein Wort zu sagen.

«Frau Schaumann: Warum haben Sie sich irgendwann mit Julia nicht mehr getroffen?», hakt sie nach.

«Weil sie gestorben ist», flüstere ich.

Ein leichtes Zittern meines Mundes verrät, dass es Zeit ist. Dass es jetzt endlich Zeit ist, die alten Tränen zu weinen, sie abzuwischen, sie abzuspülen in die Kanalisation der Stadt, in die sie hineingehören wie all die schmutzigen Tage und Nächte der letzten Jahre.

«Woran ist sie gestorben?», fragt Frau Wängler.

«Sie hatte einen Unfall», antworte ich, mit einem Mal voller Zorn, «einen verdammten Unfall.»

Frau Wängler schweigt und sieht mich an. Sieht mich mit einem Gesicht an, das keine Miene verzieht und aus dem kein Entsetzen und kein Mitgefühl zu lesen ist.

«Sie sagen ja gar nicht, dass Ihnen das leidtut. Oder dass Sie verstehen, wie wütend ich bin, und dass das alles ja wirklich eine ganz tragische Angelegenheit ist.»

«Wünschen Sie sich, dass ich so etwas sage?», fragt sie.

«Die meisten reagieren so», antworte ich, «nein, eigentlich reagieren alle so.»

«Und wie finden Sie diese Reaktion? Empfinden Sie sie als angemessen?»

«Ich kann es nicht mehr hören. Ich weiß, dass das alles ganz schrecklich war und dass ich bestimmt niemals über den Verlust hinwegkommen werde und dass ich jetzt bis an mein Lebensende darunter leiden muss, dass ich eine tote beste Freundin habe.»

«Gut, dann hätten wir ja einen Anhaltspunkt für Ihr Leiden, nicht wahr?», entgegnet sie und lächelt wieder ihr undurchdringliches Lächeln.

«Das ist doch absurd! Mir ging es vorher auch nicht gut. Ich ertrage dieses Gefühl schon mein halbes Leben lang. Der Unfall war nur ein äußerer Fixpunkt, der plötzlich alles so erklärbar erscheinen ließ. Mit einem Mal hat niemand mehr gefragt, warum ich so einen niedergeschlagenen Eindruck mache. Niemand hat mehr gefragt, warum ich die meiste Zeit allein war. Niemand hat mehr irgendetwas gefragt.»

«Wie perfekt arrangiert für Sie.»

«Wie bitte?»

«Sie erzählten, dass Sie sich vorher auch schon immer missverstanden und traurig gefühlt haben. Dann erzählten Sie, dass Ihre beste Freundin starb und Sie endlich von allen in Ruhe gelassen wurden, weil jetzt jeder verstehen konnte, warum es Ihnen so schlecht ging. Das war doch perfekt für Sie, nicht wahr? Keine Fragen mehr, keine Erklärungen, und Sie konnten sich ganz in Ruhe um sich und Ihr Leid kümmern.»

«Sie wollen mir gerade erzählen, dass ihr Unfall *Glück* für mich war? Dass ich mich gefreut habe, dass sie tot war, damit ich mich fröhlich in meinem eigenen Dreck wälzen konnte?»

«Wenn ich mich irre, sagen Sie es mir gerne», lächelt Frau Wängler und lehnt sich scheinbar selbstzufrieden zurück.

Ich verliere die Beherrschung. «Das ist also tatsächlich Ihr Ernst, ja?», schreie ich. «Ich kann nicht begreifen, was Sie da gerade gesagt haben. Um es auf den Punkt zu bringen: Sie behaupten, dass ich eine egozentrische, ja sogar narzisstische Person bin, die den Tod eines Menschen dazu nutzt, sich selbst zu profilieren?»

«Das haben Sie gesagt. Ich habe nur davon gesprochen, dass Sie einen gewissen Nutzen aus Julias Tod zogen.»

Die Tränen tropfen auf meine Hose und hinterlassen kleine, dunkelblaue Flecken.

«Ich habe keinen Nutzen daraus gezogen», sage ich kaum hörbar, «damals nicht und danach auch niemals. Dass sich nach dem Unfall alles änderte, war zu erwarten. Dass mich alle in Ruhe ließen, weil ich die Freundin des toten Mädchens war. Das war doch absolut zu erwarten. Und wenn ich gekonnt hätte, dann hätte ich Julia zurückgeholt. Es kam mir nicht *gelegen*, dass sie tot war. Ich wollte lediglich ausdrücken, dass ich das Verhalten der anderen verachtet habe. Dass sie erst einen Grund brauchten, um zu verstehen, dass manche Menschen eben anders sind.»

«Wie anders waren Sie denn, Frau Schaumann?»

«Ich war einfach anders. Ich habe mich für die meisten Dinge nicht interessiert. Ich bin kaum ausgegangen. Ich war manchmal mit Peer und Sebastian auf Partys und selten auch mit Julia, aber eigentlich war ich die meiste Zeit zu Hause. Und das fanden die anderen eben komisch, was weiß ich.»

Beate Wängler wirft einen schnellen, beinahe unmerklichen Blick auf die Uhr. «Unsere Zeit ist gleich vorüber. Vorher möchte ich jedoch zu meiner Einstiegsfrage zurückkehren: Was erwarten Sie sich von dem Aufenthalt in dieser Klinik? Was wünschen Sie sich von mir, von uns?»

Ich senke den Blick, und mit einem Mal ist alle Wut, ist alle Aggression verschwunden. Ich seufze müde und antworte schließlich: «Ich wünsche mir, dass ich diese Last loswerde. Dass ich aufhören kann zu glauben, dass ich ihren Tod hätte verhindern können. Dass ich aufhören kann, traurig über mich zu sein. Dass ich aufhöre, so verdammt jämmerlich zu sein. Das wäre in etwa meine Wunschliste, lieber Weihnachtsmann.»

Beate Wängler lächelt: «Ich denke, das werden wir hinbekommen», erhebt sich, reicht mir die Hand und öffnet mir die Tür. «Ich wünsche Ihnen einen wirklich guten Tag, Frau Schaumann, bis zum nächsten Mal.»

Die Tür fällt hinter mir ins Schloss, und ich stehe zitternd auf dem Gang. Die Sonne fällt durch die Fenster am Ende des Flures und verleiht der Szenerie ein unwirkliches Aussehen, fast so, als stünde ich inmitten einer Filmkulisse. Aus dem Aufenthaltsraum dringt Lachen, und jemand schreit: «Zum Teufel damit!» Ich wende mich ab und nehme die Treppe nach unten.

Draußen angekommen, laufe ich ein paar Meter über das Gelände, bis ich den Krankenhauspark erreiche und mich dort auf eine Bank im Schatten setze.

Ich beobachte eine Weile die Menschen, die an mir vorübergehen und mir kaum Beachtung schenken. Es sind alte Menschen und Kranke, manchmal auch ein Jogger oder ein Fahrradfahrer. Ich betrachte ihre Gesichter, wenn ihr Blick mich streift, und frage mich, wie schon oft, ob es besser ist, wenn ein Leiden offensichtlich, wenn es sichtbar ist. Wenn ein Leiden eine Wunde bedeutet, die genäht und versorgt, gepflastert und eingecremt wird, und wenn diese Versorgung ein Zeichen des nahenden Heilungsprozesses bedeutet. Einen Verband um den Kopf bräuchte ich, einen riesigen Verband um meinen Kopf, der allen davon erzählt, dass dieser Kopf, dass dieses Gehirn verwundet wurde. Dass es jetzt gepflegt werden muss, dass es heilen muss und dass sich schon jemand darum kümmern wird, ganz sicher.

Das Vibrieren meines Telefons reißt mich aus den Gedanken,

und ich muss eine Weile suchen, bis ich es aus der Tasche ziehen und auf dem Display erkennen kann, dass es meine Eltern sind, die anrufen.

«Ja, hallo Ida, hier spricht deine Mutter», sagt die vertraute Stimme aus dem Telefon, das ich so fest an mein Ohr drücke, dass ihre Stimme mir beinahe erscheint, als säße meine Mutter plötzlich neben mir.

«Hallo Mama», antworte ich und lächle, lächle ohne Grund.

«Wir haben so lange nichts von dir gehört, da wollten wir mal nachfragen, wo du steckst und wie es dir so geht», sagt meine Mutter und klingt ernsthaft besorgt.

«Ich stecke in der Klinik, seit ein paar Tagen», antworte ich, während ich im gleichen Moment erinnere, dass niemand außer Johannes und Michael weiß, dass ich in dieser Klinik bin.

«Ach Gott, was fehlt dir denn? Warum hast du denn nicht Bescheid gesagt? Musstest du operiert werden?» Sie wird hysterisch.

«Nein, ich bin in der Psychiatrie, Mama.»

Die plötzliche Stille am anderen Ende lässt die Geräusche des Parks wieder in den Vordergrund treten. Die Vögel und die Stimmen, die sich unterhalten, das leise Rauschen der Bäume über mir. Ich atme flach und warte auf ein Wort, einen Satz, der mir einen Grund gibt, nicht einfach aufzulegen.

«Oh», sagt meine Mutter, «und warum?»

«Das Übliche.»

«Ist es immer noch wegen Julia?», fragt sie zaghaft, und ich höre den alten Korbsessel unter ihrem Gewicht ächzen.

«Es ist wegen allem», antworte ich.

«Aber du warst doch schon in zwei Kliniken, Ida. Das muss doch irgendwann mal besser werden», wendet sie ein und seufzt hörbar, «vielleicht solltest du einfach mal wegfahren. Dich ablenken. Mal wieder ein gutes Buch lesen, das hast du doch früher so gerne getan.»

«Welches *früher* meinst du denn jetzt, Mama? Das *früher*, in dem ich depressiv zu Hause war und deshalb wochenlang nicht zur Schule gegangen bin, oder etwa das *früher*, als ich zum ersten Mal studiert habe und dann zugedröhnt nachts in das Krankenhaus eingeliefert wurde, oder aber du meinst das *früher* ...»

«Red nicht so einen Unsinn, Ida. Es gab auch andere Zeiten», unterbricht sie mich wirsch, um sich dann augenblicklich zu fassen: «Wie ist denn das Wetter so bei euch, eigentlich? Hier ist es ja ziemlich heiß für die Jahreszeit.»

Sie redet über das Wetter und über die Nachbarn, über die Nichte und über das Wetter bei der Nichte, die in einem anderen Ort wohnt. Es habe Gewitter gegeben. Ein schlimmes Gewitter. Mein Vater donnert im Hintergrund etwas Schweres auf den Tisch und ruft Grüße in den Hörer. Wir legen auf mit den besten Wünschen, natürlich.

Es gab auch andere Zeiten, Ida.

Nächte im Park mit Rotwein und Kerzen und kindischem Gelächter. Händchenhalten im Bus. Das erste Tattoo. Das erste Mal feuchte Lippen auf warmen Fingerkuppen. Das Gras an den Füßen, den Kopf auf der Decke. Die Romantik in Filmen nachspielen und deshalb nachts in den See springen. Erst hinterher zugeben, dass man nicht schwimmen kann. Das Leben im Konjunktiv, die Gedanken im Perfekt. Hoffen. Geburtstag haben. Das Gefühl danach. Das Autoradio laut aufdrehen und an der Zigarette ziehen. Weil das so schön im Fernsehen aussieht. Sich die Füße und das Herz verbrennen. Sich die Finger danach an den Eiswürfeln im Gin kühlen. Reden. Flüstern. Tanzen. Tränen wegküssen, weil sich das so schön anfühlt. Zusammen duschen. In der Badewanne liegen und sich Geschichten erzählen lassen. Der erste Orgasmus, das erste Mixtape. Das zweite Mixtape. Der erste Liebeskummer. Und das Drama-Pflaster Alkohol. Eine neue Nummer einspeichern, die Gutes verspricht. Von der Liebe sprechen, als hätte man sie schon einmal getroffen. Sich auflehnen. Sich gehenlassen. Demonstrieren. Glauben. Pommes rot-weiß nachts um drei. Du kannst immer anrufen. Sich wichtigmachen. Ein neues Buch aufschlagen. Ein neues Kapitel, kein neuer Anfang. Anfangen aufzuhören und aufhören anzufangen. Sich erschrecken. Sich tarnen. Sich schützen. Den Brief abschicken. Nicht einknicken. Sagen, dass man sich liebt. Hoffen, dass das stimmt. Eine Liste machen. Sich aufgeben, sich verlieren, sich zum Teufel nicht wiederfinden. Das ziemlich gut finden.

Es gab auch gute Momente, Ida. Es gab auch gute Momente.

Dreizehn

Sterne könnten auch einfach winzige Städte im Himmel sein. Das könnten sie sein, ungelogen. Sie sind aber eben bloß Sterne, und das wissen wir, das wissen wir so genau, dass es wehtut. Wir wissen so viel mehr, als wir eigentlich sollten, weil wir danach verlangen, immer noch ein bisschen mehr in Erfahrung zu bringen, immer noch ein Stückchen mehr dieses kleinen Details zu ergründen, das uns unter den Nägeln brennt, weil wir alles anfassen müssen, was glänzt, und den Rest auch.

Der Tacho zeigt 130 Stundenkilometer, und das heißt, dass dieses Auto mit konstanter Geschwindigkeit und ohne das Wissen darum, dass diese Straße nicht dorthin führt, dass diese Straße nicht einmal immer geradeaus führt, in zwei Stunden am Meer sein könnte. Zum Meer wollen immer alle, in die Berge nur die Alten. Das scheint eine Regel zu sein. Eine weitere ist, dass das Meer kein Anfang, sondern ein Ende ist. Sind wir erst einmal am Meer angekommen und haben wir erst ein bisschen romantisch auf die Wellen und auf das Wasser geschaut, ist es vorbei. Entweder die Geschichte oder die Sache mit dem Weiterkommen, denn am Strand halten keine Fähren und keine Schiffe, am Strand kann man nur romantisch gucken und sich immerzu der Möglichkeit der Unendlichkeit hingeben – auch wenn diese theoretische Möglichkeit der Praxis an jedem Ort näher ist als an einem Strand. Das Meer ist die Grenze, ist das Ende, bis hierhin und nicht weiter.

Wie gut, dass Julia und ich nicht zum Meer wollen, sondern nur nach Hause. Julia schaut zum Fenster hinaus, in den Himmel voller Mikrostädte, die Augen halb geschlossen. Im Kassettendeck läuft ihr Tape, es ist ein Mix, den sie «Summer of I and

J» genannt hat, und damit ist der Sommer gemeint, den wir beide noch zu bewältigen haben. Die Straße ist verlassen, und das Auto, das ich noch nie zuvor gesehen habe, fährt ruhig und konstant die Geschwindigkeit, die es will. In diesem Fahrzeug gibt es kein Gaspedal und keine Bremse, und trotzdem gibt es eine Fahrerin, und die bin ich. Ich könnte nicht genau sagen, was ich hier tue, könnte nicht ankündigen, was als Nächstes passiert.

Julia wendet ihren Kopf und sieht mich aus müden Augen lächelnd an. Ein guter Moment. Sie legt mir die Hand in den Nacken und streichelt meinen Hinterkopf, als seien wir ein Liebespaar, das wir im Grunde ja auch sind. Aus den Boxen fallen die ersten Takte unseres Lieblingsliedes in unsere Ohren, und Julia schreit etwas, das ich nicht verstehe, weil ihre Finger schon die Lautstärke auf ihr Maximum gedreht haben. Sie zündet sich eine Zigarette an und dann noch eine, die sie mir reicht. Ich lehne mich im Sitz zurück und streife meine Schuhe ab, während dunkelblaue Wälder und ein fast schwarzer Himmel an den Fenstern vorüberziehen.

Julias Hand in meinem Nacken greift überraschend fest zu und erschreckt mich so sehr, dass ich die Zigarette erst wiederfinde, als sie schon ein Loch in die Haut meines Oberschenkels gebrannt hat. Als ich sie im Aschenbecher ausdrücken will, greift Julia danach und rammt sie mir in die Hand. Ich schreie auf und versuche, die Glut aus meinem Handrücken zu ziehen, aber sie ist schon in meiner Haut und brennt sich ein, verteilt sich in allen Fingern und in meinem Arm wie kleine Tiere aus den Filmen, in denen etwas außergewöhnlich Außerirdisches passiert. Entsetzt blicke ich Julia an, die zu lachen beginnt und meinen Namen schreit, als ich nach dem Lenkrad greife und es mit einem Ruck nach rechts lenke. Julia schreit, und ich lache, sie schreit, und ich schreie jetzt auch, denn meine Hände sind mit dem Lenkrad verwachsen, sind mit einem Mal eins geworden, und meine Arme sind ein Arm geworden, sind eine Faust geworden, die mit dem Lenkrad verschmolzen ist, während sich die Glut in meinem Körper ausbreitet. Wir schreien gemeinsam, und fast klingt es nach einem Chor, der in der Nacht seine Königin beweint, und erst der blaue Baum, um den sich das Auto und unsere brennenden Körper wickeln, empfängt uns mit großen Armen, die so stark sind, dass sie alles Leben einfach zerdrücken.

Ich höre sie meinen Namen rufen, höre, wie sie unablässig meinen Namen wiederholt, und atme ein und atme aus und öffne die Augen.

Julia hat sich in den Morgen verwandelt, hat sich in das Gesicht der Gräfin verwandelt, die über mir gebeugt meinen Namen wiederholt und nicht nach Rettung aussieht, sondern nach Aufstehen.

«Frau Schaumann, Sie waren nicht beim Frühstück, und Ihre Tabletten haben Sie auch nicht abgeholt. In einer halben Stunde möchte ich Sie spätestens angezogen vor mir sehen, wir hätten da etwas zu besprechen», raunt sie mir zu und ist so schnell aus der Tür heraus, dass ich noch nicht einmal die Zeit finde, mich zu erklären. Ohnehin: Was gäbe es für eine schlüssige Erklärung für mein Ich, das um zwanzig nach neun noch immer im Bett liegt und so wenig bereit ist, sich um das Klingeln eines Weckers zu kümmern wie um die Tatsache, dass das Frühstück nun auch zu den Dingen zählt, die für heute in der Vergangenheit liegen.

Etwa eine halbe Stunde später stehe ich geduscht vor dem

Pflegerraum und warte auf weitere Einsatzbefehle der Gräfin. Sie steht abrupt von ihrem Stuhl auf, als sie mich vor der Glasscheibe stehen sieht, und schaut vorwurfsvoll auf die Uhr. Eine nonverbale Geste, deren Wirkung gemeinhin überschätzt wird. Ich teile ihr die Uhrzeit mit, und sie kneift die Augen zusammen, wie sie es immer tut, ständig und immerzu, sodass auch diese Geste im Nimbus der Bedeutungslosigkeit zu verschwinden droht, wenn, ja wenn es sich hier nicht um die Gräfin handeln würde. Die Gräfin findet derlei Witzigkeiten nicht amüsant.

«Ich weiß, wie spät es ist, Frau Schaumann. Es ist zehn Minuten nach der Zeit, zu der Sie hier sein sollten, damit wir uns besprechen können», sagt sie.

Ich entschuldige mich höflich, und die Gräfin bittet mich, ihr zu folgen. Als wir am Gruppenraum vorübergehen, sehe ich Isabell dort sitzen, die auf Nina einredet und mir nur einen kurzen stechenden Blick zuwirft.

Frau Gräfling öffnet die Tür zu einem winzigen Raum und bittet mich, Platz zu nehmen. Wir sitzen an einem kleinen, runden Tisch, auf dem ein paar Taschentücher, ein Zettel und ein wenig Dekor liegen.

«Nun, Frau Schaumann», beginnt sie, «ich habe Sie hierhergebeten, weil ich ein paar Dinge mit Ihnen zu besprechen habe. Zunächst einmal würde ich gerne in Erfahrung bringen, wie Sie sich hier auf der Station fühlen und ob Sie bisher gut zurechtkommen.»

Auch sie lächelt, faltet die Hände und lächelt.

«Gut», antworte ich knapp, «wirklich gut. Danke.»

«Haben Sie denn schon Anschluss gefunden?», fragt sie.

«Ja, habe ich», lüge ich, um weiteren Fragen zu entgehen.

«Gut, gut», findet Frau Gräfling, scheinbar mit meiner Antwort zufrieden. Wir schweigen einen Moment. Die Gräfin betrachtet nachdenklich ihre Hände und dann mich. «Frau Schaumann, ich weiß, Sie haben das alles schon sehr häufig erzählt, aber auch ich würde gerne noch einmal wissen und von Ihnen hören, warum Sie eigentlich zu uns gekommen sind.»

«Ist das hier so eine Art Spiel», frage ich, «so ein Spiel, in dem ich immer und immer wieder das Gleiche erzählen muss, und dann wird abgeglichen, ob sich das Gesagte auch überschneidet, damit man feststellen kann, wie sehr ich noch in der Realität verweile oder ob ich die gleiche Geschichte noch nicht mal mehr als zweimal erzählen kann, ohne dass sich eklatante Abweichungen ergeben?»

Sie lacht ein schüchternes, kleines Lachen, nimmt sich aber augenblicklich wieder zusammen. «Nein, leider ist das kein Spiel. Es gehört einfach zum Procedere dazu, dass Sie mir erzählen, warum Sie der Meinung waren, dass es notwendig sei, sich in psychiatrische Behandlung zu begeben», sagt sie schließlich.

«Mal abgesehen davon, dass Sie bestimmt längst in meiner Akte gelesen haben, warum ich hier bin, und auch bei dem Gespräch mit Professor Kropka anwesend waren, fällt es mir zunehmend schwerer, die Gründe dafür in einfache Worte zu fassen», antworte ich.

Sie fordert mich auf, es zu versuchen, und ich zähle zwei Diagnosen auf, von denen ich glaube, dass sie die richtige Antwort sind.

«Frau Schaumann, deshalb sind viele hier. Ich aber möchte gerne wissen, warum *Sie* hier sind. Nicht, welche Diagnosen Sie haben oder welche Sie zu haben glauben. Ich möchte von Ihnen wissen, was passiert ist, dass Sie ...»

«Ja, schon klar. Aber wenn Sie wirklich wissen möchten, worum es mir hier geht und worum es überhaupt geht, dann ist diese Frage einfach völlig falsch gestellt», unterbreche ich sie.

Sie sieht mich fragend an.

«Es ist so: Die Frage kann nicht lauten, warum ich etwas finde oder nicht finde. Die Frage müsste vielmehr lauten, warum die anderen etwas finden oder nicht finden. Ich finde es zum Beispiel in Ordnung, traurig zu sein. Ich finde es auch in Ordnung, über Dinge nicht hinwegzukommen. Wir sollten alle mal wieder lernen, über Dinge NICHT hinwegzukommen, anstatt andauernd zu labern und zu quatschen über all die Dinge, die wir nicht verstehen. Und sie danach immer noch nicht verstehen. Ich komme über ziemlich vieles nicht hinweg, Frau Gräfling. Zum Beispiel darüber nicht, dass absolut gar nichts so ist wie im Fernsehen. Da entwickeln sich alle immer. Der Böse erlebt einen Konflikt, ein Problem und wandelt sich von Sequenz zu Sequenz, von Szene zu Szene und schließlich von Akt zu Akt zum Guten. Hässliche Frauen erobern verständnisvolle, gut aussehende Männer, die jeden noch so unerträglichen Scheiß mit sich machen lassen. Haben Sie davon schon einmal in der Realität gehört? Also ich nicht! Ich nicht!»

Frau Gräfling sieht mich stumm an.

Ich betrachte das als Aufforderung weiterzusprechen: «Und dann andauernd diese Selbsthilfebücher. Vereinfachung? Wie soll man sich denn vereinfachen, wenn man selbst zum Lesen der Bedienungsanleitung des Haarglätters einen halben Tag benötigt! An meiner Computertastatur befindet sich ein Warnschild, sie sei gesundheitsgefährdend. Damit ist gemeint, dass man sich irgendetwas am Handgelenk zuziehen kann, wenn man den Arm falsch beim Tippen hält. Also ich komme nicht darüber hinweg. Ich schaffe das nicht. Ich finde das alles so dermaßen unerträglich, also ...»

Frau Gräfling atmet tief ein und heftig wieder aus. Dann beugt sie sich zu mir und fragt: «Warum reden wir hier über Ihren Haarglätter, Frau Schaumann? Denken Sie wirklich, Ihr Haarglätter ist der Grund für Ihre Probleme?» Ihre Augen blitzen wütend.

Ich schüttle langsam den Kopf und werde ein wenig unruhig.

«Falls nicht, würden Sie mir bitte einfach auf meine Frage antworten?»

Ich weiß nicht, was in der Gräfin vorgeht und was als Nächstes passieren wird. Vielleicht holt sie gleich ein Messer hervor und ritzt mir Benimmformeln in die Stirn.

«Ist es, weil ich laut geworden bin?», wage ich eine vorsichtige Frage.

Sie sieht mich kopfschüttelnd an. «Es ist nicht, weil Sie laut geworden sind, Ida. Es ist, weil Ihr Intellektualisieren Sie im Grunde nur vor einem schützt: in den Spiegel sehen zu müssen. Sie sind nicht hier, weil das Fernsehen seine Versprechen nicht hält. Und Sie sind beileibe nicht hier, weil die anderen bösen Menschen nicht Ihrer Auffassung von intelligentem Leben entsprechen. Sie, meine Liebe, sind hier, weil Sie Ihr Leben ändern wollen. Nicht das der anderen. Ihr Leben. So einfach ist das.»

«So einfach?»

«So einfach.»

«Und wie fängt man Ihrer Meinung nach damit an? Sein Leben zu ändern, meine ich?»

«Nun, Sie fangen zum Beispiel damit an, dass Sie gleich an Ihrer ersten Gruppe teilnehmen werden.» Sie dreht den Zettel zu mir, der zuvor umgedreht auf dem Tischchen lag. «Hier», erklärt sie, «sehen Sie die Gruppen und die Zeiten, zu denen sie stattfinden. Ich habe Ihnen die Gruppen, an denen Sie teilnehmen werden, markiert. Heute findet die Depressionsgruppe statt, und zwar um elf Uhr. Dort werden Sie nicht nur Informationen über Ihre Krankheit erhalten, sondern können auch Erfahrungen und Tipps mit den anderen Patienten austauschen. Die Gruppe wird geleitet von meinem Kollegen Herrn Weimers. Haben Sie noch Fragen, Frau Schaumann?»

Ich verneine, und wir erheben uns. Sie reicht mir die Hand und drückt sie einen Moment fester und länger, als ich erwartet habe.

Gerade, als ich die Tür hinter mir zuziehen möchte, ruft sie: «Ach, Frau Schaumann?» Ich drehe mich um. «Sie werden hier noch lernen, dass das Leben da draußen nicht die Schlangengrube ist, für die Sie es halten. Im Übrigen: Selbst wenn dem so wäre – eine Schlange mit ein paar hochtrabenden Worten zu besiegen, hat meines Wissens noch niemand geschafft.»

Ich nicke und schließe leise die Tür.

Vierzehn

Auf dem Gang treffe ich auf Nina. Ich frage sie nach dem Weg zu der Gruppe, und wir nehmen die Treppe. Ein Stockwerk höher stößt Nina die Tür auf, wie sie es damals schon bei unserer ersten Begegnung getan hat – mit einer Kraft, die ihrem abgemagerten Körper kaum zuzutrauen ist. Die Station, auf der wir uns nun befinden, ist ein identisches Abbild der unseren, und Nina zeigt auf einen Raum an der rechten Seite des Ganges.

Mehrere Stühle stehen in einem Kreis angeordnet, und wir setzen uns auf zwei Stühle nebeneinander, die sich schräg gegenüber der Tür befinden. Wir warten. Nach und nach füllt sich der Raum mit Mitpatienten, die sich auf den Stühlen verteilen. Einige von ihnen unterhalten sich flüsternd, der Großteil starrt jedoch auf seine Füße oder nach draußen, als lägen dort Dinge, die es zu vermissen gälte. Als gäbe es noch solche Dinge.

Nach einer Weile betritt ein etwa vierzigjähriger Mann in einem Flanellhemd und Jeans den Raum, ein Klemmbrett unter dem Arm und einen altmodischen Schnauzer über den Lippen. Er schließt die Tür leise hinter sich und setzt sich auf den mittleren der letzten drei freien Stühle. Er räuspert sich.

«Ich wünsche einen guten Morgen, Herrschaften», sagt er mit einer sonoren Stimme, die nach Zigaretten und Alkohol klingt, «für diejenigen unter Ihnen, die mich noch nicht kennen: Mein Name ist Horst Weimers, ich bin Pfleger auf Ihrer Station und leite hier die Depressionsgruppe. Falls Sie also eigentlich zu dem Anfängerkurs Holz- und Metallarbeiten wollten – den finden Sie hier nicht.»

Niemand lacht.

«Nun gut, meine Damen und Herren, ich sehe hier ein paar neue Gesichter, wenn Sie sich bitte einmal vorstellen möchten?» Er blickt zu einer Frau um die dreißig, die, scheinbar unter der Last ihres enormen Übergewichts zusammengesunken, auf einem Stuhl am Fenster sitzt und jetzt erschrocken zusammenfährt.

«Ja, genau Sie meine ich», ermuntert Weimers sie erneut, und die Frau richtet sich ein wenig auf, ihre Hände verkrampft im Schoß massierend.

«Ja, also ich bin Andrea, und ich bin zweiunddreißig Jahre alt und ...», sie stockt und ringt um Worte.

Weimers erklärt nach einer Minute des Schweigens an die Gruppe gewandt: «Also nun gut, das reicht ja auch, Sie müssen ja nicht gleich alles von sich erzählen. Wir sind ja hier nicht bei der Stasi.» Er lacht. Niemand sonst.

Andrea fällt wieder in sich zusammen, und das Weiß ihrer Knöchel tritt deutlich hervor. Ich wende den Blick ab.

Als Nächstes stellt sich Marie vor, eine sechsunddreißigjährige Hausfrau: «Hi», sagt sie und: «Ich bin die Marie, und was soll ich sagen, mein Mann hat mich hier reingesteckt.» Sie lacht. Wir schauen entsetzt. Sie lächelt entschuldigend. Ein paar Patienten murmeln «Hallo», und Herr Weimers nickt zufrieden: «Guti, Sie haben den Job.»

Dann wendet er sich mir zu mit einem Blick, der mir bedeuten soll, dass ich jetzt an der Reihe bin, mich zu offenbaren, dass ich jetzt sagen muss, dass ich die Ida bin. «Hallo, ich bin Ida», sage ich und entgehe den abwartenden Blicken der anderen, indem ich den blauen Fußboden anstarre, auf dem sich bereits zahlreiche Flecken und undefinierbarer Schmutz ausgebreitet haben. Manche von ihnen sehen aus wie noch feuchte, übergroße Tränenflecke. Ich beschließe, sie noch genauer zu begutachten und gegebenenfalls ein paar fantasievolle Gedanken dazu zu entwickeln, wie es verträumte Menschen angeblich immer bei Wolken so machen.

(Wie viele Menschen haben schon auf diesen Teppich geweint? Und wie viele Schuhe sind über ihn gelaufen, sind vielleicht zum letzten Mal über das hässliche, fleckige Muster gelaufen, um dann hinauszugehen in diese Welt, die sich Alltag nennt? Mit wie vielen von ihnen habe ich mir schon eine Sitzbank in der U-Bahn geteilt, habe denselben Bankautomaten angefasst, ihr Geld in meiner Börse mit mir herumgetragen? Wie vernetzt sind wir wirklich alle, und sind Tränen eigentlich so ansteckend wie Lachen? Wie viele Entschlüsse hat es wohl gebraucht, bis sie hierhergefunden haben, und wie viele Momente, in denen sie genau das bereut haben? Kann man sich eigentlich dazu entschließen, verrückt zu werden, oder kommt das Verrücktsein nur zu denen, die nicht darauf warten, so, wie man es immer von der Liebe behauptet? Und ist diese Annahme eine genauso große Lüge wie jene von der Liebe? Wie viele Menschen haben bloß auf diesen Teppich geheult, dass so große Flecken entstehen konnten? Und kann man sich wirklich dazu entschließen, sich in eine solche Gruppe zu setzen, oder ist dieser Entschluss nur ein winziger Teil einer viel größeren Entscheidung: der Entscheidung, dass endlich alles besser werden muss?)

Herr Weimers hingegen hat beschlossen, dass ich jetzt definitiv an der Reihe bin, noch mehr zu sagen, schließlich ist das Verhältnis des Gesagten zwischen mir und den anderen geradezu skandalös unausgeglichen. Er hat außerdem beschlossen, diese Aufforderung nonverbal auszudrücken, indem er mich weiterhin lächelnd anstarrt und dabei auffordernd nickt.

Ein paar genervte Seufzer unterbrechen schließlich die wortlose Unterhaltung unserer Köpfe, und auch Weimers seufzt jetzt und scheint entschieden zu haben, dass unsere Unterhaltung fürs Erste verlegt wird. Stattdessen beginnt er nun, die Gruppe zu «erklären», was bedeutet, dass er sie Andrea und Marie erklärt, während er mich ignoriert und der Rest der Gruppe noch immer gelangweilt aus Fenstern und Augenwinkeln starrt.

Der Sinn dieser Gruppe, so Weimers, liege darin, eine genauere Vorstellung der Hintergründe einer depressiven Episode zu bekommen. Außerdem gäbe er uns hier die Gelegenheit, Themen rund um das Bild der Depression anzusprechen und somit zu einem tieferen Verständnis unserer selbst zu gelangen, während wir im gleichen Augenblick bemerken würden, dass wir nicht allein, nein, dass wir sogar viele seien und uns nicht zu schämen bräuchten, denn hier verstünde jeder jeden und er uns sowieso, das sei ja schließlich sein Job, nicht wahr, und jetzt könnte auch schon einer beginnen, hätte denn wohl jemand ein Thema für heute, bitte sehr?

Stille breitet sich aus, während sich Simon auf dem Platz gegenüber ausstreckt und genüsslich gähnt und Nina an ihren Fingernägeln kaut, als würden sie das Essen ersetzen, das sie gewöhnlich verschmäht. Marie hebt den Arm, und Weimers fordert sie mit einem Nicken auf zu sprechen.

«Ja, also ich hätte da schon ein Thema, und zwar geht's um die Sache, dass ...», sagt sie, aber Weimers unterbricht sie: «Ich habe bestimmt vergessen zu erwähnen, dass es eigentlich üblich ist, dass neue Patienten in der Gruppe während der ersten Sitzung erst einmal zuhören, um sich zu orientieren und zu sehen, worum es hier eigentlich geht. Sicherlich ist das für Sie auch ganz neu, oder?»

«Nee», sagt Marie, «ist es nicht. Als wäre Reden etwas Neues. Mit den Mädels rede ich doch auch. Gut, das sind jetzt Freundinnen, das ist etwas anderes, ich weiß schon. Aber ob ich jetzt vor denen erzähle, wie's mir geht, oder ob ich das hier mache, is' mir doch egal. Also kann ich dann jetzt ...?»

Simon zischt leise: «Mach doch endlich, wenn's dir so unter den Nägeln brennt», und Marie kichert nervös «Bist ja 'n lustiger Junge.»

Herr Weimers, der seinen Bart streichelt, gibt Marie mit einem widerwilligen Wink zu verstehen, dass sie weiterreden darf.

«Also, wo war ich stehen geblieben? Ach so, ja, genau. Also die Sache ist die, ich sag's mal ganz direkt, also mein Mann und ich, wir arbeiten beide nicht, also ich ja schon, ich mache ja den Haushalt, aber wir kriegen halt Hartz IV, und da haben wir eben wenig Geld, und ich mache alles, echt alles, wisst ihr, ich mache die Wäsche und kümmere mich um Lea und John und koche und putze. Und irgendwie schaffe ich das nicht mehr, ich bin nur noch müde, und ich hab morgens keine Lust aufzustehen. Das hatte ich das letzte Mal, als ich mit dem John schwanger war, und da haben der Thomas und ich jetzt natürlich gleich gedacht, dass ich schon wieder einen Braten in der Röhre habe, aber der Doktor hat nur gesagt, dass ich wohl eher was im Kopf habe. Und der Thomas, der versteht das alles irgendwie nicht, und der hat jetzt Angst, dass ich bekloppt werde oder dass die hier so 'ne Psychonummer mit mir abziehen, wo ich dann nachher nicht mehr rauskann, wisst ihr?» Ihr stehen Tränen in den Augen, und sie blickt ernsthaft verzweifelt in den Raum.

Simon gähnt, Nina kaut, und der Rest wartet gespannt auf

ein Statement, auf eine Reaktion von Herrn Weimers. Doch auch der bleibt seinem Schema treu und streichelt sich den Bart in einem scheinbar meditativen Rhythmus, bis er plötzlich wie aus einem Traum erwacht in die Runde fragt: «Und, möchte jemand etwas dazu sagen?»

Peter erbarmt sich als Erster. «Tja ... Mensch, Marie, das klingt ja gar nicht gut. Hast du denn mal versucht, mit deinem Thomas darüber zu reden?»

«Ja sicher! Ich kaue dem dauernd ein Ohr ab, dass der sich mal ein Buch kaufen soll, wo drinsteht, was mit mir los ist, aber der will ja immer nicht. Sagt, dass er zu tun hat, dabei sitzt der den ganzen Tag nur vor der Glotze. Und ich will doch nur, dass er mich mal versteht!»

Peter versucht es weiter: «Aber vielleicht solltest du es ihm einfach mal mit deinen eigenen Worten beschreiben?»

«Was soll ich 'n da beschreiben?»

«Zum Beispiel wie du dich fühlst und was du dir von ihm wünschst», schlägt Peter vor.

Marie beginnt, nach einem Taschentuch zu suchen. Vergeblich.

«Also ich kenne so etwas auch», flüstert Andrea jetzt kaum hörbar. Alle Blicke wenden sich ihr zu. «Mich versteht auch keiner. Aber es gibt auch keinen, der mich verstehen könnte. Da ist ja niemand.»

Betretenes Schweigen füllt den Raum mit einer Schwere, die sich über eine Gruppe von Menschen legt, deren eines Mitglied etwas gesagt oder getan hat, das sich mit einem Male in den Köpfen und Gedanken der anderen festbeißen kann. Ein Gedanke, ein Satz, manchmal nur ein Wort, das dazu führt, dass jeder im Raum plötzlich innehält und darüber nachdenkt, was ihn betrifft, was ihn denn jetzt so betroffen macht, dass er gar nicht aufhören kann, darüber nachzudenken. Dieses Wort, dieser Satz kann einen Schalter betätigen, der etwas mit dem eigenen Ich zu tun hat, mit diesem Ich, das sich daran erinnert, dass es das auch kennt, dass es das auch schon einmal erlebt hat, dass es da auch eine Geschichte gibt, die etwas mit dem Gesagten zu tun hat.

Menschen untersuchen alles Gesagte fortlaufend auf den Gehalt, den es hat, auf die Plausibilität, auf den Bezug zum eigenen Selbst. Während andere sprechen, fragen sie sich dauernd, ob sie so etwas nicht auch schon einmal erlebt haben, ob sie nicht auch schon einmal in der gleichen Situation waren oder im gleichen Dreck gesessen haben.

Ja, da ist niemand, denke ich. Keiner, der wartet, keiner, der schon gekocht und aufgeräumt hat und mit Geschichten wie Umarmungen am Tisch auf uns wartet. Da ist einfach niemand. Keiner, der da ist, und auch keiner, der vorbeikommt. Ich sehe auf die Köpfe der anderen und sehe, wie sie sich fragen, ob da vielleicht doch jemand ist. Irgendjemand. Ob sie nicht doch ein bisschen weniger allein sind, als sie glauben. Die Antwort scheint bei allen die gleiche zu sein: Nein.

Nein, da ist keiner, denkt Walter, weil keiner mit einem was zu tun haben will, der schon mal gesessen hat.

Nein, keiner, denkt Florian, aber es waren mal welche da.

Der Mann ist ein Niemand, denkt Marie.

Niemand, der irgendwas verstehen würde, denkt Nina.

Es ist niemand da, weil ich niemanden brauche, denkt Simon, der leise lächelt.

«Da ist ja niemand» wird zu einem Code in einer Gruppe, die sich nicht viel mehr teilt als Diagnosen und Fragen, die immer gleichen Fragen, die meistens mit «Warum» anfangen und mit «ich» aufhören. Der Code einer Gruppe, die schweigt in dem Einvernehmen, dass das Übersehen der anderen manchmal so viel leichter ist als Augen auf und durch.

«Warum ist da niemand?», fragt Nina schließlich nach einer scheinbar endlosen Weile des Schweigens.

«Ach, guck mich doch an», antwortet Andrea und zeigt an sich herunter. «Sag mir mal einen, der mit so einer was zu tun haben will.»

Nina richtet sich auf ihrem Stuhl auf und zieht die Augenbrauen zusammen. «Jetzt hör aber mal auf, Andrea. Ich finde, du wirkst sehr nett! Und Aussehen spielt ja wohl keine Rolle, wenn es darum geht, ob man Freunde hat oder nicht.»

«Ha, das sagt ja die Richtige», bemerkt Simon und lacht sein höhnisches Lachen. Nina straft ihn mit einem wütenden Blick und beginnt wieder an ihren Fingernägeln zu kauen.

«Wer kann denn noch ein Liedchen singen von ähnlich unsensiblen Reaktionen des Umfeldes?», fragt Weimers nun, um den Konflikt zu beenden.

Alle heben vorsichtig die Hand.

Walter spricht als Erster: «Ich habe ja nun eine andere ... Geschichte erlebt als die anderen. Vermute ich mal. Aber als ich verhaftet und in die Klinik gesteckt wurde, da hat selbst Mutter gesagt, dass sie so einen Sohn nicht erzogen hat. Was ja Quatsch ist, weil sie mich natürlich erzogen hat. Aber der Heini, mein Bruder, wollte auch nichts mehr mit mir zu tun haben. Dem seine Frau hat gesagt, er soll die Finger von so Kriminellen wie mir lassen. Tja, und da sitze ich jetzt hier und kann noch nicht mal mehr wen anrufen.»

«War bei mir ähnlich», sagt Florian jetzt, «obwohl ich das

auch kaum jemandem erzählt habe. War schon irgendwie ziemlich peinlich, das alles. Ich hab nur mit meinem besten Freund darüber gesprochen, aber der hat das wohl jemandem erzählt, oder die Nachbarn haben das mitbekommen oder keine Ahnung. Jedenfalls wussten ziemlich schnell alle, dass ich so ein Freak bin und jetzt in der Klapse stecke. Hab versucht, mit den Jungs Kontakt zu kriegen, aber die reagieren noch nicht mal mehr, wenn ich die anskype. Ist so, als ob ich tot wär.»

Walter legt ihm eine Hand auf die Schulter.

Peter räuspert sich und beginnt leise zu erzählen: «Als ich hierhergekommen bin, war ich innerlich auch tot. Ich glaubte, dass das niemals wieder gut wird. Dass ich jetzt damit leben muss, dass ich alles verhauen habe, dass ich's nicht geschafft habe, anständig zu leben und etwas Gutes zu schaffen. Ich hatte die beiden Kinder, aber die sind mir auch immer fremder geworden. Und die ersten Wochen saß ich jeden Abend auf dem Bett und habe darauf gewartet, dass mich der Schlag trifft. Zum Glück kam aber nie irgendetwas. Mir ist nicht das Herz stehen geblieben, auch wenn ich manchmal gedacht habe, dass das bestimmt gleich passiert, bei der ganzen Angst vor allem. Und irgendwie ist das dann besser geworden. Ich meine, es ist nicht *irgendwie* besser geworden, sondern dadurch, dass ich an mir gearbeitet habe. Und dass ich hierbleiben durfte. Und dass ich kapiert habe, dass so eine Krankheit auch ein Zeichen ist. Klingt komisch, ich weiß. Aber ich habe verstanden, dass das auch einfach eine Warnung sein kann. Dass das kleine Männchen im Kopf sagt, pass auf jetzt, so geht's nicht weiter.»

Ich muss an einen dieser Schlaganfallpatienten denken, die immer in Illustrierten oder in der *Apothekenrundschau* davon berichten, dass so ein Schlag, so ein Einschlag in das eigene

Leben endlich alles geändert hat. Dass sie jetzt an sich arbeiten und Sport treiben und *wissen, was wirklich wichtig ist im Leben.*

Peter lächelt und zuckt mit den Schultern.

Plötzlich klatscht Simon in die Hände und sagt laut: «Toll, toll, toll. Ihr seid alle geheilt! Mann, ist das schön. Ach Peter, es ist so gut, dass auch du endlich deinen Frieden gefunden hast. Da hat das ganze Saufen ja doch nicht alle grauen Zellen rausgeschwemmt, was?»

Herr Weimers blickt ihn scharf an: «Das mag ja hier ein Ort für vieles sein, Simon, aber es ist kein Ort für persönliche Angriffe.»

«Ach, Entschuldigung!», ruft Simon aus. «Und ich Idiot habe geglaubt, es ginge hier um Persönliches. Da habe ich wohl die emotionalen Feuerwerke mit bloßen Knallfröschen aus Fakten verwechselt, Herr Weimers! Mein Gott, eure Selbstgefälligkeit kotzt mich so an.»

«Das sagt der Richtige», zischt Nina neben mir, ohne Simon auch nur eines Blickes zu würdigen, «ich gebe Peter absolut recht. Man muss Warnzeichen erkennen und rechtzeitig handeln.»

«Ah, da haben wir es ja! Wie zum Beispiel?», fragt Weimers.

«Wenn es einem schlecht geht, dann sollte man frühzeitig zum Arzt. Man sollte Warnzeichen auch als solche deuten, sich auf seinen Körper verlassen und dass der schon weiß, wie belastbar man ist. Man sollte Sport machen und mit dem Alkohol aufpassen und seine Tabletten regelmäßig nehmen. Man sollte Entspannungstechniken lernen, und außerdem sollte man mit anderen reden. Reden ist total wichtig. Man muss sagen, wenn's einem nicht gut geht. Und Hilfe einfordern. Das ist auch wichtig. Unbedingt auch mit der Familie reden und versuchen, denen zu erklären, was mit einem los ist.» Nina lehnt sich zufrieden auf dem Stuhl zurück und sieht beinahe glücklich aus, so, als habe sie soeben eine wichtige Prüfung bestanden.

Herr Weimers erhebt sich und geht zu dem Flipchart, das in der rechten Ecke des Raumes steht. Er nimmt einen Stift und schreibt in krakeliger, fahriger Schrift das Wort «Warnzeichen» auf das karierte Papier.

«Bitte um Aufmerksamkeit, Herrschaften. Da gerade schon das Thema Warnzeichen angesprochen wurde, möchte ich an dieser Stelle noch einmal ausführlicher darauf eingehen. Was für Sie bedeutet: Strengen Sie Ihre grauen Zellen an, ich möchte Beispiele hören. Achtung, fertig, los.»

Nina meldet sich erneut: «Suizidgedanken und das Gefühl innerer Leere und ...»

«Sexuelle Lustlosigkeit», unterbricht Simon sie, und Herr Weimers notiert Ninas Beiträge – nicht ohne geräuschvoll ein- und auszuatmen, bevor er Simons Stichpunkt hinzufügt.

«Sozialer Rückzug», flüstert Andrea, und Marie ergänzt: «Ja, genau, man hat keinen Bock mehr rauszugehen und denkt, dass die ganze Chose eh keinen Sinn ergibt, und dann guckt man nur noch Fernsehen, während sich die Wäsche stapelt!»

Weimers schreibt «Sozialer Rückzug» und lächelt Marie an wie etwas, das einem sehr, sehr leidtut.

«So körperlicher Kram», meldet sich Florian, «Kopfschmerzen und Übelkeit, so als könnte man den ganzen Tag nur kotzen.»

Peter nickt. Er bedenkt Florian mit dem Blick eines Vaters, der dem Sohn gerne sagen würde, dass am Ende ja doch immer alles gut wird. In seinen Augen spiegeln sich Mitleid und das bisschen Hoffnung, das er sich hier «erarbeitet» hat.

«Nun, da haben wir ja schon einige Punkte zusammen. Jetzt möchte ich von Ihnen gerne wissen, was wir denn Schönes tun können, damit wir gar nicht erst wieder in eine solche Lage kommen», fordert Weimers die Gruppe auf.

Dieses Mal ignoriert er Ninas wedelnde Hand und wartet, bis diese verächtlich schnaubt und ihre Meldung zurückzieht.

«Na, reden!», meldet sich Marie «Und sich mal etwas gönnen. Ein Bad zum Beispiel. Also ich kann mich da entspannen, Wahnsinn!»

«Auf jeden Fall auch zum Arzt gehen. Und vielleicht Medikamente nehmen», schlägt Florian vor.

Herr Weimers nimmt die Vorschläge auf und dreht sich in die Runde. Keine Hand hebt sich mehr. «Noch jemand eine Idee?», fragt er und wartet mit dem Stift in der Hand auf Meldungen, die nicht kommen. Schließlich resigniert er und setzt sich wieder auf seinen Platz. «Gut, dann hätten wir ja einiges heute geschafft. Zum nächsten Mal bereiten Sie bitte eine Liste mit Punkten vor, die aufzeigen, was Ihnen persönlich guttun könnte, wenn Sie einige der Warnzeichen an sich bemerken. Ganz nach dem Motto: Nicht erst auf den Feuermelder pinkeln, wenn die Hand schon brennt, nicht wahr!»

Nina räuspert sich, Florian grinst dümmlich.

«So, und nun würde ich gerne noch wissen, was mit Ihnen heute los war?» Er schaut Tanja an, die nur stumm und in sich versunken auf ihrem Stuhl saß. «Hallo? Ist jemand zu Hause?», fragt Weimers nach.

Tanja hebt langsam ihren Blick und sagt tonlos: «Wofür sollen wir diesen ganzen Scheiß denn machen, Herr Weimers? Kommen Sie vorbei und lesen mir die Liste vor, wenn ich seit drei Tagen im Bett liege und heule? Oder wenn der Typ vom

Arbeitsamt mir sagt, dass es leider keine Jobs für Erzieherinnen mit Angst vor Kindern gibt? Oder füttern Sie die Kleine, wenn sie schreit und ich mir nur die Ohren zuhalte, weil ich's nicht mehr ertrage? Lesen Sie mir dann meine kleine Liste vor?»

Weimers öffnet den Mund und schließt ihn wieder. Er ringt um Fassung. Gerade, als er ansetzt, etwas zu erwidern, erhebt sich Simon und geht zur Tür.

«Was machen Sie da?», fragt Weimers in einem Ton, der verrät, dass ihm etwas endgültig aus den Händen zu gleiten droht, das vielleicht noch nie darin gelegen hat.

«Gehen», antwortet Simon ruhig. «Die Stunde ist doch vorbei.»

«Ach Leute, muss das jedes Mal wieder sein? Muss der Weimers jetzt wieder erklären, dass die Stunde erst vorbei ist, wenn ich das gesagt habe?»

Simon lächelt. «Warum denn? Tanja hat doch recht. Das alles hier ist doch total sinnlos. Listen? Im Ernst?» Er beginnt zu lachen und lässt die Tür hinter sich zufallen.

Walter und Florian schütteln den Kopf, während man das tiefe Einatmen von Herrn Weimers hört, der mit den Worten «Sie können jetzt auch gehen, bis nächste Woche, Freunde» das Spektakel beendet.

Fünfzehn

«Und, wie war's?», fragt mich Isabell, als ich am Abend unser Zimmer betrete, in dem es nach kaltem Rauch und Parfum riecht. Die Vorhänge sind zugezogen, und Isabell hat anscheinend etwas gelesen, bevor ich hereinkam, es dann jedoch hektisch unter ihrem Kopfkissen verschwinden lassen.

«Wie war was?», frage ich müde und lasse mich auf die dünne Latexmatratze fallen, die jedes Mal quietschend nachgibt.

«Deine Gruppe, die Depressionsgruppe, wie war die?», fragt Isabell, und ich stöhne und richte mich wieder im Bett auf.

«Man könnte ein Buch darüber schreiben. Man müsste einfach nur die Dialoge aufschreiben, und schon hätte man nicht bloß ein Unterhaltungsbuch, sondern auch noch eine soziologische Betrachtung der psychisch gestörten Menschheit im 21. Jahrhundert im Kontext der postmodernen Unterhaltungsindustrie.»

«Was redest du da?», fragt Isabell und gähnt.

«Nichts.»

Sie nickt gleichgültig und zieht ein Buch aus dem Stapel auf ihrem Nachttisch.

Nach einer Weile blickt Isabell auf und sagt: «Sag mal, Ida, hast du eigentlich das Gefühl, hier richtig zu sein?»

Ich frage sie, was sie damit meint, und sie antwortet:

«Ich meine, hast du nicht manchmal das Gefühl, dass du eigentlich zu Unrecht hier bist, dass du genau genommen einfach bloß ein sehr besonderer Mensch bist, der ein bisschen mehr sieht und empfindet und spürt als andere und deshalb ein bisschen mehr denkt und verzweifelt?»

«Ja, immerzu. Aber dann sehe ich mich im Spiegel an

und weiß, dass das nur ein schöner Gedanke ist», antworte ich.

«Vielleicht ist das alles aber auch nur eine andere Art Spiegel. Ein Spiegel für das Gegenteil. Ein Negativspiegelbild. Schau deine Therapeutin an, und du weißt, wer du bist. Oder sag ihr, dass sie es dir sagen soll. Ist das vage? Ist das unschön? Ist das das Gegenteil von dem, was du gerne wärst? Dann hat sie vermutlich recht. Sagt sie dir, dass du eigentlich ja ganz viel aus dir machen könntest und dass du ja einfach *gehindert* bist, dass du einfach bloß *gehindert wurdest*, du armer Mensch, dann hat sie vielleicht auch recht. Und wenn sie schweigt, auch. Und wenn sie die Augen niederschlägt, auch. Sie hat vielleicht immer recht. Aber sie sieht in dir den pathologischen Fall auf Seite irgendwas ihres Lehrbuches. Sie sitzt nicht mit dir in einem Café. Sie sieht nicht deinen Milchkaffee und dass du dir so verdammt viel Mühe gibst, gut auszusehen, während du dich so schlecht fühlst, dass deine Haut eigentlich abfallen und schimmeln und verrotten müsste und dein Kopf gleich mit dazu. Sie sieht nur eine Stunde in der Woche dein Gesicht, sie sieht nur einen winzigen Ausschnitt dessen, was du als Ganzes bist, nur die Essenz deiner selbst, nur eine Stunde die Woche, nur ein Augenblick, Ida. Du glaubst, dass das echt ist, dass das real ist, dass du deine Diagnosen bist und deine Ekelhaftigkeiten. Aber das ist nur ein Teil. Du bist nicht deine Diagnosen, du bist nicht deine Pathologie. Du bist ein Mensch, so absurd das klingen mag, herzlichen Glückwunsch: Sie sind ein Homo sapiens, ganz und gar.»

Vielleicht mag das ja stimmen, denke ich einen Moment lang, wie man manchmal im Kino oder vor einem Fernsehfilm geneigt ist, dem Gedanken nachzuhängen, dass man im

Grunde, in Wirklichkeit ja so viel mehr sein könnte. In der Art «der andere, der mir da in dem Film so ähnlich ist und dem plötzlich auch so wunderbare Dinge passieren», in der Größeneinheit «Selbstüberschätzung», in dem verklärten Gedanken, dass man ganz eventuell ja auch zu Größerem bestimmt ist, auch, wenn man gar nicht so genau weiß, wie groß «groß» eigentlich ist.

«Verstehst du nicht, was ich meine?», fragt Isabell nach und hebt die Hände. «Es ist wirklich so einfach. Wir sind hier drinnen, während die anderen da draußen sind. Das ist die Relation. Wir hier, die anderen da. Es gibt Tausende dieser Relationen. Wir in der Uni, die anderen im Büro. Wir in dieser Beziehung, die anderen frisch verliebt. So teilt es sich auf, so verteilt sich alles. Aber wer hat gesagt, dass das stimmt? Wer kann mir beweisen, dass ich wirklich hierhergehöre?»

«Du dir selbst», antworte ich, «du dir selbst jeden Morgen.»

«Was beweist das denn? Ich habe Probleme, einen Haufen davon. Aber die anderen doch auch. Warum steckt die Welt nicht hier drinnen, und wir sind da draußen?»

«Ach, Isabell», sage ich genervt, «das ist doch ein alter Gedanke. *Die Welt gehört ins Irrenhaus und die Irren in die Welt.* Das ist aber nicht das Problem. Jeder hier ist doch gekommen, weil etwas nicht mehr stimmte. Es gibt kein Drinnen und kein Draußen. Es gibt nicht einmal ein Wir und ein Ihr. Es gibt nur Ich.»

Ihr Gesicht verrät Erstaunen und Enttäuschung. Es ist das Gesicht eines kleinen Mädchens, das etwas Wichtiges mitzuteilen hatte und feststellen muss, dass niemand versteht, was so faszinierend an den weißen Flecken am Himmel ist. Ein Mädchen, das gleich weinen wird und quengeln und sich beschweren, dass der Arm, der sonst immer so schön getragen hat, plötzlich schlaff herunterhängt.

«Du verstehst den Punkt nicht, auf den ich hinauswollte», beschwert sie sich.

Den verstünde ich sehr gut, beteuere ich, jedoch sei all das vage und unkonkret, wenn es darum ging, eine realistische Einschätzung der eigenen Situation vorzunehmen.

Sie lacht. Lacht ein lautes und ein höhnisches Lachen. «Eine realistische Selbsteinschätzung? Was ist denn Realität, und was bist du selbst? Und wie sieht die Realität deines Selbst aus? Und wird nicht alles, was du sieht und hörst und spürst und denkst, von diesem gleichen Gehirn gesteuert wie all das, von dem sie sagen, dass es krank und andersartig sei?»

Ich schweige und höre noch immer den Hall ihres Lachens.

«Lassen wir das», sagt Isabell nun und schüttelt sich.

Es vergehen ein paar Minuten des Schweigens, in denen sie mich ab und an vorwurfsvoll anblickt.

«Was?», frage ich schließlich genervt, und mit einem Mal verändert sich ihr Gesicht, wird so plötzlich wieder weich und offen, wie es eben noch kämpferisch und zornig wurde, und sie steht auf und setzt sich auf mein Bett.

«Ida, weißt du, ich hatte nie eine so gute Freundin wie dich», sagt sie und streichelt mir über den Rücken, eine Geste, die vertraulich wirken soll, aber in ihrer Gänze befremdlich bleibt.

«Isabell, wir kennen uns doch kaum», sage ich vorsichtig und bewege mich keinen Millimeter.

«Doch, wir kennen uns sehr gut, wir sind quasi Seelenverwandte, du und ich. Ich habe noch nie jemanden kennengelernt, dem ich so schnell so sehr vertraut habe. Das ist doch sehr schön!», sagt sie und drückt jetzt wie zum Beweis meine Hand.

Ihre üblichen Stimmungsschwankungen und ihre Neigung, sich in Minuten von einem Pol des Emotionsspektrums zum anderen zu bewegen, sind mir, nach diesen wenigen Tagen, bereits vertraut. Aber diese Aussagen haben eine neue Qualität, überspannen einen Bogen, der sich genau zwischen den Polen befindet, so sehr, dass es mir beinahe wie eine Farce, wie ein Witz vorkommt. Wir sitzen hier auf diesem Bett und sprechen über Freundschaft und Nähe, wo eigentlich nur ein paar Tage und ein bisschen gegenseitiges Verständnis liegen können, wo eigentlich eher Höflichkeit denn übertriebene Freundschaftsbekundung angebracht wäre. Ich entziehe meine Hand ihrer Umklammerung.

«Isabell, ich komme mir merkwürdig bei dem Satz vor, weil er eigentlich aus dem Mund eines verschreckten Liebhabers kommen sollte, aber: Das geht mir zu schnell, und es fühlt sich äußerst merkwürdig an.»

Ihr Blick wird hart, sie steht auf und baut sich vor mir auf. «Was soll das heißen? Wir reden doch viel, und wir verstehen uns blind, und du erzählst mir alles – was bleibt da an Fremdheit noch übrig, Ida?»

«Du weißt nicht alles, und ich erzähle dir auch nicht alles, tut mir leid, dir das sagen zu müssen», erwidere ich.

«Was weiß ich denn zum Beispiel nicht?», fragt sie, und beinahe klingt es wie ein Hinterhalt.

«Einiges.»

«Zum Beispiel?»

«Du weißt manche Dinge deshalb nicht, weil ich sie nicht erzählen will. Das ist der Grund, warum Menschen Geheimnisse haben: Sie wollen nicht darüber sprechen.»

«Aber könntest du nicht ein Beispiel nennen? Dann würden

wir uns ja auch näher kennenlernen. Das wäre doch schön!»,
wiederholt sie sich.

Ich schlage vor, sie solle doch einfach zunächst einmal mehr
von sich erzählen, so herum ginge es doch auch. Sie überlegt
einen Moment, setzt sich dann aber wieder zu mir und lässt
ihren Kopf in die Hände fallen – eine Aufforderung zur Nachfrage, eine äußerst lästige Geste von Menschen, die nicht selbst
beginnen zu erzählen, sondern sich bitten, sich auffordern lassen wollen. Ich schweige und warte ab.

«Na ja, das meiste kennst du ja», sagt sie schließlich und lässt
den Worten einen Nachhall, der bezeugen soll, dass ihnen noch
Erklärungen folgen könnten – jedoch erst nach einer erneuten
Nachfrage.

«Gut», sage ich, «was weiß ich nicht?»

«Zum Beispiel, dass ich vergewaltigt worden bin.»

Die Erstarrung, in die sich mein Körper begibt, tritt plötzlich
ein und braucht nur einen Bruchteil einer Sekunde, um auch
meinen Mund zu erreichen. Ich verharre mit geöffneten Lippen, und die Worte, die schon bereitlagen, die ich nur noch
formen und sprechen musste, bleiben an Ort und Stelle, in
Gehirn und Gedanken, und erreichen Isabells Ohren nicht im
Geringsten. Ich bin unfähig, auch nur einen Laut von mir zu
geben. Isabell dagegen beginnt jetzt zu sprechen, spricht von
dem Maler, der immer schon zudringlich gewesen sei, jedoch
nie so sehr, wie er es in dieser einen Nacht mit einem Male
wurde, als es darum ging, sie bei der Kunsthochschule zu emp-
fehlen und seine Beziehungen spielen zu lassen, sein Wort
geltend zu machen. Sie spricht von seinem schlechten Atem
und einer Drohung, die ihr den Mund verbot. Und sie habe
ja gewusst, dass ihr ohnehin niemand geglaubt hätte. Er sei

beliebt, bekannt, bewundert gewesen. Man hätte seinen Namen andauernd in den Zeitungen gelesen. Und ihr Name, der sei doch bloß der eines Mädchens gewesen, das niemand gekannt, geschweige denn sonderlich gemocht hätte, was hätte da schon eine Anklage gegolten. Und da wäre ja noch der Vater gewesen, der seinen Freund, den Maler, so sehr geschätzt habe und, glücklich über dessen Engagement und Versprechungen, die Zukunft der Tochter in guten, farbverschmierten Händen gesehen habe.

Sie spricht und spricht und weint jetzt auch.

Nun wäre ich an der Reihe zu entscheiden, zu sprechen oder zu schweigen, Worte zu finden, die nicht bloße Imitationen von Verständnis sind und Vertrauen versprechen, oder in einem Schweigen Fassungslosigkeit und Respekt auszudrücken, Respekt vor der fraglichen Tatsache, dass jedes Wort und jeder Satz jetzt zu viel wären, dass sie eben doch nur leere Hülsen bleiben, die niemals ausdrücken können, was eine Umarmung, ein Blick, eine kleine Berührung besser könnten.

Ich setze an und verstumme sofort wieder. Die Vorhänge wehen im Abendwind, und das Scheppern und Klirren von Geschirr ist auf dem Gang zu hören, ein paar Stimmen, es ist Zeit für die Medikamentenausgabe. Regungslos sitzen wir zusammen und wagen es nicht, uns anzusehen. Schließlich entscheide ich mich, etwas zu sagen, etwas zu tun, hebe hilflos die Hände und sage «Mein Gott» oder ähnlich Belangloses, weil meinem müden Gehirn nichts Besseres einfallen will.

Isabell steht endlich auf, zieht die Vorhänge beiseite und schaut sich den Sonnenuntergang vor dem Fenster an, einer Medea gleich, die auf den Feuerwagen Helios' wartet.

«Hast du das jemandem außer mir erzählt?», frage ich, und

sie schüttelt den Kopf. «Das Problem ist, dass ich nicht weiß, was ich sagen soll. Ich könnte jetzt vermutlich ganz viel von dem Zeug wiederholen, das man immer so hört. Worte über Mitleid und Empörung und Anzeige und Polizei und Schlimmheit der Menschheit und Unfähigkeit der Eltern und Mein-Gott-was-soll-man-da-bloß-sagen. Aber das kommt mir in diesem Moment alles so sehr unpassend vor. Was möchtest du also? Soll ich dich alleine lassen? Schweigen? Schweigen und gehen oder schweigen und einfach bei dir bleiben? Sollen wir uns davonschleichen und eine Zigarette rauchen? Was möchtest du?»

«Nicht alleine sein. Das wäre ein ziemlich guter Anfang», sagt der Schatten, der jetzt Isabell ist, «nicht alleine sein und dass du es niemandem erzählst.»

Ich nicke, auch wenn sie mein Nicken nicht sehen kann, und atme tief ein und noch viel tiefer aus.

Sie wendet sich vom Fenster ab und lächelt bitter. Ich greife nach ihrer Hand, und einen Moment verweilen wir so, bis sie dieses Mal als Erste loslässt und wortlos im Bad verschwindet, aus dem sie nach ein paar Minuten wiederkommt, mit neuem Make-up und rosigen Wangen. «Komm», sagt sie, «Zeit für die Drogen», und öffnet die Tür.

Als ich an ihr vorübergehe, greift sie plötzlich nach meinem Arm, hält mich fest und legt ihren Kopf auf meine Schulter. «Ich denke, jetzt sind wir Freundinnen, so oder so», flüstert sie in mein Ohr und lässt mich los.

Sechzehn

Wie schläfst du, wenn du etwas erfahren hast, das dich sprachlos macht? Wie fühlt sich Sprachlosigkeit an? Wohin gehen die Worte, wenn du sie zwar denkst, aber nicht aussprechen kannst? Wohin gehen die Gedanken, wenn sie zwar gedacht, aber nie ausgesprochen werden?

Wie viel behältst du für dich? Und gibt es dafür eine Ablage in deinem Kopf? Was träumst du, wenn dir jemand einen Albtraum erzählt hat, von dem er sich wünscht, jener sei nur geträumt worden? Und sich wünscht, er sei nicht von ihm geträumt worden? Und sich wünscht, er hätte noch nicht einmal von diesem Traum gehört? Und sich wünscht, die Hand, die ihm den Mund zugehalten hat, hätte ihn auch erstickt? Was sagst du dieser Person? Sprichst du, oder schweigst du für immer? Brennen die Worte unter deiner Kopfhaut oder erst auf den Lippen?

Um halb eins nachts sitze ich wie üblich im Essensraum der Station 1. Und wie so oft habe ich keine Schlaftablette, sondern Schlaf gewollt, habe die Augen offen gehalten, bis sie anfingen zu brennen, bin aus dem Zimmer geschlichen, völlig erschlagen, aber noch immer nicht müde genug, um endlich schlafen zu können, um endlich schlafen zu dürfen.

Es ist still auf der Station, auf der alle Türen geschlossen sind und die Nachtschwester Blohm gelangweilt auf den Fernseher im Stationszimmer sieht.

Die Tür öffnet sich leise, und ohne mich umzudrehen weiß ich, wer hinter mir steht und wer nicht überrascht, sondern einfach nur stehen geblieben ist, auf der Suche nach einer Kampferöffnung.

«Hallo», sagt die Stimme hinter mir bloß und setzt sich an das andere Ende des Tisches.

«Hallo», antworte ich leise und sehe ihn nicht an.

«Und, wie geht's?», fragt er, und ich schüttle den Kopf.

«Was denn? Redet sie nicht mehr mit mir, oder was?», sagt die Stimme und klingt belustigt.

«Sie redet generell nicht mit jemandem, der in der dritten Person über und mit ihr spricht», entgegne ich und sehe ihn jetzt doch an. Er sieht müde aus, müde und bitter, und seine strähnigen Haare hängen ihm in die Stirn. Seine Augen, die selbst im Dunkeln und hinter dem Schleier, der immer über ihnen liegt, (oder genau deshalb) leuchten, sind geschwollen, und er reibt sie sich, als würde das helfen.

«Gut, dass sie es trotzdem gerade gemacht hat», antwortet er und «dann könnten wir ja jetzt zum Beispiel anfangen, uns ein bisschen besser kennenzulernen, in dieser Notgemeinschaft der Nicht-Anonymen-Schlaflosen.»

«Ich glaube, ich habe für heute genug von Menschen, die mich besser kennenlernen möchten, und lehne dein Angebot daher dankend ab. Vielleicht könnten wir uns zur Abwechslung ja einmal über nette und nicht für Bissigkeiten geeignete Belanglosigkeiten austauschen. Wie war dein Abendessen?»

Seine Mundwinkel ziehen sich nach oben, und er grinst unwillkürlich. «Fantastisch, Ida, fantastisch war es. Es gab trockenes Graubrot, garniert mit einem Stück altem Käse und undefinierbarem Gemüse, das, glaube ich, Salat sein sollte. Dazu reichte man mir einen Joghurt, der der Geschmacksrichtung Erdbeere zwar recht ähnlich war, jedoch vermutlich keine einzige solche enthielt. Fürderhin trank ich lauwarmen Tee aus Früchtestaub und genoss die Gesellschaft der anderen Idioten, was auch fantastisch war. Alles in allem ein wirklich gelungenes Mahl.»

«Wie schön zu hören, Simon. Es ist toll, wenn es dir gut geht.»

«Ja, nicht wahr, Ida? Sag mal, was ich dich schon die ganze Zeit fragen wollte: Warum bist du eigentlich hier?»

Ich lache auf und verschlucke mich dabei beinahe an dem Kamillentee. «Auch das gehört zu den Dingen, von denen ich für heute genug habe. Diese Frage.»

«Wie gut, dass es zwanzig vor eins ist und damit ja genau genommen ein neuer Tag. Heute bin ich also vermutlich der Erste, der dir diese Frage stellt und dringlich auf Beantwortung derselben hofft.»

«Gut. Ein unschlagbares Argument. Ich bin hier, weil ich Depressionen und Panikattacken habe. Da du als Nächstes sagen wirst, dass das doch jeder hier hat, werde ich also schon vorab erklären, dass ich nur ein Mädchen bin, das sein Leben nicht auf die Reihe kriegt und deshalb immer wieder in Kliniken landet, in denen alle ein wenig ratlos sind. Ich bin nicht vergewaltigt worden, ich habe keinen Menschen umgebracht, ich bin nicht mit achtzehn schwanger geworden, und meine Eltern leben auch beide noch. Ich bin nur über ein paar Dinge nicht hinweggekommen, aber wer schafft das schon immer? Und wer braucht schon wirklich ausschlaggebende Gründe, um hier zu landen? Die meisten haben unschöne, manchmal sogar grausame Dinge erlebt, aber das haben tausend andere auch. Und die sind trotzdem nicht in der Psychiatrie. Es muss also so sein, dass einige Menschen eben krank werden und andere unter den gleichen Bedingungen nicht. Und ich gehöre wohl zu den Ersteren.»

«Ah», sagt er bloß und lehnt sich zurück.

«Und du, Simon, wie sieht deine Anamnese so aus?»

«Das geht dich überhaupt nichts an», faucht er, und ich schrecke zurück. «Das geht dich so was von nichts an.»

«Ah», sage ich dieses Mal und lächle.

«Warum lachst du jetzt?», fragt er wütend und haut plötzlich mit der Faust auf den Tisch. Ich werfe erschrocken einen Blick zur Tür, um abzuschätzen, wie schnell ich es dorthin schaffe, und frage mich, ob die Nachtschwester durch den Lärm aufmerksam geworden ist.

«Ich weiß schon, dass mich hier alle für einen Wichser halten. In euren kleinen, in Selbstmitleid getränkten Gehirnen könnt ihr euch wahrscheinlich einfach nicht vorstellen, dass es Menschen gibt, die nicht alles von sich erzählen wollen. Die vielleicht schlimmere Dinge als die Scheidung von Mama und Papa erlebt haben. Und die darüber nicht an verdammten Küchentischen in verdammten WGs sprechen möchten, wie ihr es andauernd tut. Laber, laber, laber. Ihr kriegt doch schon Depressionen, wenn der Typ euch nicht zurückruft. Oder wenn Papi den Geldhahn zudreht, weil ihr im achtzehnten Semester immer noch nicht wisst, was ihr beruflich machen wollt. Und ständig quatscht ihr von Selbstfindung. Als hättet ihr nicht schon einen Platz: den in der beschissenen Sonne, im Glanze eurer ekelhaften Selbstgefälligkeit, verdammt!»

Die Tür öffnet sich, und herein kommt endlich Schwester Blohm, die uns zur Ruhe anhält. «Alles in Ordnung?», fragt sie noch mit einem Blick auf Simon.

«Ja, alles super», knurrt dieser, und Frau Blohm schließt skeptisch wieder die Tür.

«Du bist beeindruckend wütend», fasse ich seinen Ausbruch ungerührt zusammen.

Er schweigt, steht auf und wirft den Stuhl mehr, als er ihn schiebt, an den Tisch.

«Ihr seid alle gleich, Ida, ihr und eure Kinderprobleme.»

«Das ist so lächerlich überheblich, dass ich darauf nicht antworten werde», sage ich ruhig und warte, bis er an mir vorübergeht.

Doch er bleibt überraschend stehen, beugt sich hinunter und flüstert in mein Haar: «Schade, ich hätte mehr von dir erwartet.»

Ich drehe mich abrupt um, und für einen Moment blicken wir uns direkt in die Augen und in die Köpfe. «Was denn, du selbstverliebtes Arschloch?»

Er lacht: «Das geht schon in die richtige Richtung», und verlässt den Raum. Als die Tür hinter ihm zufällt, zucke ich für einen Moment zusammen und drehe mich um. Er steht vor der Glastür und betrachtet mich nachdenklich, lächelt dann und geht fort.

Ich bleibe allein im Essensraum zurück mit einer Tasse voll kaltem Tee und einem Kopf voll kalter Gedanken.

Ich denke daran, wie traurig, wie himmelhoch traurig ich bin. So traurig, dass ich seit einer Ewigkeit schon den ganzen Tag nur die Wand anstarre oder die Augen schließe und versuche, flach zu atmen, das Monster zum Schweigen zu bringen. Ich will rausgehen, will etwas kaufen, etwas unternehmen, aber ich bin wie gelähmt, als hätte man mir die Arme und die Beine und den Verstand amputiert. Selbst das Essen, das mir sonst so leichtfällt, das ich in solchen Übermaßen konsumiert habe, fällt mir schwer – ich kann kaum einen Bissen hinunterwürgen, sofort beginnt der Brechreiz, weil mein Magen schon voll ist mit Gedanken und Stacheldraht.

Ich versuche zu lesen, aber jedes Wort verschwimmt zu einer Masse aus Unverständlichkeiten, ich kann mir nichts merken, ich kann nichts begreifen, ich kann nur das Buch weglegen und darauf starren und mich fragen, ob es gerade irgendwo auf der Welt auch jemanden gibt, der versucht, dieses Buch zu lesen, und ebenso daran scheitert.

Ich trinke lauwarmen Kaffee, den ich gerade so bei mir behalten kann, und überprüfe minütlich meinen Verstand, der sich nur noch wie ein Phantomschmerz anfühlt. Ich versuche ihn zu bewegen, versuche, seine Gedanken zum Laufen zu bringen, aber immer wieder muss ich feststellen, dass da nichts mehr ist.

In den Gesprächen werde ich stiller, unkonzentrierter und abwesender, denn eigentlich bin ich ja gar nicht da, ich bin nicht da, hallo, sieht mich jemand? Ich erzähle schöne Lügen und auch die hässlichen, ich erzähle ein bisschen von mir, und jetzt bist du dran, und da hätten wir ja schon ein Gespräch, na also. Doch all diese Gespräche bleiben immer nur Hologramme in meinem Kopf, die ich auf dem Holodeck meiner Vorstellungen so konzipiert habe. Der eine sagt: Wie geht's dir? Und das Holodeck programmiert: Lächeln und antworten: Muss ja.

Und so wenig, wie ich in die Köpfe der anderen sehen kann, so wenig weiß jemand, dass Ida jede Nacht in ihr Kopfkissen beißt, bis die Bissspuren beweisen, dass ich nicht mehr schreien, aber noch beißen kann, dass ich nicht mehr sprechen, aber noch atmen kann.

An den Tagen schleiche ich durch die Gänge und durch den Tag und vermeide dabei jeden Blickkontakt. Manchmal fallen mir ein paar Tränen aus den Augen und aus dem Sinn, aber weil jetzt Herbst ist und es meistens regnet, interessiert das so wenig wie die Tatsache, dass ich die meiste Zeit gar nicht weine, sondern nur den Kopf in den Regen halte. Bei diesen langen Spaziergängen versuche ich herauszufinden, wann die Verbindung zwischen mir und den anderen, zwischen mir und der Welt durchtrennt wurde, wie die Nabelschnur, die einmal meinen Geist mit der Realität verbunden hatte und die durchgeschnitten wurde, als ich das erste Mal auf dieser Brücke in K. stand, an deren Ende ein Schriftzug aus großen metallenen Lettern angebracht war, der sagte: Liebe deine Stadt. Und ich nur keinen Zentimeter weiter an die Brüstung, an das Geländer gehen konnte, weil ich nicht mit dieser Aussicht springen konnte, weil ich nicht springen konnte in dieser hässlichsten aller Städte.

Vielleicht ist sie aber auch durchtrennt worden, als ich neben mir im Zimmer einen lauten Schrei hörte, hinübereilte und Maximilian sah, den Mann, mit dem ich kurz zuvor noch das Bett und dann Worte geteilt hatte, die zu einem unserer zahlreichen Streite geführt hatten. Als ich sah, wie er sich wand und weinte, und hörte, wie er sagte, es ginge nicht mehr. Als er dann aufstand und duschen ging und ich vor der Tür stand und klopfte und er rief: Reich mir ein Handtuch, ach so, und das eben war ernst gemeint. Ich bin auf die Straße gelaufen mit all meinem Gepäck, saß vor der Haustür und habe geweint, mitten in dieser Großstadt, während die Passanten an mir vorübereilten und vor mir die Leuchtreklame eines Bordells blinkte, ein riesiges LOVE und daneben eine Anzeige für Partnervermittlungen. Vielleicht habe ich in diesem Moment vergessen, wie es ist, etwas auszuhalten, etwas mitteilen zu können, mit fremden Menschen zu sprechen oder mit bekannten. Denn das allein, das ganz allein ist es, was wir meinen, wenn wir von Vertrauen sprechen.

Im Grunde gab es zahlreiche Momente und Augenblicke, die so schnell wie ein Kcamerablitz passierten und die nichts hätten verändern müssen und die trotzdem alles geändert haben. Manchmal schaffst du es, dir Laufschuhe zu basteln, die schnell genug sind, um vor diesen Blitzen und Einschlägen davonzulaufen. Du blickst dich noch vorsichtig um, aber eigentlich weißt du schon, dass du überleben wirst, dass du es geschafft hast, dass du nur noch ein bisschen weiterrennen musst. An der nächsten Kreuzung links abbiegen bitte, nach 100 Metern haben Sie Ihr Ziel erreicht.

Manchmal ziehst du dir aber gerade diese Laufschuhe an, Schuhe, die gefüttert sind mit guten Momenten und Schlagfertigkeit, gerade schnürst du die Schuhsenkel, gerade willst du loslaufen, und da ist es schon passiert, das Ereignis war viel schneller da als du, und jetzt rennst du, du rennst um dein Leben, aber alles ist schon passiert, alles brennt schon, und deine Sohlen bleiben am Asphalt kleben, und du fällst hin, und eine Stimme wiederholt immer und immer wieder: Wenn möglich, bitte wenden.

Es ist ja nicht so, als wäre ich nie mitgerannt, als hätte ich diesen Marathon, den man Leben nennt, nicht bisweilen so freimütig und elegant gelaufen, dass ich gar nicht auffiel in der Masse der anderen, die vereinzelt schon nach Luft rangen, während ich lief und lief und alles trank, was man mir am Wegrand reichte, so groß war mein Durst, mein Durst nach allem. Es ist ja nicht so, als wäre Selbstmitleid, als wären ständige Selbstbezichtigung und Selbstgeißelung der Weg gewesen, den ich einzuschlagen versucht habe. So war das nicht, ich schwöre.

Als ich zur Grundschule ging, war da dieser Lehrer, mein Klassenlehrer, Herr Friemer, der uns alle sehr liebte, der uns allen immer beistand, der uns förderte und half. Uns allen minus mir. Herr Friemer hielt mich für etwas, das ausgespuckt war aus einer Hölle, etwas, das Verderben und Unglück bringen würde. Er übersah, wenn ich meinen Finger hob, und missbilligte die meisten meiner Antworten, wenn er aus Mangel an anderen Wortmeldungen doch einmal mich anhören musste. Den Eltern der anderen Kinder empfahl er, ihre Sprösslinge von mir fernzuhalten, ich sei unkontrollierbar, unbedingt unerzogen und im Übrigen frühreif, und die Kinder trugen diese Worte zu mir zurück. Ich wusste damals nicht, was das ist, frühreif, und schlug es im Lexikon nach. Ich verstand nichts. Also nahm ich an, dass frühreif bedeutete, dass ich früher erwachsen werden würde und dass ich also früher von Herrn Friemer, dieser Schule und den Kindern, die dem Verbot der Eltern, mir zu nahe zu kommen, folgten, wegkommen würde. Ich war sehr froh an diesem Tag und erzählte meinen Eltern, dass ich also jetzt bald schon auf das Gymnasium wechseln könne, jetzt, wo ich bald schon reif sei. Ich war in der zweiten Klasse, als Herr Friemer seinen Krieg gegen mich und meine Frühreife begann, und ich war verliebt in ihn, weil ich davon überzeugt war, dass er am Ende erkennen würde, wie sehr ich mich anstrengte und wie sehr ich alles dafür tat, von ihm gemocht zu werden. Am Ende der vierten Klasse verbrachte ich die zweiten Sommerferien in Folge alleine, denn die anderen Kinder folgten noch immer Friemers Rat, und ich hatte alles Vertrauen in die Liebe zwischen Herrn Friemer und mir verloren und den Rest auch.

Vielleicht war das der erste Punkt, der erste Knoten, der das Netz über mich legte, der das Unaussprechliche in mein Leben brachte und der den Anfang gemacht hatte zu einer Decke aus

Schwere und Irritation, zu einem Leben, das sich nie leicht, aber noch tragbar anfühlte.

All die Jahre nach Friemer waren Jahre, in denen das Unaussprechliche sich schon gesetzt, aber noch nicht gezeigt hatte. Zu sehr war ich damit beschäftigt, an alles zu glauben, das ich wollte, das ich so unbedingt wollte, dass ich nicht davon abließ. Freunde, gute Noten, auf die Geburtstage der beliebteren Kinder eingeladen zu werden, das Gefühl, dass die Schwerkraft etwas ist, das einen am Boden hält, und nicht etwas, das einen auf selbigen niederdrückt, und Freunde. Freunde. Freunde.

Nach Friemer, eine Zeitrechnung, die meinem Leben einen neuen Ausgangspunkt gegeben hatte. Nach Friemer jedenfalls war ich viele Jahre auf der Suche gewesen nach etwas, das heilte und verband, das trug, was ich nicht tragen konnte, das Sicherheit gab. Ich trank in den Parks mit den anderen, auch wenn ich meistens gar nicht wusste, wer die anderen waren. Ich kaufte mir ihre Anziehsachen, ich kaufte mir ihre CDs und ihre Kinokarten, ich kaufte mir ihre Freundschaft in den Cafés der Stadt, mit Worten und Geschichten, mit Dramatisierungen und wildem Aufbegehren, ich kaufte mir alles, was ich glaubte zu benötigen, um unter ihnen zu sein, um dabei zu sein, um dazwischen zu stehen, wenn sie von all diesen Dingen sprachen, die ich erst so viele Jahre später erleben sollte.

Sie sprachen vom Küssen und von Parfum, von Sportlern und von Lippen und Händen und Liebe, sie sprachen immerzu von Liebe. Ich sprach auch davon, auch wenn ich meistens nicht wusste, wovon ich da eigentlich gerade erzählte, aber ich kopierte einfach alles, was sie sagten, auf ein Blatt zusammen, das ich mir in den Mund stopfte, auf die Zunge legte. Auch ich erlebte solche Geschichten, wenn auch nur in meinem

Kopf und in den Worten – aber Geschichten, seien wir ehrlich, sind doch ohnehin nur im Moment ihres Geschehens real, und schon ein paar Sekunden später bestehen sie nur noch aus Erinnerungen und Worten. Und so hatte auch ich meine Geschichten, selbst, wenn mir der Ausgangspunkt – ihr wahres Geschehen – fehlte, so hatte ich doch wenigstens die Hälfte aller Geschichten parat: das Erzählen darüber.

Und so waren die ersten Jahre auf dem Gymnasium eigentlich glückliche Jahre, Jahre, in denen ich zwar alles nur aus zweiter Hand erlebte, in denen ich die Erlebnisse der anderen trug wie meine eigenen, in denen ich aber immerhin die Ferien nicht mehr allein und den Sommer nicht mehr ausschließlich zu Hause verbrachte. Was aber passiert mit einem Menschen, dessen äußerste Schicht nie das Passierte, das Gegenwärtige berührt und der immer nur auf der Suche, auf der Jagd nach dem Zukünftigen ist, wenn dann endlich alles besser, alles einfacher, alles erträglicher wird, wenn endlich Schnaps und Lächeln fließen, wenn endlich alle Knoten platzen, das Netz auffängt, anstatt einzuschließen, wenn man endlich vom Fisch zum Seilakrobaten geworden ist? Was passiert mit so einem Menschen? Er entwickelt sich nicht, entwickelt sich nur spärlich, nur in winzigen Schritten, weil sein einziges Ziel immer nur das Ankommen an einem Punkt bleibt, der im Grunde schon in der Vergangenheit liegt, er also in der Zukunft etwas längst Passiertes sucht, das er nicht finden kann, aber nicht aufhören kann, danach zu suchen.

Wängler bezeichnet das bisweilen als «Chance der Nachreifung», was bedeutet, dass der Mensch lernen muss, dass alles längst passiert ist, dass er den Ausgangspunkt längst verpasst hat und dass er jetzt lernen muss, begreifen muss, dass alles andere im Jetzt liegt, dass er nicht mehr das Mädchen ist, das sich nach der Liebe eines abwesenden Vaters sehnt, und nicht mehr der kleine Junge, der die Bestätigung von Freunden sucht, die er nie hatte. Er muss begreifen, dass das alles lange vorbei ist, so sehr Schnee von gestern ist, dass die gewaltigen Massen des geschmolzenen Eises über dem kleinen Mädchen oder dem kleinen Jungen liegen und sie zu erdrücken drohen, dass diese beiden, die längst erwachsen sind und längst nicht mehr an den Vater, die Freunde, den viel zu netten Onkel oder die schlagende Großmutter denken, dass diese beiden sich jetzt ohne Suchhunde und ohne Taschenlampe durch den Schlammhaufen aus Dreck und Eis wühlen müssen, um Tageslicht zu sehen, das jetzt «Glück» heißt. Zu begreifen ist: Wenn du es nicht schaffst, die fehlerhaften, die fehlenden Dinge deines Lebens zu überwinden, dann wirst du bis zum Ende deiner Tage im Schlamm deiner eigenen Haltlosigkeiten wühlen, dann wirst du darin ersticken, versprochen und auf Wiedersehen.

Ich tat also so, als hätte ich dieses Leben gehabt, ich tat so, als hätte es einen ersten Kuss, eine erste Begegnung gegeben, als hätte es stattgefunden, dieses leere Leben, das ich glaubte, mit erfundenen Geschichten füllen zu müssen, auf dass mir die Worte zum Munde herausliefen wie den anderen. *Fake it till you make it.*

Und es lief ganz gut. Ich lernte Peer und Sebastian kennen, ich lernte Julia kennen, ich lernte manchmal Jungen kennen, die gut rochen und sich gut anfühlten und um die herum ich mein Netz aus Dramen und Geschichten spann, sodass wir in meinem Kopf all die Dinge erlebten und unternahmen, von denen die anderen erzählten. Ich ging mit ihnen ins Kino und in Cafés, wir aßen Eis und küssten uns sogar, ich wusste schon ganz genau, dass wir uns auch küssen würden und wann und wie und dass es ganz bestimmt sehr romantisch und einzigartig sei, der Beginn einer ganz großen Verbindung, der Beginn der Verbindung zwischen mir und der Welt.

Leider passierte nie mehr, als dass die Jungen gute Freunde wurden, die sich in meine Freundin und manchmal auch in meine Freunde verliebten, aber meine Güte, so etwas passiert eben. Dachte ich zunächst. Und dachte ich auch nach dem zehnten Mal und nach dem fünfzehnten Mal, und dann kam auch schon ein neuer Junge, der mich dann tatsächlich auch einmal küsste, aber geändert, geändert hat das nichts.

Es war ja nicht so, dass dieses Wort plötzlich auftauchte, an einem Mittag im August, als ich gerade auf der Terrasse saß. Es war ja nicht so, dass dieses Wort mit einem Mal da war oder einfach auf einem Zettel stand, den man mir reichte. Es tauchte zunächst bloß in Blicken auf, wenn ich die Schule geschwänzt hatte, weil mir das ewige Streben nach etwas, das mir unerreichbar schien, für einen Moment alle Kraft genommen hatte und ich im Bett lag, einmal mehr die Wand anstarrte und traurige Musik irgendwelcher Boygroups hörte, die man eben damals so hörte. Das Wort tauchte in Zwiegesprächen verkleidet in anderen Worten auf, in sorgenvollen Gesten, wenn Peer und Sebastian feststellten, dass ich auch schon ohne sie angefangen hatte zu trinken. Nachmittags um fünf.

Das Wort tauchte schließlich erst in seiner wahren Bestimmung bei einem Arzt auf, der nicht herausfinden konnte, warum ich immer weniger aß, dauernd Bauchschmerzen hatte und jede Möglichkeit mied, das Haus zu verlassen. Das Wort, das mir so unaussprechlich erschien, dass ich es immer verschwieg, dieses Wort wurde nun von diesem Arzt ausgesprochen, während meine Mutter meine Hand drückte und der Arzt auf seinen Computer starrte. Wir gingen.

Erst als Julias Beerdigung vorüber, als alles gesagt war und alles nicht Gesagte auch weiterhin verschwiegen wurde, als alle gegangen waren und schon längst der Alltag wieder in den Häusern wohnte, in denen man beim Abendessen zunächst noch über diesen tragischen Vorfall gesprochen, sich dann aber stillschweigend geeinigt hatte, dass dies ein Thema sei, das zu allem besser passe als zu einem Essen, kurz, als all das in Vergessenheit geraten war, erst dann wurde das Wort immer lauter, die Vermutung immer konkreter, dass Ida Schaumann nicht ganz richtig im Kopf war, dass Ida «depressiv» wirke und dass man etwas unternehmen müsse. *Etwas unternehmen* bedeutete für Peer und Sebastian, dass sie begannen, mich beinahe jeden Abend abzuholen, um irgendwo etwas mit mir essen zu gehen, und für meine Eltern bedeutete es, dass sie sich sorgten, sorgten, sorgten.

Plötzlich gab es immer mein Lieblingsessen (das eigentlich zu dieser Zeit «nichts, danke» war), plötzlich wurde nach Freunden, nach der Schule, nach den Hobbys gefragt, die allesamt für mich schon kaum mehr eine Rolle spielten. Ich antwortete trotzdem, erfand, wie so oft, etwas und war der Annahme, dass ich mich ganz gut schlug, auch wenn in meinem Inneren alle Gerüste, alle Mauern, alle Gebäude eingestürzt waren und selbst die letzten Überlebenden sich längst aus dem Staub gemacht hatten. Ich war am und im Arsch, so sehr, dass ich es nicht einmal mehr fertigbrachte, die Wahrheit zu sagen und die hässliche Fratze zu zeigen, die mein Gesicht längst geworden war.

Eines Tages jedoch ließ sich all das nicht mehr verbergen,

eines Tages ließ sich überhaupt nichts mehr verbergen, ich kam in das Wohnzimmer meiner Eltern, in dem auch Peer und Sebastian saßen. Sie sagten mir, dass es so nicht weiterginge, dass ich depressiv sei und dass das zwar schon immer ein bisschen so gewesen sei, dass es aber jetzt überhaupt gar nicht mehr darum ginge, ob ich das so sähe, sondern darum, was jetzt am besten für mich sei, und das sei auf jeden Fall und mit absoluter Sicherheit eine Klinik in der Nähe, man habe schon das Wichtigste veranlasst.

Ich brachte nicht die Kraft auf, mich zu widersetzen, und so befand ich mich einige Wochen später zum ersten Mal in einer tagesklinischen Psychiatrie und verpasste nicht nur den Schulanfang, sondern auch mein Leben, das bis dahin zwar alles andere als gut gewesen, jedoch nicht im Ansatz so schlimm war wie die Wochen, die dann folgten.

Ich lernte dort, dass manchmal auch Nachbarn so beschädigt sind, so dermaßen neben sich stehen, dass man es nicht für möglich hält, dass sie am Abend wieder in ihrer Einfahrt auf- und ablaufen und die Blumen gießen. Ich lernte zu erzählen, dass ich die Schule in dem Ort besuchte, in dem sich die Klinik befand, wenn ich morgens mit vielen Schülern in dem Bus saß, der sie zu sechs langweiligen Unterrichtsstunden und mich in die Psychiatrie brachte. Ich lernte zu erzählen, dass ich an einer langwierigen, komplizierten Krankheit litt, die ich mithilfe eines Arztes, der in jenem Ort praktiziere, behandeln ließe, und es würde sich ziehen, es würde noch dauern, nein, in diesem Halbjahr komme ich wohl nicht zurück.

Nur Peer und Sebastian wussten, wo ich mich tatsächlich aufhielt, und holten mich manchmal aus der Klinik ab, deren einzige Therapie darin bestand, dass die Patienten morgens berichteten, wie es ihnen so ging, und abends das Gleiche noch einmal erzählten, und dazwischen bastelten sie, und manchmal durften sie auch mit einem Therapeuten reden, aber bitte, der Reihe nach, Leute. Insgesamt verbrachte ich sechs Monate dort und hatte die meiste Freizeit meines Lebens, die ich dazu nutzte, mir Gedanken darüber zu machen, ob ich mich lieber umbringen oder weiterbilden sollte, also einige Bücher über Existentialismus, Nihilismus und Atheismus lesen. Möglichkeit zwei führte wiederum dazu, dass ich am Ende wieder zu Möglichkeit eins tendierte und nur noch morgens in den Bus stieg, um nicht in die Schule zu müssen. In den Filmen lernen Menschen in solchen Situationen dann im Bus die Liebe ihres Lebens kennen, oder sie lernen wirklich wichtige Dinge über das Leben von einem, den sie in so einer Klinik treffen, oder sie lernen zumindest, dass es immer noch viel, viel schlimmer kommen kann.

Ich lernte jedoch nur, dass freie Zeit eine Größenordnung war, die manchmal außerhalb des Begreifens lag, die sich manchmal so qualvoll ausdehnen konnte, dass kein physikalischer Begriff ihrer noch mächtig war. Ich lernte außerdem: alleine zu sein, mich nur mit mir selbst zu beschäftigen, die meisten meiner Mitmenschen zu hassen. Nachdem ich ein halbes Jahr meiner Adoleszenz oder deren Ausläufe in einer Psychiatrie verbrachte, in der ich den Altersdurchschnitt um ungefähr dreißig Jahre senkte, diagnostizierte man mir, dass ich depressiv, persönlichkeitsgestört und hyperaktiv sei, eine so explosive Mischung, dass es an ein Wunder grenze, dass ich noch nicht Amok gelaufen sei oder versucht hätte, die Rasierklingen meines Vaters zu benutzen. Man entließ mich mit allerlei bunten Tabletten, guten Wünschen und skeptischen Blicken, und ich schlief in den folgenden Monaten in der Schule die meiste Zeit ein, blieb am Ende sitzen und musste die elfte Klasse wiederholen.

Das Unaussprechliche hatte sich somit zu etwas sehr Greifbarem, zu etwas Aufschreibbarem verwandelt, zu etwas, das jetzt Namen trug und Diagnoseschlüssel – mit denen ich trotzdem glaubte, nie die Tür zu meiner Persönlichkeit aufschließen zu können, so sehr ich auch daran rüttelte.

Was passiert mit einem Menschen, der durch Milchglas sieht, der nichts begreift, außer dass er nichts mehr begreift, der nichts fassen kann, der sich selbst nicht anfassen kann, ohne sich die Finger an all den Gedanken schmutzig zu machen, die unberührt nur in den Träumen ihre Spuren hinterlassen hätten. Mit diesem Menschen, mit mir, Ida Schaumann, passierte zunächst einfach nichts. Ida Schaumann ist weiter zur Schule gegangen, hat ihr Abitur gemacht und ist danach weggezogen. Und Ida Schaumann hat nie aufgehört, in ihr Kopfkissen zu beißen. Hat nie aufgehört, das Mädchen zu sein, das sich das Leben ausdenkt, das sie gern hätte, während sie den Damen und Herren in der Psychiatrie einmal pro Woche das Leben präsentiert, das sie in Wahrheit führt: ein Leben zwischen Exzess und Lethargie, zwischen Verzweiflung und Apathie. Ida Schaumann hat überhaupt niemals aufgehört, an diesem Grab zu stehen, die Asche darauf fallen zu sehen und sich zu wünschen, sie läge selbst in diesem Loch.

Siebzehn

Beate Wängler schüttelt sachte den Kopf und spricht dann von Eigenverantwortung und von der Möglichkeit, jederzeit das eigene Verhalten zu reflektieren, zu verändern, zu hinterfragen und wieder zu verändern.

«Fragen Sie sich doch einfach einmal, was Sie einer Freundin in einer solchen Situation sagen würden. Würden Sie ihr raten, sich einzumischen, sich um eine andere Person zu kümmern und sich um sie Gedanken zu machen, oder würden Sie ihr raten, sich zunächst einmal um sich selbst zu kümmern und auf ihre eigenen Bedürfnisse und Wünsche zu achten?»

Eine rhetorische Frage. Eine dieser Fragen, deren Beantwortung einem Schuldeingeständnis der eigenen Idiotie gleicht. Ich werde kein Wort sagen, Herr Richter, kein Wort.

«Gut, ich denke, Sie wissen, wie die Antwort lauten muss und wie Sie nicht lauten kann. Sie kann nicht lauten, dass Sie Ihre eigenen Bedürfnisse hinter die einer Person stellen, die Sie kaum kennen. Hier ist jeder für sich verantwortlich, und um den Rest kümmern wir uns, Frau Schaumann.»

Ich habe ihr nicht gesagt, um wen es geht. Ich habe mein Wort nicht gebrochen und an den richtigen Stellen keine Antwort gegeben. Sie kann nicht wissen, um wen es sich handelt. Ich habe Isabells Namen nicht genannt.

«Ich wiederhole die Frage noch einmal: Wie geht es Ihnen?», fragt Frau Wängler erneut.

«Nicht gut. Mir kommt alles sinnlos vor. Was für ein hübscher Satz: *Mir kommt alles sinnlos vor.* Wie hübsch selbstmitleidig. Aber gut, es entspricht trotzdem der Wahrheit. Ich hatte einen Traum, einen furchtbaren Traum, und schleiche seitdem über die Gänge, als hätte ich das Gefühl für die richtige Balance zwischen Erdanziehung und Schwerelosigkeit verloren. Ich habe ständig das Gefühl, mich festhalten zu müssen. Ich weiß nur nicht, ob ich mich festhalten muss aus Angst zu fallen oder aus Angst davonzuwehen.»

«Diese Empfindungen können eine Nebenwirkung der Medikamente sein und sind zunächst nicht besorgniserregend. Was mich jedoch interessiert: Wovon haben Sie geträumt?»

Ich druckse eine Weile herum und erzähle ihr dann von dem Traum. Ich erzähle ihr von Julias Griff und den Schreien und dem Lenkrad, das plötzlich ein Körperteil war. Ich erzähle stockend, und am Ende stehen mir wieder Tränen in den Augen, die kurz darauf auf meine Knie tropfen trotz des ungelenken Versuchs, sie davon abzuhalten, indem ich ein Taschentuch vor die Augen presse.

«Weinen Sie ruhig», bemerkt Frau Wängler sinnig und beendet mit diesen Worten den Tränenfluss abrupt.

«Das ganze Heulen hat auch nichts gebracht, Frau Wängler. Ich heule seit sechs Jahren. Ich heule beim Abwaschen, unter der Dusche und beim Sex. Ich heule willkürlich und stoßartig und wie ein Kind, das nicht genug vom Weinen kriegen kann. Ich will keine Tränen mehr und keinen Unfall, und ich will keine Psychiatrie mehr und niemanden, der mir sagt, dass das alles schon in Ordnung ist und ich es *rauslassen* soll.»

«Das scheint aber dem zu widersprechen, was Sie einmal Frau Gräfling gegenüber geäußert haben. Da sagten Sie, dass niemand versteht, warum Sie nicht, ich zitiere, *darüber hinwegkommen*, und dass die Menschheit im Allgemeinen über weitaus mehr Dinge einmal nicht hinwegkommen sollte», antwortet Frau Wängler und hat wie immer recht.

«Ja, stimmt», gebe ich deshalb kleinlaut zu und weiß nun auch nicht mehr so genau, was ich jetzt eigentlich noch mal meinte und wollte und gedacht und gesagt habe.

«Ich würde aber gerne wissen: Warum denken Sie, haben Sie in Ihrem Traum den Unfallwagen gesteuert?»

Auf diese Frage gefasst, antworte ich: «Weil ich mich schuldig an ihrem Tod fühle, und weil ich im Grunde glaube, dass ich ihn hätte verhindern können. Das ist doch die richtige Antwort, oder?»

Sie schüttelt erneut den Kopf und sieht mich eindringlich an. «Ida, wenn Sie wissen würden, was ich für eine Antwort erwarte und was Sie darauf erwidern müssen und immer so fort, dann könnten Sie auf der Stelle gehen und sich alleine therapieren. Ich frage mich vielmehr: Haben Sie Gefühle von Rache?»

Erstaunt blicke ich sie an und nicke trotzdem mit dem Kopf. Ein Nicken, das ich mir nicht ausgesucht, das ich nicht geplant oder gewollt habe. Ein freudsches Nicken vielleicht, eines, das ganz ohne mein Zutun entstanden ist. Ich bin verwundert und öffne den Mund, ohne etwas zu sagen. Frau Wängler betrachtet mich nachdenklich und wartet.

Schließlich setze ich zu einer Erklärung an: «Es ist so, dass ich, wie vermutlich jeder Mensch, Rachegefühle hatte. Und habe.» Das klingt neutral, das klingt gut.

«Wem gegenüber?»

«Einigen Menschen. Menschen, die mir nicht gutgetan haben. Oder die schlimme Sachen gesagt haben. Oder die dafür gesorgt haben, dass mein ganzes Leben in dieser Stadt die meiste Zeit die Hölle war.» Das klingt schon wieder nach unangemessenem Selbstmitleid und nach Pubertät in einer

Kleinstadt, wie sie Tausende durchleben mussten. *Man kennt das ja.*

«Was für Menschen waren das, und was haben sie gemacht, das so schlimm war?», fragt Frau Wängler nach.

«Sie haben mir mein Spielzeug weggenommen, haben mir Spitznamen gegeben, die nicht sehr schön waren, haben über mich gelacht, Gerüchte verbreitet, haben mich ausgeschlossen. Herrje, es war genauso, wie es bei so vielen anderen auch war. Es war eine Kleinstadt hier in der Nähe, und die Menschen waren eben Idioten, die nicht weiter als bis zum nächsten Besäufnis in irgendeinem Festzelt oder in irgendeiner Scheune denken konnten. Ohnehin haben sie nicht viel gedacht, außer eben daran, woher das nächste Bier kommen könnte. Es war eben die Kleinstadt. Was ist eine Kleinstadt anderes als flüstern, tuscheln, reden und saufen?»

«Sie zum Beispiel haben Ihre Jugend ja anscheinend anders verbracht», stellt sie fest, und ihre Beharrlichkeit lässt vermuten, dass dies eine Stunde sein wird, in der es um die Provinz und das Gegenteil von Dingen geht, die gemeinhin als pittoresk bezeichnet werden.

«Was möchten Sie jetzt von mir hören?», frage ich, mittlerweile angestrengt von der so wenig subtilen Befragungsmethodik, deren Ziel so klar zu erkennen ist.

«Ich möchte von Ihnen hören, was Sie wirklich belastet. Ich möchte wissen, wie es Ihnen vor Julias Tod erging und ob Sie da nicht vielleicht zwei Tatsachen vermischen, die am Ende zwar zusammengehören, aber nicht das Gleiche sind.»

Ich frage sie, welche beiden Tatsachen damit gemeint sein könnten, und sie erwidert vage, dass ich darüber einmal nachdenken solle.

«Sagen Sie mir, welche beiden Tatsachen Sie meinen, oder ich gehe», spreche ich eine Drohung aus, die mir sofort sehr lächerlich erscheint.

«Nun gut, Frau Schaumann, ich glaube, dass Sie eigentlich schon seit Ihrer Kindheit depressiv sind und immer wieder Phasen der Isolation und der ... nennen wir es ... Verzweiflung durchlebt haben. Ich glaube weiterhin, dass der Tod Ihrer Freundin vielleicht der letztendliche Tropfen war, der das Fass zum Überlaufen gebracht hat, jedoch nicht die Ursache, die wir in dieser Metapher einmal als das Fass selbst betrachten wollen. Ich denke noch immer, dass Sie einen Weg finden sollten, sich und der Welt zu vertrauen – und zwar in einem Ausmaß, das weit über das hinausgeht, was Sie bisher als Normalität verstanden haben. Ich glaube, Sie müssen lernen, dass Traurigkeit und Verzweiflung eben keine Normalität sind, sondern Zustände, die – nach einer gewissen Zeit und bei einer gewissen Schwere – besorgniserregend sind und der Behandlung bedürfen. Falls Sie weiterhin alle Therapien und Behandlungen vorzeitig abbrechen, mache ich mir große Sorgen um Ihr weiteres Leben und um Ihre Gesundheit.»

Und damit stellt Frau Wängler alles, was ich bisher als richtig, als «normal», als roten Faden meines Seins empfunden habe, infrage.

Die einzige mögliche Reaktion? Lachen. Ich breche in ein lautes, befreiendes Lachen aus und weine jetzt Tränen, die keine Schwere, die keinen Kummer mehr auf meine Hosenbeine fallen lassen. Ich lache so laut, dass Frau Wängler einen Moment zusammenzuckt, um mich im nächsten entgeistert anzustarren. Als ich mich beruhigt habe, entspannt sich mit einem Mal mein ganzer Körper. Zum ersten Mal seit Wochen werde ich wirklich ruhig und kann mich zurücklehnen, ruhig atmen und leise lächeln.

«Warum finden Sie das so witzig?», fragt Wängler jetzt nach und sieht angegriffen aus.

«Weil das alles sein soll? Das ist das ganze große Geheimnis? Ich habe kein Vertrauen zu mir selbst und keines in diese anstrengende Welt da draußen, und das, was ich für normal halte, ist in Wahrheit absonderlich und muss geheilt werden? Das ist alles?» Ich erhebe mich und sehe einer verschreckten Therapeutin in die Augen. «Das ist alles?», schreie ich weiter, «das ist Ihre ganze Wahrheit? Applaus, Frau Wängler, Sie haben das Offensichtlichste entdeckt! Natürlich habe ich kein Vertrauen in die Welt. Natürlich ist mein Zustand nicht normal. Sonst wäre ich ja nicht in einer psychiatrischen Klinik und würde darüber reden, wie furchtbar meine Kindheit war! Was ist das denn für eine Analyse meines Problems? Das ist doch keine Diagnose, das ist doch gar nichts! Das hätte doch jeder Mann, mit dem ich geschlafen habe, herausfinden können. Ich aber will wissen: *Warum* ist das so? Warum habe ich alles besessen und bin trotzdem nicht zufrieden? Warum habe ich Depressionen? Warum habe ich Panikattacken? Sie werden doch dafür bezahlt, mir genau das zu sagen – und nicht so einen offensichtlichen Unsinn, den jeder weiß!»

Frau Wängler hat mir mit starrem Blick zugehört und sich, mit den Händen im Schoß, nicht bewegt. Nun fordert sie mich leise auf, mich wieder zu setzen. Ich folge ihrer Aufforderung widerwillig und setze mich auf meinen Platz zurück.

«Sie dürfen schreien. Sie können laut werden, wenn Sie wütend sind. Aber ich verbitte mir – und das werde ich nur ein einziges Mal sagen – Beleidigungen meiner Arbeit, meiner

Profession oder meiner Person. Außerdem: Natürlich war das alles nicht der Wahrheit letzter Schluss. Ich habe lediglich die Punkte herausgearbeitet, von denen ich glaube, dass sie relevant für die weitere Therapie sind. Noch immer bin ich mir nämlich nicht ganz sicher, auf was genau Sie hinauswollen und was Ihre Ziele hier sind.»

Verzweifelt blicke ich sie an und ringe mit den Händen.

«Ich weiß, dass Sie glauben, dass Sie das schon viele Male erklärt und erzählt haben. Auf der anderen Seite betonen Sie aber immer wieder, wie wenig Sie selbst wissen, warum Sie eigentlich hier sind, womit Sie ja eigentlich meinen, warum Sie überhaupt in Kliniken, zu Psychotherapeuten und Psychiatern gehen müssen. Ich stelle lediglich fest, dass wir das gemeinsam herausfinden müssen und dass ich nicht daran glaube, dass der Tod Ihrer Freundin die Wurzel allen Übels in Ihrem Leben ist. Können wir uns darauf einigen, Frau Schaumann?»

Ich nicke besiegt und schleiche ein paar Minuten später aus ihrem Zimmer, in der Hand einen Zettel, auf dem die Aufgabe steht, meine Therapieziele festzulegen und zu erörtern. Der Zettel wiegt so schwer in meinen Händen, dass ich ihn beinahe fallen lasse, und wie in Trance schleiche ich den Gang entlang zurück zu meinem Zimmer. Mein Körper hat sich entschieden. Es ist die Schwerkraft, die er sucht, die Kraft, die ihn am Boden hält, die Möglichkeit des sicheren Ganges, der Füße auf dem Boden der Realitäten, mit dem Kopf nach oben, den anderen beim Fliegen zusehend.

Achtzehn

Als ich mein Zimmer betrete, liegt ein Brief auf meinem Bett. Die Adresse des Krankenhauses steht auf dem Umschlag und mein Name und ein Hinweis, der nachträglich hinzugefügt wurde, auf welcher Station dieser Brief abzugeben ist. Zunächst glaube ich an Post von meinen Eltern, die mir in unregelmäßigen Abständen Geld und gute Wünsche zukommen lassen, in Worten voller Sorge und voller Angst. Keinen dieser Briefe habe ich beantwortet, aber jeden in einer Schachtel im Schrank aufbewahrt mit dem Vorsatz, sie irgendwann alle auf einen Schlag zu beantworten in einem Brief, der so lang, so erschöpfend und so erklärend ist, dass alle Fragen, dass alle Missverständnisse der letzten Jahre ausgeräumt werden und sie verstehen können, dass ... Aber im Grunde weiß ich längst, dass ich nie auch nur einen einzigen Brief beantworten werde, dass ich niemals schreiben kann, was ich nicht einmal zu denken oder zu sagen wage, dass kein geschriebenes Wort je erklären könnte, was die eigentlich brennende Frage ist, die sich hinter jeder Zeile meiner Eltern verbirgt: *Warum, Ida?*

Ich öffne den Brief hastig, schon darauf vorbereitet, ihn nur zu überfliegen wie all die Briefe meiner Eltern, die ich kaum noch lese, sondern nur noch scanne auf Wichtigkeiten, auf Dinge, die nicht verschoben werden können. Doch die Schrift ist nicht die meines Vaters und nicht die meiner Mutter, es ist eine krakelige, ungalante und beinahe unbeholfene Schrift, die hektisch über die Seiten gleitet und die versucht, Dinge zu erklären, ausnahmsweise Dinge zu erklären und sie nicht zu fragen. Die einzige Frage, die ich in diesem Brief finden kann ist: Darf ich dich besuchen?

Liebe Ida,

ich habe deine Wohnung aufgeräumt. Das habe ich gemacht. Ich weiß nicht mal, wieso. Ich glaube, dass ich nicht begreifen konnte, wie ein Mädchen wie du in so einer Wohnung leben kann. Ein Mädchen wie du, das klingt, als würde ich dich kennen. Dabei kenne ich dich natürlich überhaupt nicht. Oder nur ein bisschen. Man sagt ja, dass man jemanden erst kennt, wenn man in seinen Schuhen gelaufen ist. Vielleicht ist das heute etwas altmodisch, und vielleicht kann man ja heute auch sagen, dass man jemanden kennt, wenn man seinen Müll durchsucht hat. Kleiner Scherz, ich habe ihn natürlich nicht durchsucht, sondern bloß weggebracht.

Ich weiß nicht, warum ich dir schreibe, das muss ich zugeben. Aber ich glaube, dass ein Kuss zwar kein Versprechen sein muss, aber eines sein kann. Klingt kitschig, ich weiß, und dabei will ich gar nichts Kitschiges schreiben, weil wir uns ja eben kaum kennen. Was ich aber will, ist, dass du mir erlaubst, dich wiederzusehen. Ich weiß, dass ich mir mit diesem Wunsch – der eigentlich ein Befehl ist – unter Umständen keinen Gefallen tue, aber, nimm das nicht persönlich, ich möchte gerne wissen, was unter dem ganzen Müll eigentlich so vergraben liegt. Falls du also deinen Verstand wiedergefunden hast (und auch, wenn nicht), würde ich es ziemlich gut finden, wenn ich mal bei dir und deinen Verrückten vorbeikommen kann.

Also, versteh das nicht falsch, ich habe auch Hobbys und Freunde und andere Sachen zu tun, aber ach was, ich schreibe ja nur Unsinn, was daran liegt, dass ich eigentlich nie Briefe schreibe. Allein dafür solltest du mir schon zuge-

*stehen, dir einen Besuch abzustatten. Und auch dafür, dass
ich diesen Brief acht Mal schreiben musste und ihn an alle
acht psychiatrischen Abteilungen aller acht Krankenhäuser
in dieser Stadt schicken musste, damit er auch bestimmt in
demjenigen ankommt, in dem du bist.*

Darf ich dich besuchen?

Johannes

*PS: Von den Pfandflaschen habe ich mir ein ziemlich gutes
Frühstück gekauft, du hättest dabei sein sollen!*

Der Brief hat über eine Woche von seinen Händen bis auf mein
Bett benötigt, falls die Datierung, die oben rechts steht, stimmt.
Vielleicht hat er aber nur sehr lange überlegen müssen, ob er
ihn wirklich abschicken soll. Einen Moment bin ich versucht,
ihn einfach zu den anderen in die Schachtel zu legen und zu
vergessen, dass es ihn jemals gab, dass ich ihn jemals in den
Händen gehalten habe und dass es diesen Jungen und diese
Geschichte gibt, *auch noch* gibt, als wäre der Rest nicht schon
Zumutung genug.

Seine Telefonnummer hat er dazugeschrieben, mit einem
anderen Stift, als sei ihm erst spät eingefallen, dass ich weder
seine Adresse noch seine Nummer weiß.

Liebe, 267 000 000 Suchergebnisse in 0,11 Sekunden. Ja
oder nein, 2 520 000 Suchergebnisse in 0,09 Sekunden. Sich
nicht entscheiden können, ein Ergebnis in drei Tagen. Ich
schreibe zurück. Dafür musste ich nicht einmal die Blätter
einer Blume ausreißen, nicht einmal ein Orakel befragen – das
heißt Iris –, ich musste nicht einmal nicht schlafen können.
Denn einen Tag später rufen meine Eltern an und fragen, ob
Besuch erwünscht sei, ob ich mir vorstellen könne, dass sie

kämen, meine Brüder seien leider verhindert, aber sie beide könnten am nächsten Wochenende kommen, das wäre doch schön, oder? Die Antwort fällt aus mir heraus, als hätte sie nur auf den richtigen Moment gewartet, als hätte sie in einem Schützengraben ausgeharrt, um bei der ersten sich ihr bietenden Gelegenheit aus mir herauszuschießen. «Nein», sage ich, «nein, das geht nicht, da bekomme ich schon Besuch.»

In all der Zeit, die ich hier, die ich auf dem Boden und auf dem Bett, in den Räumen mit den anderen verbracht habe, hatte ich versucht, den Gedanken an ihn, die Wohnung, den Müll zu vermeiden. Nur selten hatten sich vereinzelte Bilder wie kleine Geschosse in meine Gedanken verirrt, und bei jedem hatte es geschmerzt, als seien es tatsächlich Schüsse gewesen, die mich trafen. Ich wollte nicht mehr daran denken, wie ich all die Nächte und Jahre verbracht, wie ich all die Bemühungen in Bars verschwendet hatte, die nicht mehr hinterließen als das schale Gefühl, etwas vergeblich erzwingen zu wollen, das meinem Charakter so entgegengesetzt zu sein schien. Ich wollte nicht mehr daran denken, wie ich irgendwann herausgefunden hatte, dass ein Lächeln, ein bisschen Lipgloss und ein bisschen Rock oft ausreichten, um ein paar Stunden nicht allein, um ein paar Eindrücke lang nicht einsam zu sein. Ich wollte nicht mehr daran denken, wie sehr ich mir jedes Mal wieder gewünscht hatte, dass endlich die Müllabfuhr kam, um mich wegzubringen, mich und den ganzen Schmutz, der an meinen Händen klebte wie etwas, das ich nie wieder abwaschen würde können.

Ich hatte mit den Jahren gelernt, wehrhaft zu sein, zu lächeln, wenn ich eigentlich schreien wollte, zu tanzen, wenn ich schlafen wollte, und zu kokettieren, wenn ich eigentlich immerzu reden wollte, Hilfe, ich kann nicht mehr, Hilfe, könntest du bitte mal kurz mein Glas halten und mich, mich gleich mit, könntest du bitte meine Zigarette anzünden und mein Leben, mein Leben gleich mit, könntest du mich bitte küssen und danach auffressen, vielleicht kann ich in deinem Magen wohnen, vielleicht kann ich dort schlafen und mich einrichten, bis du genug von mir hast und mich auf die Straße kotzt, könnte ich bitte, ich bin Ida, hi, und wer bist du?

Ich hatte in all den Jahren gelernt, dass ich Masken wie Make-up trug, dass eine Nacht keine Versprechen, dass Versprechen keine Versprechen, dass gar nichts irgendwas sein musste, außer jetzt, jetzt und hier war das, was der Moment hergab, und manchmal gab der Moment eben nur den bitteren Geschmack auf der Zunge her, den man mit ein paar süßen Worten gleich viel besser ertragen konnte. Ich hatte Freunde, ich hatte Partner, ich hatte Sex, und wir sagten uns auch «ich liebe dich», und bestimmt hat es einer von uns auch so gemeint, bloß war das nie ich. Ständig war ich davongelaufen, war weggerannt von allen Möglichkeiten, die real zu werden schienen, weil ich es nicht ertrug, dass ich nie mehr fühlte als mein Gesicht, das sich an die Milchglasscheibe presste und versuchte, nach draußen zu sehen, in dieses Draußen, das ich zwar kannte, aber eben nie erlebte.

Um es kurz zu machen: Ich hatte es in all den Jahren zwar zu einigem Kontakt mit Männern gebracht, es jedoch nie geschafft, eine engere, ernsthaftere Bindung aufzubauen. Spätestens, wenn die Jungen – und später die Männer – begriffen, dass ich lieber zu Hause blieb, während sie ausgingen, dass ich lieber alleine war, während sie zu zweit sein wollten, dass sie im Grunde Single blieben, während sie mit mir zusammen waren, hatten sie das Weite gesucht, und das hatte mich zwar jedes Mal gekränkt, hatte sogar Tränen und Widerwillen hervorgerufen, jedoch nie dazu geführt, dass ich in der Lage gewesen wäre, an ihren Entscheidungen etwas ändern zu wollen, sosehr ich mir auch manchmal das Gegenteil gewünscht hatte.

Einzig Maximilian, der mich um ein Handtuch und einen Schlussstrich gebeten hatte, hatte ich behalten wollen. Und das schien am Anfang sogar möglich zu sein. Wir hatten uns durch einen gemeinsamen Freund kennengelernt, und ich wollte Maximilian so sehr, wie ich bisher überhaupt nichts anderes gewollt hatte, weil Maximilian Heilung und Rettung versprach und einen Sommer im Park und ein Wahrwerden all der Dinge, die ich mir immer so vorgestellt hatte. Ich konnte gar nicht genug bekommen von all den schönen Lügen, die wir in unsere Betten warfen, von all den Stunden, die wir gemeinsam verbrachten, und von all den Küssen, die nach Sonnen- und Erdbeermilch schmeckten. Dass Maximilian wegziehen würde, erzählte er mir vier Wochen vorher, als er die Zusage der Universität gerade in den Händen hielt. Bis zu seinem Abschied sahen wir uns täglich, nächtlich, immerzu, und ich schwor mir, ihn danach nie wiederzusehen. Und trotzdem fuhr ich in seine Stadt, die mir so fremd war, wie plötzlich alles an ihm fremd war. Seine Haare, die jetzt nach Herbst rochen, und seine Hände, die unablässig Zigaretten drehten, von denen er mir keine mehr anbot. Wir trennten uns schließlich in seiner Dusche, das heißt, er sich von mir, und all das passierte so schnell, dass ich gar nicht begreifen konnte, dass es wahr war, dass ich wirklich vor seinem Haus in der großen Stadt saß und zum ersten Mal wusste, wie sich das also anfühlt, wenn ein Moment nie wieder vorübergeht.

Man soll absteigen, solange man kann. Man soll das tote Pferd nicht weiterreiten. Man soll auf den Zug aufspringen, solange er fährt. Man soll alles, was man kann, und wenn die Beine erst mal laufen, dann kann man ja auch gleich weitermachen, egal in welche Richtung es geht, es geht schon, danke. Ich mache keinen Urlaub, ich mache eine Therapie. Ich checke nicht in Hotels ein, sondern in Kliniken. Dass sich das nicht ändern wird, ist keine Tatsache. Dass sich das ändern wird, ein Wunsch. Ich rufe ihn an.

Und an einem Nachmittag ein paar Tage später treffe ich Johannes zum zweiten Mal in meinem Leben. Er hat mich zu mir eingeladen, hat sich meinen Zweitschlüssel einfach von der Kommode genommen, damals, bevor er die Tür hinter sich zuzog. Ich stehe vor meiner Haustür und drücke auf den Klingelknopf, auf dem mein Name steht. Ich finde, dass das höflich ist. Ida Schaumann besucht sich heute selbst.

Die Haustür lässt sich genauso schwer aufdrücken wie vor zwei Monaten, und im Hausflur liegen noch immer alte Prospekte und der Geruch von Kohl und altem Wienermittel, das heute niemand mehr benutzt. Wenigstens das hat sich nicht geändert. Im ersten Stock öffnet sich meine Tür, und Johannes steht im Rahmen und schaut mich ernst an, in seinen Augen eine gespenstische Mischung aus Abwarten und Angst.

«Willkommen in deinem bescheidenen Reich», sagt er, ohne das Gesicht zu verziehen.

Ich bedanke mich, und er schließt hinter uns die Tür zu meiner Wohnung. Es ist aufgeräumt, es ist gefegt, gewischt und gelüftet, die Fenster sind geöffnet, und Kaffee hat er auch gemacht. Ich lege meine Tasche auf den Boden mit einer Vorsicht, als wäre es die Wohnung einer Fremden, in der wir uns heimlich treffen. Ich bin ein Eindringling in meinen eigenen vier Wänden, und ich erkenne nur das Gerüst meiner Räume, während sie mit dem Verschwinden des Mülls zu einer Fassade geworden sind, die ich mit Befremden durchschreite.

Wir sitzen uns in meiner Küche gegenüber, und er beginnt zu erzählen und erzählt vom März im letzten Jahr, und ich frage mich, was ich zu dieser Zeit gemacht habe, und ich erinnere mich daran: Ich war traurig. Und er erzählt vom Juli im letzten Jahr, und ich frage mich, was ich zu dieser Zeit gemacht habe, und ich erinnere mich daran: Ich war traurig. Und er erzählt vom letzten Jahr, und ich frage mich, was ich im verdammten letzten Jahr eigentlich zum Teufel gemacht habe, und ich erinnere mich daran: Ich war traurig.

Er erzählt von Freunden und von Straßen und von Clubs und von Aufregungen und Verlusten und von Müdigkeit und Tränen und Nächten, während meine kalten Finger auf dem Tisch nach einer Geschichte suchen, die etwas anderes erzählen könnte als ein halbes Leben voller Diagnosen. Davon weiß Johannes nichts, und ich warte auf den Moment, in dem er mich fragen wird: «Und, wie geht's dir so?», und ich bemerke, dass ich die Luft anhalte, dass ich seit zwei Stunden und dreiundvierzig Minuten kaum Luft bekomme bei all seinen Geschichten und all meinen Nicht-Geschichten, bei all seinem Leben und all meinem Nicht-Leben, in diesem Vakuum aus Langeweile und Atemnot.

Und eigentlich war das überhaupt nie anders. Es ist physisch unmöglich, dauerhaft die Luft anzuhalten, aber psychisch geht das. Ich kann das. Ich halte die Luft an, seitdem ich denken kann. Während ich mit Johannes am Tisch sitze und er mir von all seinen Dingen erzählt, denke ich an meine schmerzenden

Beine. Meine Beine schmerzen nicht wirklich, aber eigentlich müssten sie schon längst abgerissen sein, so sehr bemühe ich mich, in beiden Leben gleichzeitig zu stehen. In diesem Leben, in dem ich mit Johannes an meinem Küchentisch sitze, Kaffee trinke und ein Hologramm bin, in einem Leben, das mir wie ein Computerspiel vorkommt, das ich mit Handschuhen und einem Joystick bediene, und in diesem anderen Leben, in dem ich jeden Morgen um acht Uhr aufstehe, mich anziehe, meine Tabletten nehme und mich danach zum Frühstück in einen Essensraum setze.

Endlich schweigt er einen Moment und sieht mich vorsichtig an. «Zu viel erzählt?», fragt er, als kenne er das schon. Als kenne er schon diese Situation, von der er vielleicht glaubt, sie einschätzen zu können, und deshalb Worte wie Seifenblasen bildet, die an den Kanten meines Küchentisches einfach zerplatzen.

«Macht nichts», sage ich, obwohl ich jetzt schon weiß, dass ich gehen werde, dass ich rennen werde, so schnell ich kann.

Es ist nicht der Wunsch, allein zu sein, der mich aufstehen und etwas zum Abschied sagen lassen wird. Es ist nicht der Sog aus Selbstmitleid und Wahn, der immerzu Botschaften wie «keiner versteht dich» und «alleine bist du besser dran, dann sieht auch keiner, was für ein Wrack du bist» flüstert, und es ist auch kein Antrieb aus Selbstzerstörung oder Fatalismus. Es ist die so drängende, so dringliche Erkenntnis, dass Einsamkeit keine Attitüde mehr ist, sondern eine Notwendigkeit, die heilt.

Kein Mensch kann Wunden flicken, die ihm selbst nicht gehören, die unsichtbar verborgen zwischen einem Lächeln und hysterischem Schreien am Telefon nachts um vier liegen. Kein Mensch kann tragen, was ich noch gar nicht abgelegt, was ich noch gar nicht verstanden und überwunden habe. Kein Mensch kann mir die Hand halten, die mir die Kehle und den Verstand zudrückt, und kein Mensch kann Tränen trocknen, die aus einer Zeit stammen, in der es ihn noch gar nicht im eigenen Leben gab.

Sicherlich: Einen Versuch ist es vielleicht wert. Wir könnten uns anfassen, könnten unsere Gedanken zu Geschichten und unsere Geschichten zu einem Wir machen, das lebt und lacht und sich weiter anfasst und hofft, dass schon halten wird, was versprochen ist. Wir könnten uns vielleicht geben, was wir uns nehmen, wir könnten vielleicht miteinander wollen, was wir alleine ausgedacht haben.

Aber am Ende will ich Johannes nicht, weil ich mich nicht will, mich, diese Ida, die noch gar nicht weiß, was Leben bedeutet, wenn es sich auf sich selbst und nicht auf Gedanken im Präteritum stützt.

«Ich kann nicht. Nein, das ist gelogen. Ich will nicht. Ich will nicht, dass du in meiner Wohnung bist. Dass du hier aufräumst, dass du meine Flaschen wegbringst, dass du an diesem Tisch sitzt. Ich will nicht, dass du das machst, und ich will nicht, dass du das willst. Ich will, dass du aufhörst, irgendeine verquere romantische Vorstellung davon zu haben, dass ich etwas bin, das du retten kannst. So ein kleiner Hundewelpe, den du im Müll gefunden hast. Ich will nicht dieser Welpe sein, und ich will auch nicht übertreiben. Ich bin in einer Psychiatrie, und das nicht grundlos. Ich bin krank, und das schon ziemlich lange. Und ich wollte die ganze Zeit nicht alleine sein, aber zu zweit sein ist keine Option. Ich bin nicht ganz, ich bin irgendwie beschädigt, und ich will nicht mit dir befreundet sein.»

Er erstarrt und stellt vorsichtig seine Tasse auf den Tisch. Er erhebt sich langsam, nimmt seine Jacke vom Stuhl und sieht mich an.

«Weißt du, ich dachte, dass ich dir vielleicht einfach helfe. Dass ich dir vielleicht helfe und du vielleicht dankbar sein könntest, dass dir jemand die scheiß Wohnung und dein scheiß Leben aufgeräumt hat, das du ja scheinbar alleine nicht auf die Reihe kriegst. Aber wenn du glaubst, dass ich das mache, damit ich ein bisschen mit dem kleinen Welpen spielen kann, dann bist du nicht krank, sondern dumm.»

«Verpiss dich», murmele ich und schäme mich für jedes meiner Worte.

«Ich glaube, dass du das gut kannst, Ida Schaumann, Menschen aus deinem Leben wegwerfen. Besser jedenfalls als du es mit dem Müll kannst. Und ich glaube, dass du das nur machst, weil irgendeine kranke Seite in dir glaubt, dass du es nicht wert bist …»

«… gemocht zu werden. Bla bla bla. Schon mal überlegt, dass ich vielleicht gerade einfach keine Zeit für so etwas habe? Und dass sich das auch in meinem jetzigen Zustand alles überhaupt nicht lohnt?»

«Schon mal überlegt, dass sich das immer lohnt?»

«Amen.»

«Ach Ida, wenn du dein Selbstmitleid überwunden hast, dann ruf mich an. Oder besser: Ruf nicht an, freu dich einfach darüber, dass es mal jemanden gab, der dich vielleicht gemocht hätte. Auch, wenn das ziemlich schwierig bei dir ist. Und für dich. Wenn es ziemlich schwierig für dich ist, sich das vorzustellen.»

Die Tür fällt leise hinter ihm zu, und ich bin sehr erleichtert und sehr zufrieden. Zufrieden mit der Tatsache, alleine in meiner aufgeräumten Wohnung zu sitzen. Ich bin so zufrieden, dass ich singen möchte. Dass ich tanzen und ein gesundes Essen auf meinem Herd kochen möchte. Ich bin so zufrieden, dass ich jetzt gleich jemanden anrufen möchte, um ihm zu sagen, wie zufrieden ich mit mir selbst bin. Wenn ich jemanden anrufen könnte. Wenn da noch jemand wäre.

Neunzehn

Jeden Morgen laufe ich in den Essensraum, bestreiche Brote mit Frischkäse, trinke schalen Kaffee und versuche, den Gesprächen der anderen zu folgen. Manchmal scheint mir die Sonne auf den Rücken, und manchmal scheint sogar alles ein bisschen besser zu sein. Mit jedem weiteren Tag hier türmen sich die Fragen jedoch zu klebrigen Klumpen, die in den Gedankengängen liegen und die mich über Kleinigkeiten stolpern lassen, die ich vorher zu verstehen geglaubt habe. Mit jedem Tag mehr zweifle ich an einer Zielsetzung, deren Erreichbarkeit von Anfang an schier unmöglich schien.

Vielleicht, denke ich, vielleicht könnte alles viel leichter sein, vielleicht könnte ich einfach gehen, rausgehen, mich überleben, drüberstehen, drüberleben. Vielleicht, denke ich, ist all das nur ein obsessives Trauern um den eigenen Verstand, aber Verstand – wer braucht den schon. Und wer ihn verloren hat, hat kaum genug Verstand übrig, um um selbigen noch zu trauern.

Jeden Morgen nach dem Frühstück finden die Gruppen statt, die ich zuverlässig besuche und an denen ich mich beteilige, so gut es eben geht. Wir sprechen über Depressionen, über Ängste und warum ausgerechnet wir in diesem Stuhlkreis sitzen müssen, um darüber zu sprechen, wie sehr wir unsere eigenen Leben ruiniert haben. Manchmal sagt jemand, dass es ja die Krankheit sei, die das eigene Leben ruiniert habe, und manchmal wissen alle, dass das nicht stimmt. Meistens hat überhaupt niemand sein Leben ruiniert, und meistens ist daran auch keine Krankheit schuld, sondern einfach so viele Variablen, dass *Depression* nur eine einzelne unter vielen bleibt. Oder das Ergebnis.

In den Gruppen lernen wir, was wir tun können, wenn sich anschleicht, wovor wir solche Angst haben, wenn uns überfällt, wovor wir uns fürchten. Vor der Müdigkeit, der Lethargie, der Schwäche und der Angst, dass wir niemals wieder aufstehen können. Wir lernen, dass gesunde Ernährung wichtig ist und Sport, und die Tabletten, die sind zum Nehmen da, sagt Herr Weimers. Wir lernen, dass wir keinen Alkohol, dafür aber viel Wasser trinken sollen, dass wir darüber reden müssen, dass wir etwas unternehmen können und dass alles in unseren Händen liegt, auch wenn die Hände auf der Bettdecke liegen, unter der wir uns seit Wochen verstecken. Wir lernen, dass es da noch andere gibt, dass es da noch ganz viele gibt und dass wir das hinkriegen können, kein Schicksal, keine Bestimmung, nur ein bisschen Serotonin, das fehlt.

Am meisten lernen wir jedoch in all diesen Wochen, dass wir einander haben, dass das Kopfkino keine Privatvorstellungen spielt, sondern einen Blockbuster, den Millionen andere auch zu sehen bekommen. Dass wir trotzdem jedes Mal in der ersten Reihe sitzen, mit zittrigen Händen und tränenden Augen, bleibt eine Tatsache, die uns auch keine Gruppe, kein Weimers und keine Wängler nehmen können, die aber erträglicher wird in dem Wissen, damit nicht allein sein zu müssen.

Isabell schleppt sich in den Tagen durch die Gänge, wird teilnahmsloser, stiller und zieht sich immer öfter zu Nina zurück, die froh darüber ist, dass Iris entlassen wurde, und sich nun ihr Zimmer mit einer älteren Frau teilt, die die meiste Zeit schläft, während Isabell und sie sich flüsternd unterhalten. Manchmal sehe ich die beiden zusammen im Park, aber seit Isabells Geständnis weichen sich unsere Blicke aus wie zwei gleich gepolte Magnete, die sofort voneinander abprallen, wenn sie sich zu nahe kommen. Wir sprechen die meiste Zeit über Belanglosigkeiten, über all die Dinge, die uns im Grunde völlig egal sind.

Ich verbringe viel Zeit allein und mit Büchern, deren Inhalt mir plötzlich nicht mehr verständlich ist und deren Buchstaben vor mir gewaltige Tänze aufführen, bis sie zu einer homogenen schwarzen Masse verschwimmen und meine müden Augen sich weigern, sie noch auseinanderzuhalten. Die Einsamkeit schärft meinen Blick jedoch für die stillen Momente, für jene, die im lauten Draußen die meiste Zeit einfach zwischen hektisch beantworteten E-Mails und fahrigen Bewegungen verschwanden, die ich nicht mehr sehen konnte in all den Cafés und Bars und an all den Tischen mit Menschen, die redeten und sich stritten und redeten und sich wieder vertrugen und redeten, redeten, redeten.

Die Tabletten machen müde, und das soll auch so sein, denn obschon sich die Schwere der Erschöpfung über mich gelegt hatte, fand ich keine Ruhe, fand all die Wochen und Monate keinen erholsamen Schlaf, der nicht Koma, sondern Ruhe war, nicht Ersatz, sondern Bedürfnis. Wängler zeigt sich zufrieden mit meinen Fortschritten, lächelt noch immer zweimal die Woche und freut sich auf den Tag, an dem ich endlich alle Türen aufmachen werde, an dem ich alles auf den Tisch kotzen werde, an dem ich schreie, weine, zerberste und blute, an dem sie endlich versteht, *warum ich hier bin* und warum Ida Schaumann sich nicht in der Lage sieht, dieses Gelände zu verlassen.

Denn noch immer weigere ich mich standhaft, auch nur einen Schritt weiter als in den Park zu gehen. Zu feindlich erscheint mir alles, was außerhalb dieser Mauern passiert, und zu fragil erscheint mir die winzige, beinahe mikroskopisch kleine Erholung, die ich langsam zu spüren beginne. Die ständige Trägheit, die zwar neben der Müdigkeit existiert, aber nicht das Gleiche ist, verkriecht sich mit jedem Tag mehr und scheint bald ganz verschwunden, wenn, ja wenn ich mich nur lange genug schütze, mit diesem Panzer aus Apathie und Angst.

Manchmal erinnere ich mich an dieses Leben, das ich geführt habe, wie an einen Traum, der sich erschreckend real anfühlt, der sich aber wie so vieles verflüchtigt in den Realitäten der Umstände. Manchmal erinnere ich mich daran, dass ich studiert habe, dass ich Dinge versucht habe, dass ich geküsst und gearbeitet, getrunken und eingekauft habe, dass ich es tatsächlich all die Jahre geschafft habe, ein Mensch zu sein, der existiert und lebt und atmet und funktioniert. Diese Erinnerungen sind Erinnerungen an eine fremde Ida, an eine, die ich nicht mehr sein kann und nicht mehr bin und vielleicht gar nicht gewesen bin, denn so oft glauben wir uns ja alles Mögliche und Unmögliche, wenn wir nur weit genug zurückblicken und das alles hübsch färben mit dem Wissen, das wir heute haben, und dann lässt sich das auch ganz gut tragen, so eine Erinnerung, und ertragen lässt sie sich dann auch, wenn man nicht dumm, sondern jung war, und wenn man nicht naiv, sondern abenteuerlustig war, und wenn man nicht verrückt, sondern besonders war.

Zwanzig

Es ist Mittwoch, und Mittwoch bedeutet, dass heute mal wieder eine Gruppenaktivität stattfinden soll, dass sich heute alle an den Händen nehmen, sich in Zweierreihen aufstellen und zu einer Sehenswürdigkeit, zu einem Schwimmbad oder etwas ähnlich Ausflugskompatiblem wandern oder fahren oder kriechen.

Wir treffen uns im Gruppenraum der Station 1. Nachdem sich alle gesetzt haben, erhebt Weimers die Stimme und bittet «die Herrschaften» um Ruhe, bittet ganz dringend darum, jetzt endlich einmal aufmerksam zu sein, es ginge ja schließlich um unser «Vergnügen», nicht wahr, und jetzt alle mal Aufmerksamkeit, Achtung, fertig, los. Die Gruppe verstummt nur langsam, und schlussendlich ist es die Gräfin, die mit ihrer donnernden Stimme vollends für Ruhe sorgt.

«Liebe Patienten», beginnt sie, «Sie wissen ja, dass es heute wieder Zeit für eine Aktivität ist. Daher sammeln wir wie immer Vorschläge, wohin es heute gehen könnte und wer wozu Lust hat. Und bitte.»

Zaghaft hebt schließlich Tanja den Arm und sagt: «Ich würde es schön finden, wenn wir in das neue Museum gehen würden. Da läuft auch gerade diese Ausstellung ...»

Sie wird von genervtem Stöhnen unterbrochen, und jemand zischt «langweilig» aus einer Ecke. Frau Gräfling wirft ein paar mahnende Blicke in den Raum und notiert dann wie zum Trotz am Flipchart «Museumsbesuch».

Jetzt meldet sich Richard: «Ja, also ich will nicht ins Museum, also es ist gar nicht, weil ich das nicht mag, ich finde das sogar total toll, ja, ich finde das toll, das habe ich schon als

Kind gemocht, da kann man jeden fragen, also ich finde das toll, wirklich, aber ich kann da nicht hin, weil ich, na ja, also ich werde da immer rausgeworfen, werde ich da, ich meine, ich werde freundlich hinausgebeten, weil ich doch, also, weil ich doch dauernd zu viel rede, und das stört die Menschen da wohl, also ich weiß auch nicht, warum die da immer gleich so aggressiv reagieren, wenn man die mal anspricht und ein bisschen über Kunst reden will, also versteht ihr das, ich nicht, ich verstehe das nicht, ist doch schließlich ein Museum voller Kunst, da kann man doch wohl mal über Kunst sprechen, aber ich darf das wohl nicht, darf ich wohl nicht, also ich wollte bloß mal sagen, dass ich da immer rausgeworfen werde und dass das deshalb eine ganz schlechte Idee ist, also für mich.»

Ein paar Patienten lachen leise, während Frau Gräfling verständnisvoll nickt und Tanja leise neben mir «dann halt doch mal die Fresse» sagt.

Als Nächstes schlägt Isabell vor, einen Ausflug an den Fluss zu machen, man könne sich dort hinsetzen und ein paar Getränke zu sich nehmen, das wäre doch eine schöne Sache, drinnen säßen wir doch alle schon genug.

Der Vorschlag wird dankbar angenommen, nur Hermann und Thorsten schütteln vehement die Köpfe und legen lautstark Widerspruch ein: «Nee, nee, nee, also ich laufe nicht diesen elendig langen Feldweg bis zu diesen Sitzbänken da!», schnaubt Thorsten, und Hermann ergänzt: «Ganz ehrlich: Schon mal nach draußen geguckt? Da ist Alaska, es ist Winter!» Er hustet, und Unmut macht sich breit.

Herr Weimers hat jetzt genug und ergreift das Wort. «So, Freunde, also wenn das hier so weitergeht, dann müssen wir uns ernsthaft überlegen, welchen Sinn diese Aktivitäten noch haben. Bestimmt soll hier keiner zu etwas gezwungen werden, das über seine oder ihre Belastungsgrenze hinausgeht, aber es kann nicht angehen, dass ihr euch wie die Wilden benehmt, sage ich mal, und Radau bei jedem Vorschlag macht. Am Ende läuft das dann wie letztes Mal, und die Praktikantin aus der Ergotherapie muss wieder mit euch Spiele spielen. Wollt ihr das? Ist es das, was ihr wollt?»

Kleinlautes Murmeln und ein paar sich schüttelnde Köpfe. Es werden weitere Vorschläge gemacht, die nicht viel Anklang finden, bis schließlich Frau Gräfling die Abstimmung beendet und ein Machtwort spricht: «Wir werden in das Café gehen, in dem wir schon einige Male waren. Das wird ja hoffentlich niemandem zu viel sein. Wir treffen uns heute Nachmittag um fünfzehn Uhr hier. Und ab.»

Um Viertel nach drei treffen die letzten Patienten im Gruppenraum ein. Alle haben sich verändert, haben ihre Trainingshosen gegen Jeans, ihre Sweatshirts gegen Hemden oder Kleider getauscht. Die Frauen sind plötzlich geschminkt, und der ganze Raum ist in billiges Parfum, noch billigeres Aftershave und ein wenig Angstschweiß getränkt. Ich atme durch den Mund und zupfe verlegen an den Ärmeln meiner ausgewaschenen Trainingsjacke, in der ein Körper steckt, der kein Parfum und keine Schminke trägt und sich außerordentlich underdressed fühlt.

Wir gehen gemeinsam über das Gelände der Klinik bis zur U-Bahn-Station. Auf dem Weg haben sich erste Grüppchen gebildet, Gruppen, die auch im Klinikalltag immer zusammen sind. Thorsten und Hermann bilden das Schlusslicht. Vor ihnen läuft Simon, die Hände in den Taschen, den Blick zum Boden, schlurfend und missmutig, einem bockigen Kind gleich. Vor ihm laufen Andrea und Marie, die sich angeregt unterhalten und immer wieder so laut auflachen, dass ich jedes Mal zusammenzucke. Hermann und Thorsten lachen wie der begleitende Chor, während sie sich gegenseitig Dinge auf ihren Mobiltelefonen zeigen. Der Rest der Gruppe läuft schweigend.

Ich gehe neben Isabell, die heute noch schöner ist als üblich. Sie hat ihre Haare zu einem strengen Knoten gebunden und trägt einen dramatischen Lidstrich, tiefschwarze Wimpern und einen sehr roten Lippenstift. Ansonsten ist sie völlig in Schwarz gekleidet und sieht aus wie jemand, von dem man denken soll, er führe eine Arbeit aus, die äußerste Ernsthaftigkeit, Belesenheit und Intelligenz fordert. Sie sieht aus wie jemand, der sie sein will.

Gräfling und Weimers kaufen die Fahrkarten, während die Gruppe gelangweilt auf dem Bahnsteig wartet und eine U-Bahn nach der anderen verpasst, weil die Automaten immer wieder das Geld ausspucken. Schließlich können wir endlich in die Bahn einsteigen und drängeln uns zwischen schwitzende Männer und parfümierte Frauen, zwischen kleine Kinder und betrunkene Teenager, zwischen Anzüge und Turnschuhe.

Fünf Stationen bis zur Zielhaltestelle. Achtzehn Minuten Fahrzeit. Ich stehe dicht gedrängt zwischen Isabell und Marie, die schnell atmet und auf deren Stirn sich große Schweißperlen gebildet haben. Es ist warm in der U-Bahn, aber noch aufheizender können Gedanken über Panik und Aushalten, über Flucht und Angst sein. Marie wird immer blasser im Gesicht und murmelt unablässig: «Oh Mann. Oh Mann. Oh Gott.» Auch Isabell ist darauf aufmerksam geworden und spricht sie an. Marie stöhnt, und ihre Hände greifen nach Isabells Arm.

«Panik», sagt sie und presst ihren Kiefer zusammen. Isabell redet beruhigend auf sie ein, während ich den Blick abwende und die Werbeanzeigen in den Fenstern der U-Bahn studiere.

«Bewerben Sie sich jetzt!» steht da und «Jetzt Umschulung!» und «Ein neues Leben durch Meditation und Klangschalen». Ein neues Leben, eines, in dem ich nicht mit zwanzig Menschen, die zurzeit hauptberuflich Patient sind, in einer U-Bahn stehe, um mit ihnen als Therapiemaßnahme einen Kaffee trinken zu gehen. Ein neues Leben, in dem das Jetzt Vergangenheit, in dem Maries schwerer Atem und das Brüllen der Gräfin nur ferne Erinnerungen sind, die manchmal aufpoppen – wie Pop-ups, die man sofort wieder wegklicken kann. Ein Leben ohne Medikamente, ohne quietschende Latexmatratzen und Basteln für Erwachsene, das hier Ergotherapie heißt. Eines, in dem Ida Schaumann morgens aufsteht und zu einer Arbeit, einer Beschäftigung, einem Studium fährt. Eines, das nicht auffällt in der U-Bahn, das sich nicht hierhergebeben hat, an diesen Punkt, der inmitten all dieser Menschen liegt und sie doch nicht berührt. Eine Umschulung will ich machen, eine zur gesunden Ida, eine mit der Weiterqualifizierung «Wohnung in Ordnung halten» und «Rechnungen bezahlen» und «Freunde und Beziehung haben». Eine Weiterbildung des Geistes, des Kopfes, des Ichs im Zentrum des Chaos. Bitte geben Sie mir doch die Telefonnummer für diese Art von Weiterbildung.

Nach der dritten Station steigen einige der anderen Fahrgäste aus, und wir können uns endlich setzen. Isabell lässt sich neben mir auf den freien Platz am Gang fallen, und Marie nimmt uns gegenüber Platz. Hinter mir lacht jemand laut auf und ruft: «Ja, verticken sollten wir das Zeug!» Es ist Florian, der sich scheinbar in einem Gespräch mit Walter darüber befindet, wie viel Geld man aus den Medikamenten herausholen könnte, würde man sie einfach an Süchtige verkaufen. Einige Fahrgäste starren die beiden neugierig und mit einem Erstaunen im Gesicht an, das verrät, dass sie gerade beginnen zu begreifen, woher diese beiden Männer kommen und worüber sie da eigentlich gerade sprechen. Einen Sitz weiter, mit dem Rücken zu mir, flüstert eine ältere Frau mit einem Nicken auf Walter ihrer Begleiterin zu: «Den kenne ich doch aus der Zeitung!» Die beiden tuscheln mit vorgehaltenen Händen, während Walter und Florian unbeirrt weiter ihre Späße machen.

Nina, die ein paar Plätze weiter sitzt, kaut unablässig an ihren Fingernägeln und bemerkt nicht, wie zwei Jugendliche sie anstarren. Einer der beiden jungen Männer beugt sich schließlich zu ihr herüber, und ich kann sehen, wie sich ihr Gesicht verfinstert und sie mit einem Mal laut sagt: «Du Arschloch, verpiss dich!» Alle Köpfe im Abteil drehen sich zu den beiden um, und während der Junge sich beschämt abwendet, erhebt sich Nina und baut sich vor ihm auf. «Weißt du, was ich nicht leiden kann?», fragt sie. «So Typen wie dich, die denken, Sie könnten einfach jede Frau anbaggern mit den immer gleichen Sprüchen und den immer gleichen Anmachen. Ich hasse das! Ich gebe dir jetzt mal einen guten Rat: Wenn du das nächste Mal eine Frau auf so eine obszöne und ekelhafte Art und Weise ansprichst, dann denk an mich, denn wenn ich das mitkriegen sollte, dann reiß ich dir die Eier ab, du kleiner Wichser!»

Es ist sehr still geworden im Abteil. Der Junge wendet sich ab und zeigt seinem Freund einen Vogel. Nina zittert am ganzen Körper und setzt sich mit rotem Gesicht wieder auf ihren Platz zurück. Frau Gräfling drängt sich an uns vorbei, und die beiden beginnen flüsternd eine Auseinandersetzung, in der es – den wenigen Worten nach, die zu verstehen sind – darum geht, dass ein solches Verhalten nicht duldbar ist und dass Nina für ihren Ausbruch verwarnt wird.

Isabell stößt mir den Ellbogen in die Seite und grinst. Ich zucke mit den Schultern und schaue weiter aus dem Fenster, dem Wunsch nachhängend, jetzt, jetzt sofort, unsichtbar zu sein. Ein Schmerz durchfährt meine Stirn, und ich lehne meinen müden Kopf gegen die zerkratzte Fensterscheibe. Isabell fragt mich, was denn los sei, aber ich schüttle nur den Kopf.

Das Problem ist nicht, dass etwas los ist, sondern dass zu viele Dinge und die falschen Dinge los sind. Dinge, von denen ich nie eine Ahnung haben wollte. Szenen wie die vorangegangene, Szenen in U-Bahnen mit Menschen, für die ich mich schäme. Menschen, die das Verhältnis verloren haben, dieses sensible Gleichgewicht zwischen noch angebracht und schon übertrieben. Szenen, in denen ich einen Ausflug machen muss, dessen Inhalt einzig darin begründet liegt, eine Art Beschäftigungstherapie für gelangweilte Depressive zu sein. Die anderen helfen soll, sich wieder zu sozialisieren, wieder Anschluss zu finden.

Wir alle teilen uns eine Etage, teilen uns Zimmer und teilen uns Worte, benutzen die gleichen Codes, aber deren Dechiffrierung hat ein völlig anderes Ergebnis. Wir glauben, dass wir uns ein Zuhause zwischen den Felsen unserer verlassenen, inneren Landschaften teilen. Aber am Ende stehen all diese Häuser auf unterschiedlichem Boden, ja, sogar auf unterschiedlichen Planeten. Wir sind keine Gruppe, wir sind nur Zufall.

Das Café liegt in einer kleinen Seitenstraße. Die Besitzer haben bunte Schirme vor den Eingang platziert und Bänke und

Holztische bereitgestellt, auf denen bereits zahlreiche Gäste in der Nachmittagssonne sitzen.

Frau Gräfling entscheidet, dass wir uns *in* das Café setzen, sowohl aus platzökonomischen Gründen als auch deshalb, weil es jetzt, mitten im Oktober, trotz der mittäglichen Sonne schon winterlich geworden ist. Wir verteilen uns an drei große Tische, und zwei Kellnerinnen nehmen Bestellung um Bestellung auf, jeder darf etwas sagen, heute gibt es alles umsonst, auf Rechnung der Krankenkasse. Das hier ist schließlich kein Spaß, keine Freizeit, kein Vergnügen, sondern eine Aktivität mit Grund, mit Sinn und Verstand. Wir sollen das echte Leben, das da draußen, nicht vergessen, sollen uns erinnern, dass es da auch noch ein paar Kleinigkeiten neben Diagnosen und Problemen gibt, diese Kleinigkeiten wie Cafés und Museen und Beziehungen und Lachen, und über etwas anderes reden als das jeweilige Befinden.

Nachdem die Kellnerinnen alle Getränke gebracht haben, sitzen wir unbeholfen auf unseren Stühlen und überlegen, was es zu sagen gibt in dieser plötzlichen verlegenen Stille zwischen uns, denn in so einem Café unterhält man sich schließlich. Gäbe es keine Musik, die ständig und immerzu im Hintergrund dieser Etablissements läuft, so wäre dieser Moment der Wortfindung kaum zu ertragen.

Isabell rührt in ihrem Milchkaffee und seufzt ab und zu nachdenklich, während Nina neben ihr das Wasserglas fest umklammert und mit düsterem Blick den Tisch anstarrt. Marie hat sich endlich gefangen und lässt polternde Worte in die Runde fallen, erzählt wie üblich von Freundinnen und Männern und lässt jedes Klischee genüsslich auf ihrer Zunge zergehen, als sei es eines der vielen Bonbons, die sie immerfort mit sich herumträgt. Richard hat sich neben mich gesetzt und schweigt. Wie verwandelt sitzt er in sich zusammengesunken am Tisch und starrt in seinen Tee, der vom ganzen Pusten mittlerweile weit unter der Zimmertemperatur sein dürfte. Miriam betrachtet die Wand über dem Tisch nebenan, an der die Besitzer Bilder großer Schauspieler angebracht haben. Sie zittert unmerklich und beißt auf ihre Lippe, als müsse sie den Drang unterdrücken, laut zu schreien. Tanja, die neben ihr sitzt, sieht aus dem Fenster zu den Tischen vor dem Café, an denen einige junge Mütter gerade Platz nehmen, während die Kinder um ihre Beine toben. Ein wirklich gelungener Ausflug.

Die Gräfin unterhält sich angeregt mit Herrn Weimers, der dankbar ihr scheues Lachen annimmt, das sie seinen Witzen schenkt. Einzig die beiden scheinen sich zu amüsieren, was zumindest bei der Gräfin ein seltener Anblick ist.

Nach und nach beginnen auch zwischen den anderen die ersten zögerlichen Unterhaltungen, die sich wie üblich um die Themen Depression, Angst und Medikamente drehen. Es kommt einem Gespräch unter Arbeitskollegen gleich, die selbst bei einem Ausflug nur über die Branche, die Aufgaben und den Chef sprechen – insofern er nicht, wie in diesem Fall, mit am Tisch sitzt. Auch die Gruppe unterhält sich über das Naheliegende, über das, was sie verbindet, den kleinsten gemeinsamen Nenner: das geteilte Leid.

Walter und Florian sind nicht über das Spekulieren auf Gewinn durch die Einnahmen aus Medikamentenverkäufen hinweggekommen und erweitern das Thema einzig um eine laienhafte und klischeebeladene Abhandlung darüber, wie «schmutzig» und «geldgierig» Pharmakonzerne seien und wie ekelhaft, geradezu obszön sie ihre Geschäfte unter den wenig wachsamen Augen der Regierung, denen «da oben», führen dürften.

Marie redet auf Tanja ein und spricht von großem Verständnis für die Schwierigkeiten der Kindererziehung, während Tanja nur weiterhin aus dem Fenster blickt, einen Schleier vor den Augen.

Isabell lehnt sich zu mir herüber: «Was ist denn los mit dir?», und auf meinen fragenden Blick hin: «Du sagst überhaupt nichts.»

«Sollen wir uns auch über Krankheiten und Leid unterhalten? Nimm dir eine Zeitung, da steht genug ekelhaftes Zeug drin», gifte ich unangemessen und entschuldige mich sofort.

Isabell zuckt mit den Schultern und verwickelt Nina mit einem wütenden Seitenblick auf mich in ein Gespräch.

Ich sitze allein zwischen den Stühlen, zwischen zwei Welten: zwischen der, an deren Tisch ich einen Kaffee trinke, deren Realität ich aber nicht über die meine legen kann, ohne dass sich ein Zerrbild ergibt, das in mir Schwindel und Übelkeit hervorruft, und der Welt da draußen vor den Fenstern, in der junge Mütter über ihren Alltag sprechen, alte Männer die Zeitung lesen und ein müde wirkender junger Mann auf seinen Laptop starrt.

Würde ich aufstehen und mich einfach an einen kleinen Tisch in der Nähe setzen, würde ich vielleicht noch ein Buch herausholen und darin lesen, gelegentlich der Kellnerin winken und dann und wann zum Rauchen vor die Tür gehen – niemand würde den Unterschied bemerken. Natürlich ist noch immer keine Wunde an meinem Kopf. Natürlich trage ich noch immer keine Schläuche mit mir herum, die mein Gehirn mit Serotonin und Dopamin versorgen, die von Krankheit und

Traurigkeit und nicht enden wollenden Nächten sprechen. Niemand würde den Unterscheid bemerken, das ist eine Wahrheit, die in Momenten wie diesen schmerzhaft deutlich das Licht der Welt erblickt, die meinen Kopf durchflutet.

Wir alle befinden uns in einem Vakuum, in dem wir nicht atmen, in dem wir uns kaum bewegen, in dem wir nur um uns selbst kreisen. In diesem Vakuum kennen wir uns aus, hier sind wir zu Hause, bitte kommen Sie doch herein. Auf der Station ist nichts peinlich, bleibt wenig verborgen, bleibt am Ende höchstens etwas, das zwar zwischen uns, jedoch meistens nicht zwischen Therapeut und Patient unausgesprochen bleibt. Wir alle haben uns in der Normalität *da draußen* fremd gefühlt, in dem, was wir für normal hielten, in dieser *Nine-to-Five*-Welt, in der man seinen Müll runterbringt und am Wochenende Ausflüge macht. Wir alle wussten irgendwann nicht mehr, wie das gehen soll, wussten nicht mehr, wie wir den Sack die Treppe hinunterbekommen und wie wir jemals wieder in einem Büro lächeln sollten. Und doch: Äußerlich haben wir uns kaum unterschieden. Niemand hat geschrien, dass er Jesus sei, keiner von uns hat sich das Gesicht zerschnitten oder versucht, sich öffentlich zu verbrennen. Wir alle haben uns die meiste Zeit benommen, so sehr benommen, wie es jeder andere auch getan hat. Wir sind nicht aufgefallen. Wir saßen immer mittendrin, die ganze Zeit. Ohne Brandmal, ohne Tropf und ohne das geringste Zeichen von Widerstand.

Die anderen leeren nach und nach ihre Getränke, und Frau Gräfling beschließt, dass es nun an der Zeit sei zurückzufahren. Aufbruchstimmung breitet sich aus, und nur mühsam erhebe ich mich von meinem Platz.

Einem plötzlichen Bedürfnis folgend, frage ich die Gräfin,

die gerade ihre Tasche als eine der Letzten packt, ob es möglich sei, noch eine Weile hierzubleiben. Sie erwidert, dass das kein Problem sei – Pflanzen bräuchten ja auch manchmal ein bisschen Sonnenlicht –, und erinnert mich daran, spätestens um acht zur Medikamentenausgabe wieder zurück zu sein. Ich versichere ihr, dass ich da sein werde, und sie verlässt mit einem Augenzwinkern, das ich nicht deuten kann, das Café.

Und mit einem Mal bin ich tatsächlich allein. Bin allein, wie ich es sein wollte, und weiß trotzdem nicht, was ich jetzt mit mir und dem Gefühl, keinerlei Ziel möglicher Handlungen ausmachen zu können, anfangen soll. Ich entscheide mich schließlich dafür, einfach sitzen zu bleiben, einzuatmen und auszuatmen und dieses so schnell unbekannt gewordene Wesen «Freiheit» zu erforschen, wieder neu zu entdecken. Das Café füllt sich zunehmend mit Gästen, denen die Temperatur draußen zu sehr gesunken ist. Auch die Mütter suchen sich jetzt Plätze in der Nähe, und das Geschrei der Kinder erhöht den Lärmpegel der Umgebung um ein Vielfaches.

An den Tisch, der sich rechts von mir befindet, setzen sich zwei junge Mädchen, die sich anscheinend lange nicht gesehen haben. Sie reden über die vergangenen Monate, und ich komme nicht umhin, ihnen zuzuhören, und muss mich beherrschen, nicht hinzusehen, wenn eines der Mädchen ausruft: «Das musst du dir angucken, hier, ich hab's auf dem Handy, es war so unglaublich!»

Ich schließe die Augen und lasse mich in diesen lebenden Klangkörper aus Menschen und Stimmen und Geschrei und Geheule und Telefonklingeln fallen, sauge alles auf, um es mitzunehmen in mein Vakuum, das Abspielgerät im Kopf.

Erst das Wort «Therapie» lässt mich aus meinen Gedanken

aufschrecken. Einen Moment lang fühle ich mich ertappt, so, als hätte mir jemand auf die Schulter getippt und gesagt, dass ich doch das Mädchen sei, das ...

Es sind aber bloß die beiden anderen Mädchen, die jetzt das Thema gewechselt haben und sich über die Therapie der Blonden unterhalten.

«Und dann hat sie gesagt, dass ich wahrscheinlich gar keine Beziehung will und deshalb die Männer von vorneherein so manipuliere, dass sie mich verlassen müssen, stell dir das mal vor. Die spinnt doch!», sagt sie aufgebracht und wirft ihre langen, blonden Haare in den Nacken. Sie sieht nicht wie jemand aus, der verlassen wird.

«Total», pflichtet ihr die andere bei und schaut verständnislos. Als die beiden meinen Blick bemerken, werden sie leiser und führen flüsternd ihr Gespräch fort. Ich lächle. Es ist das Lächeln eines Menschen, der eine Wahrheit erst vor Kurzem erkannt, sie aber jetzt, jetzt in diesem Augenblick, endgültig begriffen hat.

Es ist überall. Es ist in den Köpfen dieser Mädchen und bestimmt auch im Kopf des jungen Vaters dort drüben. Es ist im Kopf des Studenten, der sich gequält die Augen reibt, und es ist in den Köpfen der Passanten, die vor dem Fenster vorübergehen. Und trotzdem oder gerade deshalb ist es unsichtbar. Es tarnt sich in abwinkenden Gesten, nicht so schlimm, das wird schon wieder, in heimlich getrunkenen Flaschen Rotwein und eilig geschriebenen Blogbeiträgen anonymer Menschen. Es tarnt sich als Melancholie, als Phase, als etwas, das manchmal vorübergeht und manchmal eben nicht. Es macht nicht halt vor Anzügen oder Bildung, nicht vor Familienglück und nicht vor Bankkonten. Es kann jederzeit und überall sein, und es gehört in die Mitte dieses Cafés, in die Mitte dieser Stadt, in die Köpfe aller. Und egal, wie laut das Schweigen darüber ist: Das Wissen darum ist lauter.

Einundzwanzig

Therapieziele:

endlich lernen aufzuhören; endlich aufhören, immer wieder damit anzufangen

aussprechen, ausschreien, auswerfen, alles einfach im richtigen Moment herausschleudern; wissen, wann der richtige Moment ist

morgens aufstehen – das *morgens*, das die anderen auch so nennen würden, dabei nicht über Weinflaschen, nicht über Kaffeetassen, nicht über den eigenen Berg aus Vernachlässigung und Gleichgültigkeit fallen

mit dem richtigen Fuß aufstehen (rechts und links) und nicht dauernd über Wunden stolpern, die wie kleine Pfützen den Weg zum Badezimmer streuen

Nein sagen zu: Alkohol, unbegründet großen Mengen Kaffee, Selbstmitleid, jeglicher Form von Jammern, Männern in Bars, ~~Studenten~~, Antriebslosen und Angebern, zur Gleichgültigkeit, zum ständigen Drang der Gleichzeitigkeit aller Dinge aufgrund der Schnelllebigkeit der Gedanken, Zigaretten

Nein sagen

Nein sagen

Nein sagen

Ja sagen zu: ~~Sport~~, Yoga (!), sozialen Kontakten, liebevollen Gesten, Mama und Papa, Regelmäßigkeiten und Struktur, Hingabe, Emotionen

das / ein Studium beenden

einen Job suchen und <u>Geld verdienen(!!!)</u>

Selbstständigkeit auf der Grundlage von Selbstwert, Selbstliebe und Selbstbelohnung regelmäßig das Haus verlassen, auch mal lüften, auch mal die Pflanzen und den Kopf gießen, auch mal ein gutes Buch lesen, auch mal etwas aushalten, auch mal einfach klarkommen, einfach klarkommen und weitermachen, danke.

Die Liste liegt auf dem Tisch im Zimmer, und ich starre sie aus sicherer Entfernung seit einer geraumen Weile an. Ich habe mir Mühe gegeben. Ich habe mir alle Mühe gegeben, und trotzdem ist sie der Lächerlichkeit preisgegeben, ist nur ein weiteres Manifest des Luxus.

Warum ich und warum nicht die anderen? Wir unterhalten uns darüber, Isabell und ich. Wir sprechen darüber, wir streiten, wir debattieren, kapitulieren schließlich an dem Punkt, der die Frage des Anfangs nur zu wiederholen scheint.

Isabell, aus gleicher Schicht und Herkunft, mit gleicher Religion und gleicher Bildung, fragt als Erste, warum sie es sei, die krank ist, und nicht zum Beispiel ihre Schulfreundin Saskia, die verrückte Saskia, die dauernd nur still in der Ecke saß und bloß ab und an mal einen Satz von sich gegeben hatte, der meistens durchdrungen war von schwerem Gedankengut, warum es nicht diese Saskia sei, die schließlich in einer Klinik gelandet war, sondern ausgerechnet sie, Isabell.

Sie zählt noch ein paar weitere Namen auf und die unerklärlichen Verhaltensweisen der dazugehörigen Personen, aber von niemandem, *von niemandem, Ida!*, hat sie gehört, dass er einen Therapeuten aufsuchen müsse.

Auch ich erzähle ähnliche Geschichten, von verschiedenen Menschen und den unerklärlichen Wegen, die sie eingeschlagen haben, und deren bisherige «Höhepunkte» nie, wie bei mir, in Kliniken oder anderen psychiatrischen Einrichtungen liegen. Sie liegen bei bestandenen Diplomen und fertig geschriebenen

Bachelor-Arbeiten, bei Auslandssemestern und Ausbildungs-
stellen, bei Kindern und Reisen, sie liegen an fernen Punkten,
die nicht weiter weg von mir sein können als die Vorstellung,
ein ähnliches Leben zu führen.

Wir schweigen eine Weile nachdenklich, bis Isabell schließlich zu lachen beginnt, mich an der Hand nimmt und mit mir
im Zimmer herumtanzt. Sie singt ein Lied, das von Psychiatrie
und einer Party in derselben erzählt, und zeigt beim Lachen
ihre beneidenswert weißen Zähne, dreht Pirouetten und ist mit
einem Male ganz ausgelassen, scheinbar völlig frei von allem.

Ich frage sie, was es zu lachen gibt, und sie antwortet: «Alles,
alles! Das ist ja das Wunderbare! Wir sitzen hier drinnen und
zerbrechen uns die Köpfe über unser Leid, warum Mama und
Papa uns nicht lieber gehabt haben, warum wir nicht einfach
zufrieden sein können, mit dem, was wir haben, und da draußen, da gibt es ...»

«Sag jetzt bitte nicht, da draußen gibt es so viele Menschen,
denen es schlechter geht als uns», unterbreche ich sie.

«Doch, doch, das wollte ich sagen, genau das! Im Ernst: Bin-
senweisheit und so, ich weiß schon. Aber mach dir das doch
bitte mal für einen Augenblick klar. Verinnerliche dir das bitte.
Da draußen gibt es tatsächlich Menschen, Ida! Und die kriegen
das alles ja auch irgendwie hin.»

«Du hast deinen Entlassungstermin heute bekommen, oder?»

«Woher ...»

«All das Gerede über die Leute da draußen. Wenn du hier
nicht gelernt hast, dass das Leben hier genauso ist wie das
Leben vor den Fenstern, dann hat all das nicht viel gebracht.»

«Das habe ich begriffen, danke.»

«Wann ist es so weit?»

«Nächste Woche.»

«Oh.»

Sie schweigt.

Fünf Wochen, so lange bin ich bereits hier, und der Gedanke, dass Isabell entlassen werden könnte, bereitet mir trotz ihrer zudringlichen und von wechselnden Launen durchdrungenen Stimmung Sorge. Ich habe mich an ihr Dasein, ihre Nähe und unser fragiles Verhältnis, das beständig zwischen Miss- und Verständnis hin- und herwechselt, gewöhnt, und eine andere Person, auf die ich mich neu einstellen, die ich neu kennenlernen müsste, ist nicht das, was ich mir für mich wünsche. Andererseits ist Isabell schon vier Monate in dem Krankenhaus. Einzig die Möglichkeit, dass sie vielleicht wie Richard oder auch Peter mittlerweile ein «Tagespatient» werden würde, der nur in der Woche und nur von morgens bis nachmittags hierherkommen muss, gibt mir ein wenig Hoffnung. Aber Isabell lehnt diese Form der Behandlung ab und will sich lieber der Malerei widmen, bevor im Frühjahr die Kurse wieder beginnen.

Sie verlässt nach unserer Unterhaltung für eine Weile das Zimmer, um an einer Gruppe teilzunehmen, und ich sitze auf meinem Bett und beginne, die Liste neu zu schreiben.

Frau Wängler hat in den letzten Wochen immer wieder darauf hingewiesen, dass eine solche Liste essentiell für die Therapie sei und ich sie, wenn auch nicht für sie, die Therapeutin, dann doch wenigstens für mich schreiben solle. Das weiße Blatt Papier starrt mich an, und ich starre zurück, darauf wartend, dass mir einfällt, was genau ich eigentlich erreichen will.

Schreiben Sie eine Liste all der Dinge, die Sie bis zu Ihrem Lebensende erreicht haben wollen – begründen Sie jedes einzelne. Schreiben Sie eine Liste all der Wünsche und Träume, die sich nicht erfüllt haben – begründen Sie jeden einzelnen Punkt. Schreiben Sie eine Liste der Personen, die Sie geliebt haben – begründen Sie bei jeder, warum. Schreiben Sie doch mal auf, wie Sie so sind. Ohne die gängigen Adjektive (humorvoll, aktiv, lebenslustig, spontan, gebildet, niveauvoll, attraktiv, offen, politisch, konstruktiv, vielseitig interessiert, reif usw.) zu verwenden. Schreiben Sie doch mal ein bisschen was über Ihre tiefsten Abgründe und, wenn Sie schon dabei sind, bitte auch noch über Ihre Perversionen, Ekelhaftigkeiten und Moralvorstellungen. Wie sah Ihre letzte Beichte denn so aus? Schreiben Sie doch mal eine Liste all der kleinen Delikte, die Sie in Ihrem Leben so begangen haben. Und warum. Schreiben Sie Ihre Lügen auf. Schreiben Sie bitte über alles eine Liste. Schreiben Sie, bis es wehtut. Schreiben Sie, bis Ihnen der Finger, die Hand, der ganze Arm und schließlich auch der Kopf abfällt. Wenn Ihnen Ihr Kopf nicht abfällt, dann haben Sie es nicht richtig gemacht. Fangen Sie noch einmal von vorne an. Und los.

Ich schreibe die Liste mehrere Male. Ich schreibe sie unter Tränen, am Fenster und sogar im Bad, während ich auf der Toilette sitze. Ich schreibe, was ich glaube, schreiben zu müssen, danach, was ich glaube, von mir hören zu müssen, danach, was ich glaube, von mir hören zu wollen, und – als ich versuche, tief in mich zu gehen, auch wenn niemand so genau weiß, wie das eigentlich funktionieren soll – schließlich auch, was ich wirklich in mir zu fühlen glaube, zu spüren, Amen. Ich versuche so sehr, jedwede Floskeln, jegliche Allgemeinplätze und Kitsch zu vermeiden, dass am Ende eben genau jene dastehen: Schlaf, Glück, Liebe.

Das Problem ist nicht, dass mir nicht einfällt, was es zu schreiben gibt, sondern dass ich versuche, mich selbst zu analysieren, zu reflektieren, zu terrorisieren bis zu jenem Punkt, an dem ich objektiv auf mich selbst schauen kann. Ich schäme mich für Punkte, die banal erscheinen und deren Erfüllung mir als ein bloßes Befolgen der Diktatur eines Konsums vorkommen, den ich grundsätzlich ablehne. Kann ein Studienabschluss ein Therapieziel sein? Ein gutes Verhältnis zu den Eltern? Geld? Eine Beziehung, die länger als ein paar Nächte, ein paar Tränen und ein bisschen Alkohol hält? Eine Persönlichkeit, die etwas verkraftet? Ein Leben, das aushält, was man sich selbst versprochen, geschworen, verbissen gewünscht hat? So ein Leben, wie man es beobachtet, auf der Straße, in den Cafés, in den Einkaufsmeilen dieser Stadt? Das Leben der Mädchen, die im Bus neben mir sitzen, die gut riechen, gepflegte Spitzen ohne Spliss haben, manikürte Fingernägel und ein Grinsen, das keinerlei Anstrengung zu kosten scheint? Ist es das, was ich will?

Als Isabell wieder das Zimmer betritt, ist es bereits Abend geworden, und ich sitze an der fünften Version der Liste, von der ich mir erhoffe, dieses Mal endlich den Punkt erreicht zu haben, an dem ich selbst glauben kann, das Wesentliche erfasst zu haben. Ich streiche mit dem zugedrehten Stift über meine Wange und seufze ab und an leise, während Isabell in einem ihrer Bücher liest. Irgendwann blickt sie auf und setzt sich zu mir an den Tisch, legt ihren Kopf auf die Arme und sieht mich stumm an.

«Was machst du?»

«Ich muss mal wieder eine Liste schreiben. Eine Liste über die Dinge, die mir wichtig sind bei der Therapie, eine, die beschreibt, was ich erreicht haben will, wenn das hier vorbei ist. Falls es jemals vorbei sein sollte.»

«Und du kommst nicht voran.»

«Richtig.»

«Das ergeht jedem hier so. Diese Listen sind dazu gedacht, uns zu zwingen, die Therapie als etwas Praktisches, als etwas von Nutzen zu begreifen. Wir sollen dadurch verstehen, dass wir nicht hier sind, um uns über den Kopf streicheln zu lassen, sondern dass wir hier sind, um harte Arbeit zu verrichten. An den Gebäuden unserer Köpfe. Wir sollen verstehen, dass wir das selbst angehen müssen, dass die Therapeuten uns nur helfen können, mit uns an unseren Zielen zu arbeiten, aber dass sie nicht das Ziel bestimmen, sondern nur auf dem Weg beim Tragen helfen ... Eigentlich sind sie ganz schön überbezahlt.»

«Ich weiß aber nicht, was meine Ziele sind. Ich habe keine Ahnung, wie ich das herausfinden soll. Alles erscheint mir lächerlich. *Ich möchte glücklich sein.* So eine Scheiße. Jeder will doch glücklich sein. Das macht doch alle wahnsinnig, dieses ständige Glücklichseinwollen. Deshalb rennen alle in irgendwelche Wellness-Spas und ins Fitnessstudio und zum Life-Coach und lesen Selbsthilfebücher und wechseln dauernd ihren Partner und ...»

«... ertrinken in Klischees. Hör mal, so einfach ist das nicht. Du kannst das schön alles alleine herausfinden, das ist die Beschäftigungstherapie unseres Lebens: Sorg für Nahrung, integriere dich sozial, bleib gesund und hab ein bisschen Spaß. Das ist alles. Mehr ist es nicht. Wie du das alles machst, ist eigentlich völlig egal.»

«Aber warum ist es trotzdem für manche so schwer? Wenn es so einfach wäre, dann könnte man ja deine kleine Formel auf Plakate drucken, sie überall verteilen, und plötzlich wären alle glücklich, und es gäbe keine Psychiatrien und auch sonst keine Probleme.»

«Weil es eben doch nicht so einfach ist», antwortet sie ausweichend, und ich frage nicht mehr nach, weil ich die vielen Erklärungen schon kenne. Das Fernsehen. Das Geld. Der Neid. Die Kindheit. Der Hass. Das Internet. Die Filme. Die Spiele. Die Schule. Die Erziehung. Der Terror. Der Krieg.

Nach einer Weile räkelt sich Isabell auf dem Bett, als gälte es, mich zu beeindrucken.

«Ich gehe gleich noch mal raus. Kommst du mit?», fragt sie und sieht mir gelangweilt dabei zu, wie ich ein Blatt Papier zerknülle und es in den Mülleimer werfe.

Ich verneine, und sie erwidert, dass es mir vielleicht guttun würde, mal wieder das Zimmer zu verlassen, ohnehin gäbe es bald Abendessen.

Sie verlässt das Zimmer, und ich bin wieder allein.

Die letzte Version der Liste schreibe ich schnell und ohne einen Blick darauf zu werfen. Was sollen meine Ziele sein, in einem Leben, dessen entscheidende Wendepunkte am Ende doch immer nur Zufall sind.

Zweiundzwanzig

Isabell ist in diesen Tagen verschlossen und unzugänglich. Sie kommt spät in unser Zimmer zurück und geht dann gleich in ihr Bett, ohne ein Wort an mich zu richten. Auch nach mehrmaligem Nachfragen gibt sie nicht preis, warum sie so schweigsam ist, und nach drei Tagen gebe ich meine Versuche schließlich auf. Stattdessen beginne ich, in den Nächten mehr und mehr Zeit mit Simon zu verbringen, diesem Wesen, das aus einer anderen Sphäre zu kommen scheint und eigentlich ebenso wenig preisgibt wie Isabell, sich jedoch plötzlich wesentlich redseliger gibt als sie. Er überrascht mich Nacht für Nacht mit neuen Geschichten und Ansichten, und seine neue Offenheit, die zu Beginn noch ein Quell der Irritation war, entfaltet eine Atmosphäre des Vertrauens.

Am vierten Tag des großen Schweigens der Isabell Stern sitze ich mit Simon auf dem Raucherbalkon, von dem aus wir – durch ein Gitter blickend – das nächtliche Leuchten der Stadt betrachten.

Wir rauchen schweigend selbst gedrehte Zigaretten und trinken Tee, der die Kälte, die mittlerweile unter unsere Jacken gekrochen ist, kaum erträglicher macht.

«Ida, was ich dir über Isabell erzählt habe ...», beginnt er stockend, und ich wiegele ab.

«Ich will das nicht hören, Simon. Diese ganzen Gerüchte und Vermutungen hier. Das interessiert mich alles nicht.»

«Du solltest aber vorsichtiger sein. Sie hat merkwürdige Dinge über dich erzählt.»

Ich horche auf.

«Sie hat mir letztens gesagt, dass du glaubst, dass ihr Seelenverwandte seid. Und dass sie sich deshalb bedrängt fühlt ...»

Ich starre ihn ungläubig an.

«Ich konnte mir das nicht vorstellen. Ich schätze dich nicht so ein», antwortet er auf eine Frage, die ich nicht gestellt habe, die mir aber brennend durch den Kopf lief, bis ein kalter Atemzug sie gelöscht hat.

«Ich glaube, ich sollte dir etwas erklären», fährt er fort, «etwas über bestimmte Menschen. Es gibt Menschen, die sich helfen lassen, und welche, die nur so tun, als würden sie Hilfe wollen. Isabell will nicht wirklich gesund werden. Sie ist eines dieser Mädchen, die ihre Neurosen abfeiern wie andere ihre Geburtstage. Sie mag sich im Grunde so, wie sie ist. Sie will *Künstlerin* sein, was immer das auch bedeuten soll. Und das alles, ihre Launen, ihr übertriebenes Auftreten, das alles ist nur Attitüde, eigentlich sogar Plattitüde, die sie anzieht wie Kleider, die gerade zum jeweiligen Anlass passen.»

Ich denke über seine Worte nach und gleiche sie erneut mit der Person ab, mit der ich mir seit Wochen ein Zimmer teile und die einen eklatant anderen Eindruck auf mich gemacht hat.

«Warum erzählst du mir das? Und woher soll ich wissen, dass das stimmt? Du kannst genauso durchgedreht sein, wie du behauptest, dass sie es ist. Warum hast du zum Beispiel als Einziger ein Einzelzimmer?»

Von all den möglichen Reaktionen, die ich erwartet hatte, wählt er die unwahrscheinlichste. Er lacht nicht, er steht nicht auf und geht, er weint nicht, schreit nicht, lässt sich keine Ausreden einfallen. Er erzählt es mir einfach. Erzählt von den Träumen, die die Ärzte nicht in den Griff bekommen – nicht mit Schlaftabletten, nicht mit Antipsychotika, nicht mit gutem Zureden. Er erzählt von den Tieren, die ihn jagen, die ihn zerfleischen, die ihn ausweiden und in den Wäldern zurücklassen. Davon, wie er selbst zu solch einer Gestalt wird, wie er mit ihnen Menschen jagt. Wie er sie riecht, in den Städten, in den Häusern, in ihren Betten liegend. Wie er seine Mutter tötet, seinen Vater, wie er sich weidet an ihrem Blut. Er berichtet von den Schreien, die seine eigenen sind und die ihn erst aufwecken, wenn Madame Blohm schon im Zimmer steht, und von den Jahren, in denen niemand im Zimmer stand, um ihn aufzuwecken. Von den weit aufgerissenen Augen seiner Freundin, wenn er sie packte, sie würgte und versuchte, sie aus dem Bett zu zerren, noch ganz im Wahn seiner Gedanken, im Albtraum seiner Nächte.

Er spricht ruhig und ohne Pausen zu machen, nur wenn er dann und wann einen Zug von seiner Zigarette nimmt, hält er inne, um gleich danach fortzufahren.

«Warum träumst du so etwas», sagt er, «das habe ich mich jahrelang gefragt. Warum bist du so ein kaputter Idiot, der solche Dinge träumt. Warum schläfst du dauernd in der Schule ein? Ich habe die Spiele und die Filme weggeschmissen. Edgar Allan Poe. Die ganzen Bücher. Ich habe nur noch Reiseberichte gelesen. Ich habe keine Hunde angefasst und bin nicht mehr im Wald laufen gegangen. Ich habe mir kein Futter mehr gegeben. Aber es war, als würde mein Kopf, je mehr ich ihm diese Dinge entzog, sich immer nur noch weiter in die Träume stürzen, wie in tiefe Schluchten, in die nie Licht fällt. Die Ärzte dachten, das ginge vorüber. Nach der Pubertät. Nach dem Abitur. Als die Prüfungsphase erst mal überstanden war. Aber es ist immer weitergegangen. Irgendwann habe ich nachts meine

Freundin mit einem Messer angegriffen. Ich habe versucht, ihr den Arm abzuschneiden, weil ich dachte, dass das Wurzeln seien zu einem Versteck, in das ich mich verkriechen konnte. Sie musste genäht werden, es war nicht so schlimm. Aber die Ärzte dort haben die Polizei informiert. Weil sie geglaubt haben, ich hätte meiner Freundin absichtlich etwas antun wollen. Und ich hatte keine Wahl mehr danach. Entweder hierher oder ...»

«Das erklärt aber alles nicht, warum du zu niemandem freundlich bist. Warum du kein gutes Wort verlieren kannst, ohne es danach durch eine zynische Bemerkung zu revidieren.»

«Ich habe einfach kein großes Interesse an Menschen, Ida. Ich mag Menschen nicht, und ich bin nicht darauf angewiesen, dass sie mich mögen. Ich halte die meisten hier für dümmliche Weicheier, die einfach mal ihr Leben auf die Reihe kriegen sollten.»

«So wie du», bemerke ich und sehe zum ersten Mal einen Anflug des so vertrauten Zorns in seinem Gesicht, seitdem wir hier draußen sitzen.

«Du weißt doch gar nichts.» Er schließt sich wie eine Tür, die leise zufällt. Mein Angriff hat seine Schutzschilde wieder aktiviert, eine Reaktion, die mir die Scham über mein unglückliches Benehmen in den Mund fahren lässt, der sogleich versucht zu schlichten, zu überzeugen, zu entschuldigen, bis Simon wieder spricht.

«Ich bin nicht wie die anderen hier!», empört er sich. «Die stellen sich alle wegen Dingen an, die mir völlig fremd sind. Studium, Beziehungen, dieser ganze unwichtige Kram. Und dann jammern sie dauernd wegen der Therapie. Und irgendwer ist immer doof. Auf jeden Fall aber die Therapeuten. Als ob sie alle hierher gezwungen worden wären.»

«Zwang ist ein weit dehnbarer Begriff, Simon.»

«Ich weiß schon, der äußere Zwang, der zum inneren wird.»

«Wer bist du, dass du darüber entscheiden kannst, wer hierhergehört und wer nicht? Wer bist du, dass du sagen kannst, dass du das hier mehr brauchst als die anderen? Erinnerst du dich an den Tag, als wir im Café waren?»

Er nickt.

«Gut. Ich war schon ein paar Mal da. Danach. Und jedes Mal saß ich zwischen diesen ganzen Menschen und bin nicht weiter aufgefallen. Ich habe einen Facebook-Account. Ich gehe in Läden einkaufen, die diese hippen, kalten Anzüge haben, und kaufe mir Kleider, die mich so aussehen lassen, als hätte ich niemals vor einem Therapeutenzimmer auf meinen Termin gewartet. Warum? Weil die Menschen denken, dass die Irren immer nur die anderen sind. Dass man sie erkennen kann. Dass sie anders sind. Dass sie keinen Coffee to go mitnehmen und dass sie nicht im Vorlesungssaal neben ihnen sitzen. Dass sie nicht das Mädchen auf der Tanzfläche sind, das so strahlt, oder der Typ in der Bar, der sie schon den ganzen Abend so herrlich schüchtern anschaut. Sie glauben an diese Menschen, die diese schrecklichen Bücher über ihre Depressionen und Wehwehchen schreiben. *Mein Weg, mein Schicksal, meine Depression.* Oder so ein Quatsch. Sie glauben an den Irrsinn, der erkennbar ist. Bloß weil ein paar Sportler sich ins Fernsehen stellen und über ihre Diagnosen quatschen, heißt das noch lange nicht, dass die Leute weniger Angst vor dem Verrückten haben. Vielleicht haben sie mit den Jahren ja ein bisschen weniger Angst vor *den anderen*. Aber hoffentlich passiert es nie in ihrer Familie, denken sie, hoffentlich nicht, was sollen denn dann die Nachb...»

«Bla bla bla», sagt Simon. «Darum geht es doch hier gar nicht. Es geht darum, dass es Menschen gibt, die sich ihren Problemen stellen, und welche, die nur so tun als ob.»

«Und die nehmen dir dann etwas weg?»

«Nein, aber die arbeiten beständig daran, dass die wirklichen Leiden, die, die schlimm sind, nicht mehr so ernst genommen werden, weil sie als Modekrankheiten scheinen. Weil jedes Teeniemädchen sich schon mal den Namen ihres ersten Freundes in die Unterarme geritzt hat.»

Wir lachen jetzt beide und beschließen, dass es an der Zeit ist, wieder in unsere Zimmer zu gehen und zu hoffen, dass der Schlaf die Kälte wegträgt, die wir mit unseren zitternden Händen festhalten.

Können wir uns in Acht nehmen, uns zusammennehmen, uns ducken, unsere Taschen und Rucksäcke packen, so schnell verschwinden, wie es uns nur eben möglich ist, und uns in den Höhlen unserer Vorstellungen verstecken? Können wir es wagen zu sagen, du, ich bin verrückt, bin danebengetreten, habe mich verlaufen in den Wänden meiner Maximen, zwischen den Häusern meiner Ideale? Können wir uns trauen zu sagen, du, ich kann nicht mehr, kann nicht mehr weiterlaufen, kann nicht mehr mit dir weitergehen, ich lasse deine Hand jetzt los? Können wir das Essen wegschieben, das Besteck wegräumen und einfach aufgeben, einfach weggehen, bis wir die Wand erreichen, an der wir schon die ganze Zeit mit dem Rücken standen? Können wir es allen erzählen? Können wir zwischen den anderen bleiben, obwohl wir noch hinken, obwohl wir noch verwundet sind, obwohl wir noch bluten, diese Art von Blut, das unsichtbar, geruchlos und nicht zu spüren ist? Können wir einfach mal nach Hause gehen und sagen: Du, heute nicht und in den nächsten Monaten auch nicht? Können wir am Arsch sein und trotzdem tanzen, können wir trinken, bis sich die Galle mit dem Gin vermischt, bis wir stolpern, bis wir fallen, und trotzdem jeden Morgen unsere Medikamente nehmen? Können wir mit den anderen spielen und in die Disco gehen, können wir unsere Hilflosigkeit in unsere Kissen schreien und trotzdem ans Telefon gehen, wenn es klingelt? Können wir trotz allem schön sein? Können wir trotz allem Beziehungen haben? Können wir trotzdem ficken, lieben, stöhnen und küssen? Können wir in Ausstellungen gehen, können wir uns Bilder ansehen, Filme und Momente, können wir auf Bühnen stehen und Reden halten? Können wir uns einfach mal nicht unterscheiden? Können wir einfach mal genauso sein wie gestern? Können wir verzweifeln, bis wir nichts mehr finden, an dem sich zweifeln lässt, und trotzdem nicht damit aufhören? Können wir beten und auf die Antwort warten, die nicht kommt, und dass uns der Atem stockt vor Seufzern? Können wir in den Bahnen neben den anderen sitzen, zu viel Geld ausgeben, Kleidung in Mengen kaufen, unseren Kaffee schwarz trinken und bitte: ohne Zucker? Können wir Schreibarbeiten tätigen, Briefe verschicken, Kontoauszüge holen, geschäftlich verreisen, erster Klasse fliegen? Können wir uns an Spiegelbildern schneiden, an Scherben und an Messern und trotzdem in der Schule sitzen? Können wir schreien, bis es wehtut, lieben bis zum Verrecken, können wir hassen, können wir lächerlich sein, können wir uns blamieren, können wir uns eigentlich noch irgendwie weiter entblößen? Können wir eigentlich genauso sein wie all die anderen? Nur anders?

Ja. Ja. Ja. Ja. Ja. Ja. Ja. Ja. Ja. Ja. Ja. Ja. Ja. Ja. Ja. Ja. Ja. Ja. Ja. Ja.
Ja. Ja. Ja. Ja. Ja. Ja. Ja. Ja. Ja. Ja. Ja. Ja. Ja. Ja. Ja. Ja. Ja. Ja. Ja. Ja.
Ja. Ja. Ja. Ja. Ja. Ja. Ja. Ja. Ja. Ja. Ja. Ja. Ja. Ja. Ja. Ja. Ja. Ja. Ja. Ja.
Ja. Ja. Ja. Ja. Ja. Ja. Ja. Ja. Ja. Ja. Ja. Ja. Ja. Ja. Ja. Ja. Ja. Ja. Ja. Ja.
Ja. Ja. Ja. Ja. Ja. Ja. Ja. Ja. Ja. Ja. Ja. Ja. Ja. Ja. Ja. Ja. Ja. Ja. Ja. Ja.
Ja. Ja. Ja. Ja. Ja. Ja. Ja. Ja. Ja. Ja. Ja. Ja. Ja. Ja. Ja. Ja. Ja. Ja. Ja. Ja.
Ja. Ja. Ja. Ja. Ja. Ja. Ja. Ja. Ja. Ja. Ja. Ja. Ja. Ja. Ja. Ja. Ja. Ja. Ja. Ja.
Ja. Ja. Ja. Ja. Ja. Ja. Ja. Ja. Ja. Ja. Ja. Ja. Ja. Ja. Ja. Ja. Ja. Ja. Ja. Ja.
Ja. Ja. Ja. Ja. Ja. Ja. Ja. Ja. Ja. Ja. Ja. Ja. Ja. Ja. Ja. Ja. Ja. Ja. Ja. Ja.
Ja. Ja. Ja. Ja. Ja. Ja. Ja. Ja. Ja. Ja. Ja. Ja. Ja. Ja. Ja. Ja. Ja. Ja. Ja. Ja.
Ja. Ja. Ja. Ja. Ja. Ja. Ja. Ja. Ja. Ja. Ja. Ja. Ja. Ja. Ja. Ja. Ja. Ja. Ja. Ja.
Ja. Ja. Ja. Ja. Ja. Ja. Ja. Ja. Ja. Ja. Ja. Ja. Ja. Ja. Ja. Ja. Ja. Ja. Ja. Ja.
Ja. Ja. Ja. Ja. Ja. Ja. Ja. Ja. Ja. Ja. Ja. Ja. Ja. Ja. Ja. Ja. Ja. Ja. Ja. Ja.
Ja. Ja. Ja. Ja. Ja. Ja. Ja. Ja. Ja. Ja. Ja. Ja. Ja. Ja. Ja. Ja. Ja. Ja. Ja. Ja.
Ja. Ja. Ja. Ja. Ja. Ja. Ja. Ja. Ja. Ja. Ja. Ja. Ja. Ja. Ja. Ja. Ja. Ja. Ja. Ja.
Ja. Ja. Ja. Ja. Ja. Ja. Ja. Ja. Ja. Ja. Ja. Ja. Ja. Ja. Ja. Ja. Ja. Ja. Ja. Ja.
Ja. Ja. Ja. Ja. Ja. Ja. Ja. Ja. Ja. Ja. Ja. Ja. Ja. Ja. Ja. Ja. Ja. Ja. Ja. Ja.
Ja. Ja. Ja. Ja. Ja. Ja. Ja. Ja. Ja. Ja. Ja. Ja. Ja. Ja. Ja. Ja. Ja. Ja. Ja. Ja.
Ja. Ja. Ja. Ja. Ja. Ja. Ja. Ja. Ja. Ja. Ja. Ja. Ja. Ja. Ja. Ja. Ja. Ja. Ja. Ja.
Ja. Ja. Ja. Ja. Ja. Ja. Ja. Ja. Ja. Ja. Ja. Ja. Ja. Ja. Ja. Ja. Ja. Ja. Ja. Ja.
Ja. Ja. Ja. Ja. Ja. Ja. Ja. Ja. Ja. Ja. Ja. Ja. Ja. Ja. Ja. Ja. Ja. Ja. Ja. Ja.
Ja. Ja. Ja. Ja. Ja. Ja. Ja. Ja. Ja. Ja. Ja. Ja. Ja. Ja. Ja. Ja. Ja. Ja. Ja. Ja.
Ja. Ja. Ja. Ja. Ja. Ja. Ja. Ja. Ja. Ja. Ja. Ja. Ja. Ja. Ja. Ja. Ja. Ja. Ja. Ja.
Ja. Ja. Ja. Ja. Ja. Ja. Ja. Ja. Ja. Ja. Ja. Ja. Ja. Ja. Ja. Ja. Ja. Ja. Ja. Ja.
Ja. Ja. Ja. Ja. Ja. Ja. Ja. Ja. Ja. Ja. Ja. Ja. Ja. Ja. Ja. Ja. Ja. Ja. Ja. Ja.
Ja. Ja. Ja. Ja. Ja. Ja. Ja. Ja. Ja. Ja. Ja. Ja. Ja. Ja. Ja. Ja. Ja. Ja. Ja. Ja.
Ja. Ja. Ja. Ja. Ja. Ja. Ja. Ja. Ja. Ja. Ja. Ja. Ja. Ja. Ja. Ja. Ja. Ja. Ja. Ja.
Ja. Ja. Ja. Ja. Ja. Ja. Ja. Ja. Ja. Ja. Ja. Ja. Ja. Ja. Ja. Ja. Ja. Ja. Ja. Ja.
Ja. Ja. Ja. Ja. Ja. Ja. Ja. Ja. Ja. Ja. Ja. Ja. Ja. Ja. Ja. Ja. Ja. Ja. Ja. Ja.
Ja. Ja. Ja. Ja. Ja. Ja. Ja. Ja. Ja. Ja. Ja. Ja. Ja. Ja. Ja. Ja. Ja. Ja. Ja. Ja.
Ja. Ja. Ja. Ja. Ja. Ja. Ja. Ja. Ja. Ja. Ja. Ja. Ja. Ja. Ja. Ja. Ja. Ja. Ja. Ja.
Ja. Ja. Ja. Ja. Ja. Ja. Ja. Ja. Ja. Ja. Ja. Ja. Ja. Ja. Ja. Ja. Ja. Ja. Ja. Ja.
Ja. Ja. Ja. Ja. Ja. Ja. Ja. Ja. Ja. Ja. Ja. Ja. Ja. Ja. Ja. Ja. Ja. Ja. Ja. Ja.

Ja. Ja. Ja. Ja. Ja. Ja. Ja. Ja. Ja. Ja. Ja. Ja. Ja. Ja. Ja. Ja. Ja. Ja. Ja. Ja. Ja.
Ja. Ja. Ja. Ja. Ja. Ja. Ja. Ja. Ja. Ja. Ja. Ja. Ja. Ja. Ja. Ja. Ja. Ja. Ja. Ja. Ja.
Ja. Ja. Ja. Ja. Ja. Ja. Ja. Ja. Ja. Ja. Ja. Ja. Ja. Ja. Ja. Ja. Ja. Ja. Ja. Ja. Ja.
Ja. Ja. Ja. Ja. Ja. Ja. Ja.

Dreiundzwanzig

Das Feuer. Die Schwaden. Die Nacht. Der Rauch, der dunkelgrau hinaufsteigt, als würde er angezogen von den Mikrostädten, in denen schon ein neues Feuer auf ihn wartet. Wir liegen in den Trümmern dieser Nacht, halten uns an den Händen und flüstern leise Worte, die die Kälte erträglicher machen. Wir zittern Vokale und atmen Konsonanten aus, weit weg von dem, das noch als Sprache verstanden werden könnte.

Ihre Haare haben sich um ihren Kopf gewickelt, wie ein Tuch, bei dem nicht zu erkennen ist, ob es sie wärmt – oder erstickt. Sie flüstert: «Ida», und ich mahne sie zur Ruhe, bis sie erneut fragt: «Ida? Wovor verbergen wir unsere Worte?»

Ich bin außerstande zu antworten, weil mir der Mund mit süßem Sirup zugeklebt scheint, und als ich ihn mit meiner freien Hand wegwischen will, bemerke ich erst, dass es meine eigene Hand ist, die mir den Mund verklebt.

«Wenn wir keine Antworten finden, werden wir hier sterben», sagt Julia leise und verfällt in ein beinahe stummes Weinen. Blut läuft ihr aus Mund und Nase, und als ich ihre Hand loslasse, um endlich meinen Mund zu befreien, löst sich Julias Körper einfach auf, zurück bleibt nur ein Flüstern, das mit dem Rauch im Himmel verschwindet.

Diese Stadt auf Knien plus ein paar romantische Gedanken. Dieser Kopf auf Stummschaltung minus die Möglichkeit umzuschalten. Dieses Leben plus das Gefühl, morgens aufstehen zu können. Diese Wände minus Gitter. Im Kopf. Zwischen Bauch und Kopf. Minus Gedanken. Plus Notizbücher, in denen Geschichten von Balkonen im Sommer und Tränen auf Händen erzählt werden. Wären sie nur meine. Wären sie nur echt.

Frau Wängler und ich sehen uns zweimal die Woche. Frau Wängler spricht über Möglichkeiten und über Vergangenheiten, über das Reflektieren als Gegensatz zum inneren Wirbelsturm, der im Auge immer nur sich selbst behält. Sie spricht über weitere Therapie, die notwendig sei, und ein langer Weg wäre es ja sowieso. Sie spricht über Krankheitsgewinn und über Einsamkeit, die selbst gewählt nie den Richtigen auf den Thron setzt. Auf diesem Stuhl sitze nur ich und drehe mich um mich selbst, in Worten, in Gesten, in den Nächten.

Das Problem ist, dass wir allzu gern eine Lösung wünschen, die dem Ursache-Wirkung-Prinzip gefährlich gefällig ist: Ich habe ein Problem, finden Sie gefälligst die Ursache, die Wirkung sind die Monster, und die Lösung soll jetzt bitte und sofort Heilung sein. Dazwischen sitzen wir, das heißt ich, in den Therapiepraxen dieser Welt, fummeln an unseren Röcken und zurren an unseren Vergangenheiten, öffnen einen Knopf vom Hemd und ein paar Schleusen, ducken uns so gut es geht und trocknen unsere Tränen beim Verlassen der Räume für ein paar Tage oder länger – es wird schon gehen. Ich sitze zweimal die Woche bei Frau Wängler und warte auf das Zeichen, die Lossprechung, die Absolution, die erlöst, was verklemmt, verstaucht, verrenkt ist. Und nie kommt ein Wort, und nie kommt ein Satz, kommt ein Moment, der heilt – nicht hier, auf diesem Stuhl, nicht in den Zimmern, nicht in den Gängen und draußen, beim Rauchen, auch nicht.

Man könne es nicht erklären, es gäbe vielerlei Ursachen, sagt Frau Wängler, es gäbe da die Gene und dann noch die Umwelt, und es gäbe Pech und Willen, und es gäbe Selbstreflexion, es gäbe Kindheitstraumata und noch die anderen, die später folgten, es gäbe so viele Gründe für eine Depression, ob das denn überhaupt wichtig sei. Und es ist nicht wichtig, ist es nicht. Es ändert ja nichts, aber.

An diesem Nachmittag zu Beginn der sechsten Woche schließlich fragt Frau Wängler mich, ob wir einen Spaziergang machen wollen. Draußen ist November und Regen und Laub, und trotzdem willige ich ein, ja, warum nicht, und wir verlassen das Gebäude gemeinsam. Sie fragt nach dem Weg, und ich zucke mit den Schultern, und sie sagt, der Weg werde von mir bestimmt, und ich lache, ein zynisches Grunzen, weil ich im ersten Augenblick an einen billigen Trick denke, einen, der mir zeigen soll, dass nur ich allein den Weg bestimmen würde. Sie schüttelt den Kopf. Nein, sagt sie, darum ginge es nicht, es ginge um den – sie sage es gleich ganz direkt – den Weg zu Julias Grab. Ein Augenblick des ungläubigen Starrens folgt, der erst durch die empörte Frage aufgelöst wird, wie wir denn von diesem Ort zu dem Friedhof kommen sollen. «Ich habe Zeit und Geld dabei, wir können mit dem Zug fahren», antwortet sie ungerührt, und wir schlagen den Weg zur U-Bahn-Station ein.

Wir laufen durch feuchtes, altes Laub, das nicht beiseitegeräumt wurde, und vorbei an Menschen, die sich hinter Kapuzen und Mützen, Schals und Handschuhen verstecken. Es ist fast null Grad, noch zu früh für Schnee, aber sein Geruch hängt schon in der trockenen Luft, die schmerzhaft unsere Nasen und Ohren rötet.

«Wie fühlen Sie sich?», fragt Frau Wängler, und ich bleibe stehen und fühle heiße Tränen heraufsteigen, bei denen ich mich sofort frage, ob sie wohl zu Eiszapfen werden, zu Gebilden aus Kristallen, die sie ja eigentlich auch sind.

«Wir müssen zurückgehen.»

«Warum?»

«Weil wir nicht zu ihrem Grab fahren können.»

«Warum nicht?»

«Weil es zu weit ist.»

«Wie weit?»

«Sehr.»

«Präzisieren Sie sich, bitte.»

«Zu weit.»

«Gut. Wohin möchten Sie gehen?»

«Zurück», sage ich schon im Gehen begriffen, und wir machen uns auf den Rückweg zur Klinik.

In ihrem Zimmer angekommen, nehmen wir die vertrauten Sitzpositionen ein, und Frau Wängler wartet darauf, dass ich beginne, dass ich etwas sage und mich erkläre.

«Also, erstens ist Julias Grab in meiner Heimatstadt. Und die ist eine Stunde entfernt. Und zweitens möchte ich nicht dorthin.»

«Warum nicht, Frau Schaumann?»

«Weil ich nicht in diesen Ort fahren möchte und weil ich ihr Grab nicht sehen möchte.»

«Dafür hätte ich gerne eine Erklärung», fordert sie und verschränkt die Arme.

Ich schweige.

«Nun gut, ich sage es mal direkt: Ich glaube, Sie haben Ihre Freundin Julia erfunden.»

«Das ist ja lachhaft», stoße ich hervor, «wer sollte denn so etwas tun? Und warum? Das ist doch völlig absurd, Ihre Unterstellung.»

«Glauben Sie mir, ich habe schon so einiges gesehen. Unter anderem auch immer wieder Patienten, die Wahnvorstellungen nachhängen oder einfach auch nur lügen, um sich oder andere zu schützen. Da ich Sie nicht als wahnhaft empfinde, gehe ich davon aus, dass Sie mir einfach die Wahrheit verschweigen.»

«Julia ist tot», beharre ich.

«Und warum wollen Sie dann nicht, dass wir ihr Grab besuchen?»

«Sie ist tot», wiederhole ich zwanghaft.

«Frau Schaumann: Warum wollen Sie nicht, dass wir Julias Grab besuchen?»

Der Morgen, an dem das Telefon klingelte und meine Mutter blass wurde, der Morgen, an dem ich diese bunten Getreideringe in der Schale schwimmen sah und daran dachte, wie wunderlich es bleibt, dass Menschen bunten Zucker mit Milch mischen, um so etwas Frühstück zu nennen. Der Morgen, an dem ich daran dachte, wie trübsinnig eigentlich jeder Gedanke sein kann, wenn er mit «ich kann nicht» anfängt und wenn er sich nicht zusammennehmen kann, dieser Gedanke, wenn er sich nicht davon abhalten kann abzudriften, wegzuschwimmen in einem Meer aus Selbstmitleid.

Dieser Morgen, an dem die Tür zu unserem Wintergarten weit geöffnet war, um die letzte warme Luft des Sommers hineinkriechen zu lassen, bevor wir uns für ein paar Monate in den Häusern und Betten verstecken mussten, bis es wieder Frühling war. Der Blick meiner Mutter. Das Zittern ihrer Hände. Die Schnur des altmodischen Telefons, weil meine Brüder sie überzeugt hatten, dass nicht jede technische Errungenschaft nützlich sei. Diese Schnur, die sich immer wieder um sich selbst wickelte. Der Kaffeefleck auf dem Teller, auf den ich den Löffel gelegt hatte. Der braune Zucker, den mein Vater hasste.

Der Morgen, an dem ich aufstand und den Telefonhörer in die Hand nahm und verwundert meiner Mutter hinterhersah, die sich eine Hand vor den Mund presste und davonging. Der Morgen, an dem nicht Julia, sondern ihre Mutter am Telefon war.

«Ida, was verschweigen Sie mir?»

Der Morgen, an dem ich aus dem Haus stürzte und beinahe hinfiel. Der Morgen, an dem ich an dem Schloss meines Fahrrads riss, damit es sich endlich von den Speichen löste und ich es herausziehen konnte. Der Morgen, an dem mein Vater aus dem Haus kam und mich nur stumm ansah. Das Quietschen des Tores, das hinter mir zufiel. Mein Name aus Vaters Mund. Die Bäume, die das Sonnenlicht stroboskophaft auf meine Unterarme warfen und rauschten, als imitierten sie ein Meer, das weit weg lag. Die Ampeln, die alle auf Rot schalteten, wenn ich in ihre Nähe kam. Die Kinder, die auf den Straßen spielten und ihre Bälle in die Hand nahmen, bis ich vorübergefahren war. Der Schweißfilm auf meiner Stirn, der keine Tropfen bildete. Das Würgen. Das Krampfen im Magen.

«Ida?»

Die Laterne, unter der der Stromkasten stand. In deren Lichtkegel wir billigen Wein getrunken und trockenen Tabak geraucht hatten. Unter der wir gesprochen hatten. All die Nächte. All die Nächte. All diese Nächte. Die Schule, vor deren Eingangspforte wir uns jeden Morgen getroffen hatten. Die Gesichter, die an mir vorbeirauschten. Die Bank. Der Kleiderladen. Der Park. Die rote Ampel. Die lange Straße. Der Baum. Die Eingangstür. Das Gesicht ihrer Mutter. Ihr Atem voller Alkohol. Dunkelheit im Wohnzimmer. Der Fernseher lief stumm. Eine Wiederholung der Wettsendung. Der Vater schlafend davor. Die Gläser und Flaschen auf dem Wohnzimmertisch. Die Küche, in die sie mich zog. Ihre Worte zehnmilliardentonnenschwer. Das Muttermal auf ihrem Kinn, das zitterte bei jedem Wort. Das feuchte Taschentuch. Und ihr Atem, immer wieder dieser Atem, der die Worte herausschleuderte. Worte, die ich niemals hören wollte.

«Ich werde hier sitzen bleiben, bis Sie mir geantwortet haben, Frau Schaumann.»

Der Anblick von Erbrochenem in der Kloschüssel. Der Duft von Vanille aus dem Seifenspender. Das Handtuch, das seit Wochen nicht gewechselt wurde. Meine kalte Stirn an den Fliesen und ungläubige Augen, die jemanden anstarrten, der nicht mehr ich war.

Wir hatten darüber gesprochen. Wie so viele andere auch. Hatten in den Nächten unter der Laterne darüber gesprochen und in ihrem Zimmer, in dem wir rauchen durften. Wie das sei. Wie es am besten funktionieren könnte. Ob wir in der Lage dazu wären. Was die anderen sagen würden. Wir lachten. *Was die anderen sagen würden.* Wer würde kommen? Und wer nicht? Wir hatten uns geschworen, mit niemandem darüber zu sprechen. Kein Wort. Ein Geheimnis zwischen Schwestern, ein Bund, ein Wort.

Es war verlockend gewesen, all dieses Gerede. Aber es hätte bloß eine Anekdote bleiben können. Manchmal lasen wir in Büchern darüber. In der Schule reichte sie mir manchmal unter dem Tisch kleine Notizzettel, auf denen sie mir Fragen aufgeschrieben hatte. Wenn ich sie nicht zu ihrer Zufriedenheit beantwortete, warf sie mir einen enttäuschten Blick zu und gab mir am nächsten Tag das Buch, in dem sie die Stellen markiert hatte, die zu den «richtigen Antworten» führen sollten.

Es war doch nur Gerede. Es waren doch nur pubertäre Spielereien eines Konjunktivs gewesen, dessen Unwahrscheinlichkeit mich schlafen ließ, mich essen und atmen ließ, der mich keinen Gedanken daran verschwenden ließ, ob es jemals wirklich geschehen konnte.

Sie hatte sich keine Tabletten besorgt und sich auch nicht die Pulsadern aufgeschnitten. Sie hatte keinen Abschiedsbrief hinterlassen und zu niemandem ein Wort gesagt. Sie hatte einfach die Pistole ihres Vaters genommen und ...

«... sich umgebracht.»

«Bitte?», fragt Frau Wängler.

«Sie hat sich erschossen. Julia hat sich umgebracht. Sie ist nicht bei einem Autounfall gestorben. Sie hat sich erschossen, und das war's. Kein Autowrack, keine unterlassene Hilfeleistung, nichts. Sie hat einfach beschlossen, sich in den Kopf zu schießen.»

Wängler schweigt einen Moment und reibt sich nachdenklich die Hände. Dieses Schweigen scheint sich von den anderen zu unterscheiden. Es ist kein Schweigen, das auf eine Aktion, ein Wort, eine Antwort von mir wartet. Es ist ein Schweigen, das auf die Gedanken wartet, die hinter ihren undurchdringlichen Augen rasen. Sie wartet auf den Moment der Sicherheit, in dem jede Reaktion, die sie mir zuteilwerden lässt, als «angemessen», als «richtig» zu werten ist. Sie schweigt lange.

Dann sagt sie: «Erzählen Sie, bitte. Ich würde es gerne verstehen.»

Am späten Morgen kehrten Julias Eltern aus dem Krankenhaus zurück und riefen mich an, um mir die Wahrheit zu sagen, denn sie hatten beschlossen herauszufinden, wer daran Schuld trug, dass ihre Tochter tot war. So stand ich in ihrem Wohnzimmer und sah mich einem Kreuzverhör ausgesetzt, an dem auch der zuvor noch schlafende Vater rege teilnahm.

Habt ihr Drogen genommen. War Julia schwanger. Wart ihr lesbisch. Habt ihr Probleme in der Schule gehabt. Habt ihr Alkohol getrunken. Habt ihr Joints geraucht. Diese Musik, die ihr immer gehört habt, diese Musik. Habt ihr ein Verbrechen begangen. Hat sie etwas angekündigt. Was weißt du. Habt ihr Sex gehabt. Habt ihr mit Jungs geschlafen. Habt ihr Tabletten genommen. Habt ihr Pillen geschmissen. Habt ihr euch nicht sicher gefühlt. Wurdet ihr ausgeschlossen. Seid ihr mit einem Lehrer nicht zurechtgekommen. Ist Julia vergewaltigt worden. Hat dieser Robert etwas damit zu tun. Was stand in den Büchern. Wer trägt die Verantwortung. Wer hat den Abschiedsbrief. Warum gab es keinen. Warum sollte es keinen gegeben haben. Wer trägt die Schuld. Wer trägt die Schuld daran, Ida?!

Ich, habe ich gedacht und immer nur mit den Schultern gezuckt. Ich und ich und ich allein.

«Das wirft auf vieles ein gänzlich anderes Licht», sagt die Therapeutin und schaut sehr nachdenklich.

«Ich bin schuld, Frau Wängler. Wir haben so oft darüber gesprochen. Über das Sterben und wie sinnlos alles ist. Wir haben am Ende fast nur noch darüber gesprochen. Aber ich habe nicht erwartet, dass ... Ich habe nicht gedacht, dass sie es ernst meinen könnte. Ich dachte, *wir* meinen es nicht ernst. Ich dachte, wir seien so etwas wie Schwestern, die dieselben Abgründe in sich tragen, und sie hatte die Taschenlampe für meinen Schlund und ich die für ihren. Und dann stand ich in dieser Wohnung und musste ihren Eltern irgendwie erklären, dass ich keine Ahnung davon gehabt habe. Dass sie nie irgendwelche Andeutungen gemacht hat. Und ich musste ihrem versoffenen, ekelhaften Vater sagen, dass er bestimmt keine Schuld hat. Und ihrer verrückten Mutter erklären, dass ich auch nicht wisse, warum sie es getan hat. Und die ganze Zeit standen wir in ihrem abgedunkelten Wohnzimmer mit den hässlichen Sofas und dem ganzen Kitsch in den Glasvitrinen, und ich habe gespürt, wie Julias Körper über mir liegt, wie er ein Stockwerk höher dort liegt und nach mir ruft.»

Ich würge und kann mich nicht mehr zusammenreißen, halte die Hand vor den Mund und breche in ein Schluchzen aus, das sich mit dem Würgen zu einem Laut vermischt, vor dem ich mich selbst verstecken will. Die Ekelhaftigkeit der Bilder dieser Tage durchströmt meinen Kopf mit einer Heftigkeit, die in mir den Wunsch hervorruft, ihn gegen die Wand zu schlagen, ihn so lange gegen etwas zu schlagen, das härter ist als diese Wahrheit.

«Ich verstehe.»

«Was verstehen Sie denn daran? Sie verstehen doch gar nichts! Können Sie verstehen, wie es ist, wenn Sie jemanden in den Selbstmord getrieben haben? Wenn Sie schon als Jugendliche so ekelhaft waren, dass Ihre ausgesprochenen Gedanken dazu ausgereicht haben, dass sich Ihre Freundin erschießt? Das kann doch kein Mensch verstehen. So etwas passiert doch einfach nicht. So etwas passiert doch keinem!»

«Ihnen ist es passiert», merkt sie an und atmet tief ein.

Vierundzwanzig

Jeder durfte vorlesen. Jeder, der wollte. Und es wollten alle. Jeder hatte seine Liste vorgetragen in den letzten Wochen, wenn Weimers gefragt hatte, wer der Nächste sei. Jeder hatte sich ein wenig gerade gemacht auf seinem Stuhl, hatte geknicktes, manchmal eingerissenes Papier auseinandergefaltet und vorgelesen, was ihm oder ihr wichtig war im Leben, was dazu beitrug, beim nächsten Mal gegenzusteuern, wenn das Ruder auf die Felsen zuhielt, an denen der Kopf zersprang.

Im Anschluss hatten wir darüber gesprochen, was der oder die Vortragende erlebt, gesehen, getan hatte. Was sie auf das offene Meer getrieben hatte, wo Wahn und Seemonster ihn oder sie durchgeschüttelt hatten, bis nichts mehr übrig blieb, als im eigenen Geheule zu ersaufen. Wir hatten darüber gesprochen, welche Strategien funktionieren konnten und welche als letzte Konsequenz nur die Klippen ein bisschen bunter malten, an denen wir dann doch wieder zerspringen würden.

Heute bin ich an der Reihe.

Wir sitzen in dem Stuhlkreis, in dem ich so oft in den letzten Wochen gesessen habe, in der gleichen Reihenfolge, mit den gleichen Gesichtern wie immer. Die Heizungen sind voll aufgedreht, ich schwitze und zittere und warte, bis Weimers die Tür schließt, um die Gruppensitzung zu eröffnen.

«Herrschaften, ich begrüße Sie. Wir machen genau da weiter, wo wir beim letzten Mal aufgehört haben, was heißt, dass wir heute mit Frau Schaumann weitermachen, die an der Reihe ist, uns ihre Liste vorzutragen, bitte schön Ida.»

Weimers hatte sich in den letzten Wochen verändert. Nachdem er bemerkt hatte, dass seine lapidare, holprige Art auf immer mehr Missmut und Gegenwehr gestoßen war, die besonders aus den Mündern von Walter und Simon auf ihn prasselten, hatte er offensichtlich entschieden, sich zurückzunehmen und *die Sache etwas ernster anzugehen.* Wir hatten uns gefragt, was diesen Mann zu einem Menschen gemacht hatte, der sich hinter übertriebener Gestik und einem Habitus aus flachen Witzen zu verstecken suchte, einer Art des Verhaltens, die doch auch schon in den vergangenen Jahren auf Widerstand hatte stoßen müssen. Vielleicht, waren wir zu dem Schluss gekommen, war seine Unangepasstheit an diese Situation aber auch einfach nur eine Reaktion aus Abwehr und eigenem Widerstand gewesen, die ihn schützte. Wovor, das konnte man nur ahnen, wissen konnten wir es nicht. Und genauso wenig wussten wir, wie Weimers es geschafft haben mochte, der Leiter einer Gruppe zu werden, die eigentlich mit höchst sensibler Thematik umging, die eigentlich, so fanden wir, Schutz und Verständnis verdient hatte. Womit, das wussten wir auch nicht so genau, aber irgendwas hatten wir irgendwie verdient. Glaubten wir.

Ich ziehe den Zettel, auf dem die Liste steht, aus meiner Hosentasche und atme ein und atme aus. Dreimal füllen sich meine Lungen mit Sauerstoff, der schon in den Körpern der anderen Anwesenden gewesen sein muss, und stoßen ihn wieder aus. Dreimal atme ich Secondhand-Luft ein, die auch wie solche riecht, abgestanden und wenig nährend für meine Lungen, die eigentlich sofort zum Fenster rennen möchten, um zu atmen, reinen, sauberen Außenweltsauerstoff. Dann beginne ich zu lesen.

Zigaretten, Gin Tonic, Schnee, drei Decken, Buchseiten umknicken, Kaffee, die Postkarte aus Florenz, Rotwein, Weißwein, Schlaf.
Ausatmen. Den Zettel zusammenfalten, den Blick auf den

Boden gerichtet lassen. Nichts sagen, nichts erklären, den Mund halten, die Haltung halten, die Stellung halten, abwarten.

«Danke, Ida. Gleiches Spiel wie immer: Wer möchte etwas zu Idas Liste sagen?»

Simon meldet sich als Erster. Natürlich. «Das ist doch keine Liste. Das sind bloß schöne Worte so aneinandergereiht, dass sie klingen, als hätten sie die Aufgabe erfüllt.»

«Und welche Aufgabe soll das deiner Meinung nach gewesen sein, Simon?», fahre ich ihn an. «Ich habe vorgelesen, was ich schön finde und was mir hilft, nicht irre zu werden.»

«Hat ja super geklappt, Ida», grinst er.

«Also ich fand die Liste auch ein bisschen seltsam. Das sind doch alles keine Dinge, die jemandem helfen», sagt Nina jetzt.

«Ach, du meinst solche Dinge wie Erfolg, Selbstvertrauen, Selbstdisziplin und den ganzen Quatsch?», fragt Walter und runzelt die Stirn.

«Ich dachte eigentlich, dass wir hier über das sprechen, was mir ganz persönlich hilft. Ich wusste nicht, dass wir jetzt neuerdings die Listen der anderen bewerten», sage ich beleidigt und bereue schon, mich überhaupt darauf eingelassen zu haben, die Liste vorzulesen.

«Niemand beleidigt dich. Falls es das ist, was du meinst. Wir hinterfragen nur», antwortet Peter, der mittlerweile wie Richard nur noch zu Gast in der Klinik ist und wöchentlich an der Depressionsgruppe und an der Ergotherapie teilnimmt.

«Wenn hinterfragen bewerten bedeutet, dann hinterfragt ihr gerade sehr genau. Falls nicht, dann ja, ich fühle mich persönlich angegriffen.»

Ich habe gelernt, über meine Gefühle zu sprechen. Ich habe gelernt zu sagen, wann mir etwas nicht gefällt. Immer in Ich-

Aussagen, nie in Du-Vorwürfen. Ich habe gelernt, dass ich gewaltfrei kommunizieren soll, dass ich mich selbst so lange reflektiere, bis ich auch den letzten Rest Verstand verloren habe. Ich denke erst, bevor ich handle. Ich rede erst, bevor ich saufe. Ich versuche erst, bevor ich scheitere. Ich scheitere nicht, ich lerne bloß. Ich bin wertvoll, ich bin gut, ich bin so verdammt wichtig für diesen Planeten. Ich habe einen Wert. Und Selbstwert. Und Selbstvertrauen. Und Würde. Ich glaube an mich. Ich rette mich. Ich brauche keinen, der mich rettet. Ich rede über Gefühle, ich intellektualisiere nicht alles. Ich rede über Gefühle, nicht über meine Meinung. Ich rede über Gefühle. Ich rede über Gefühle. Ich bin nicht Ida, ich bin die Gefühle, die ich habe. Ich sage allen, wie es mir gerade geht. Ich sage nicht: «Ich hasse dich», sondern: «Ich bin ärgerlich.» Nur noch Ich-Botschaften, am laufenden Meter, an laufenden 1,76 Metern, die sich um sich selbst kümmern sollen. Achtsamkeit. Aufmerksamkeit. Liebe. Es ist wunderschön. In dieser Welt, deren Konstrukt nur so lange besteht, wie die Baugerüste aus gut gemeinten Forderungen, Ratschlägen und scheinbaren Alternativen bestehen bleiben. Sobald sie entfernt und die Gerüste abgebaut sind und das Konstrukt der Welt ausgeliefert ist, bricht es in sich zusammen wie ein Haus ohne Wände, ein Gebäude aus Pappmaché.

Weimers nimmt den Faden wieder auf: «Bleiben wir doch einfach mal bei Frau Schaumann. Ida, wie haben Sie sich denn gefühlt, als Sie die Liste geschrieben haben?»

«Gar nicht. Ich habe mich gar nicht gefühlt. Herrje, muss man denn hier dauernd etwas fühlen? Kann man nicht auch einfach mal überhaupt gar nichts fühlen?»

«Das wäre schön», sagt Tanja leise und schaut apathisch aus dem Fenster.

«Gut, gehen wir einfach mal davon aus, dass Sie, wie Sie sagen, nichts gefühlt haben. Wie hat sich denn dieses Nichts angefühlt?»

Ich starre ihn an.

«Frau Schaumann, versuchen wir es anders: Welchen Punkt würden Sie denn als wichtigsten hervorheben?»

«Rotwein.»

Die anderen lachen. Florian ruft: «Oh ja, endlich mal wieder richtig saufen.»

Sofort bricht eine laute, wilde Diskussion darüber aus, welches Getränk am meisten vermisst wird. Schließlich einigt man sich auf Bier. Nur Marie schaut alle ungläubig an und sagt schließlich wütend: «Ich fasse das nicht. Jetzt reden wir hier über Saufen. Der Typ zu Hause kennt auch nix anderes. Können wir vielleicht mal über das eigentliche Thema reden?»

«Und das wäre?», fragt Simon.

«Na, die Liste!» Marie schüttelt verständnislos den Kopf.

In der Zwischenzeit haben sich tausend Liter Wut in meinem Bauch versammelt und schwappen in meinem Magen herum wie Galle, die sich gleich den Weg nach oben suchen wird. Meine Hände habe ich unter die Oberschenkel geschoben, und die Finger verkrampfen sich im Polster des Stuhls.

«Könnt ihr vielleicht alle mal die Schnauze halten?», ruft plötzlich eine Stimme laut, die sehr nach meiner eigenen klingt. Es wird sehr, sehr still im Raum.

«Frau Schaumann, wir haben alle größtes Verständnis dafür, dass Sie angespannt sind. Aber solche Ausdrücke dulde ich hier nicht. Sie können sich jetzt überlegen, ob Sie sich entschuldigen wollen und hierbleiben, oder ob Sie draußen darüber nachdenken, ob eine Entschuldigung nicht angebracht wäre.»

«Entschuldigung», sage ich und habe mit jeder Silbe mehr das Gefühl, nichts mehr unter Kontrolle zu haben. Mich nicht, den Teil meines Gehirns nicht, der dafür zuständig ist zu entscheiden, welche Informationen in Laute gewandelt werden und welche nicht.

«In Ordnung. Machen wir weiter. Und ich bitte Sie: Bleiben Sie konstruktiv, Herrschaften.» Weimers blickt mit ernster, strenger Miene in die Runde und runzelt die Stirn, während seine Worte nur wie Versuche und nicht wie Befehle klingen: hohl und ohne den Anschein zu erwecken, als seien sie dazu bestimmt, ihrer eigenen Wirkung zu entsprechen.

«Also, mir ist zum Beispiel wichtig, dass ich eine Perspektive habe. Und einen Beruf, der mir Spaß macht. Das sind so 'ne Sachen, die wichtig sind im Leben. Und das hab ich bei deiner Liste irgendwie vermisst, sorry», sagt Walter mit aufrichtigem Bedauern.

Ich nicke und suggeriere Verständnis, dabei ist mir Walter egal.

Sie sind mir alle egal. Ich will im Grunde nicht hören, was sie von meiner Liste halten. Ich will gar nicht wissen, welchem von ihnen dieser oder jener Aspekt des Lebens wichtig ist. In den letzten Wochen habe ich mich bis zur Unerträglichkeit zusammengerissen. Habe freundlich genickt, Zuspruch ausgesprochen und den Eindruck vermittelt, es interessiere mich, dass Florian sich eine liebevolle Familie wünscht, dass Nina endlich mal wieder lachen will, dass Tanja ihr Kind wiedersehen möchte und dass Simon glaubt, dass es nur eine einzige Person in seinem Leben gäbe, die ihn jemals aufrichtig geliebt habe: er selbst. Ich habe mir wirklich Mühe gegeben und ein perfektes Hologramm meiner selbst erschaffen, das Gefühle wie Ping-Pong-Bälle zwischen den anderen hin- und herwarf, ebenjene Gefühle, von denen ich annahm, dass sie in genau diesem Moment erwünscht seien.

«Jetzt mal im Ernst. Was soll das denn alles hier, Herr Weimers?», fragt Tanja plötzlich laut. «Wir lesen unsere Listen vor, wir sprechen über Schlagworte, die Synonyme sind für Dinge, die wir sowieso nicht erreichen. Und wenn wir sie erreichen, dann schützen sie nicht, sie warnen nicht, sie kümmern sich nicht. Wenn Walter nicht in den Knast geht, dann macht er eben einen Lagerjob oder so etwas. Und dann? Schützt der Job ihn davor, noch mal durchzuknallen? Wir sind doch alle nicht hier, weil etwas mit unserem Leben nicht stimmte, sondern mit uns!»

«Sie sehen das ein bisschen falsch herum, Tanja. Sie glauben, dass nur das Leben besser sein sollte, damit es *Ihnen* besser geht. Aber wer bestimmt denn das Leben, Ihr Leben, wie es ist?»

Fragen. Immer Fragen stellen, damit der Patient glaubt, selbst auf die Antwort gekommen zu sein. Immer Fragen stellen, Interaktivität fördern, Kommunikation zwischen allen ermöglichen, Austausch gestalten. Keine Monologe halten, sondern Dialoge erzeugen. Keine Vorgaben, sondern Empfehlungen. Keine Meinung, sondern Standpunkte haben. Nicht werten, sondern hinterfragen. Fragen, fragen, fragen.

«Ja, ja, ja. Bla bla bla. Wir gestalten unser Leben selbst, wir haben alles in der Hand, wir können entscheiden, in welche Richtung wir gehen. Herzlich willkommen beim kleinen Therapeuten-Einmaleins. 1. Lektion: Dem Patienten erzählen, es sei nicht das Leben, das Dreck auf ihn regnen lässt, sondern er selbst, der irgendwann irgendwie irgendwo irgendwas falsch gemacht hat», blafft Simon Herrn Weimers an.

«In welchem Punkt haben Sie eine solche Äußerung von mir verstanden?», fragt Weimers ruhig.

«In jedem Kommentar, den Sie in all den Stunden hier gemacht haben. Und in all dem Gelaber der anderen hier. Ständig dieselbe Leier. Wir sind für uns selbst verantwortlich, wenn wir etwas ändern, ändert sich auch der Rest. Bullshit. Es ändert sich gar nichts, nur weil sich jemand jetzt jeden Tag darüber freut, dass er ein scheiß Leben hat. Erzählen Sie das Ganze doch mal einem Obdachlosen. Sagen Sie dem, dass er das Gute in seinem Leben erkennen soll. Dass er sich selbst achten und lieben soll, während der da in seiner eigenen Kotze liegt. Wird dem sicher weiterhelfen.»

«Ich empfinde das als starke Verallgemeinerung.»

«Ich auch», pflichtet Florian Weimers bei. «Ich habe hier zum Beispiel ganz viele wichtige Dinge gelernt. Und dass ich auch ganz schön viel falsch gemacht habe.»

«Ja, super, Florian, das wiederholst du dann bitte noch mal, wenn dir dein Vater das nächste Mal die Fresse poliert hat», lacht Simon.

«Es reicht.» Walter erhebt sich und geht drohend einen Schritt auf Simon zu.

Herr Weimers erhebt sich ebenfalls und spricht ruhig, aber bestimmt auf Walter ein. «Setzen Sie sich wieder. Hier wird niemandem gedroht. Und Simon: Sie verlassen jetzt die Gruppe. Augenblicklich. Wir werden nachher darüber sprechen. Und jetzt: Raus.»

Simon beginnt zu lachen, erhebt sich dann von seinem Platz und geht an Walter vorbei. Er schaut ihm grinsend in die Augen und verlässt dann den Raum. Die Tür fällt mit einem Knall hinter ihm zu. Walter setzt sich wieder und atmet laut ein.

«Bitte lassen Sie uns fortfahren und versuchen Sie, den Vorfall zu vergessen. Lassen Sie uns konstruktiv bleiben und darüber sprechen, welche Strategien Sie für geeignet halten.»

«Ich möchte mich nicht in den gleichen Worten wie Simon ausdrücken, aber ehrlich gesagt ist mir auch schon aufgefallen, dass das hier manchmal ein ganz schönes Theater ist. Ich meine, das ist ja alles schön und tutti hier, aber mal ehrlich, Leute: Ich weiß immer noch nicht, was ich beim nächsten Mal machen soll, wenn's mir wieder so dreckig geht. Klar ist Familie wichtig und das alles, aber das ist doch alles nicht konkret hier», sagt Tanja und blickt uns fragend an.

Marie antwortet als Erste.

«Nee, is klar, dass das nich so konkret is. Is ja auch nich möglich, is ja bei jedem anders, oder?»

«Ja, aber was nützt es mir, wenn Ida ihre Liste vorliest? Was kann ich daraus lernen?»

«Vielleicht 'n paar Ideen kriegen, was dir guttun könnte?»

Tanja schweigt.

Ich bin mir nicht sicher, ob ihr Gin Tonic, meine Postkarte aus Florenz oder Schnee helfen könnten. Ich bin mir nicht einmal sicher, ob mir diese Dinge noch helfen können.

«Herr Weimers, ich möchte von Ihnen einmal konkret wissen: Was kann ich denn machen, wenn ich nicht mehr weiterweiß?», wendet sich Tanja jetzt direkt an Herrn Weimers.

Weimers streichelt seinen Bart, scheinbar abwesend. Dann sagt er: «Ich möchte es einmal allgemein ausdrücken. Sie können sich etwas Gutes antun. Sie können sich Hilfe suchen. Sie können sich zum Beispiel immer an uns wenden. Sie können zu einem Arzt gehen oder zu Ihrem Psychiater. Aber noch einmal an die Gruppe gefragt: Was sind denn gute Strategien, die man ganz persönlich für sich nutzen kann?» Er sieht auf die Uhr. In fünf Minuten ist die Gruppe vorbei.

«Ich glaube ja, dass man Arbeit braucht. Arbeit und Perspektiven, und man muss ehrlich zu sich selbst sein», sagt Walter.

«Freunde braucht man auch und dass sich jemand für einen interessiert, zum Beispiel die Familie», ergänzt Florian.

«Erfolg ist wichtig. Und Selbstvertrauen und dass man alles irgendwie unter Kontrolle kriegt», sagt Nina, die heute seltsam still ist.

Alle nicken sich gegenseitig zu.

«Und dass man aufeinander achtet. Hier ist das ja so. Ich habe hier zum ersten Mal das Gefühl, dass hier so Leute sind, mit denen ich klarkomme. Und die sich füreinander interessieren. Voll schön ist das.» Marie sieht ernsthaft begeistert aus. Sie strahlt Tanja an und tätschelt ihr Knie.

«Das sind zum Beispiel alles Dinge, die wichtig sein können im Leben, Tanja. Hier haben Sie auf jeden Fall Menschen, die sich um Sie kümmern und sich für Sie interessieren. Und darüber werden wir uns auch beim nächsten Mal unterhalten. Das Thema wird sein: Wie achte ich auf mich und auf andere? Einen schönen Tag Ihnen allen.»

Alle erheben sich und verlassen schweigend den Raum. Tanja geht als Erste und läuft schneller als die anderen. Niemand hat bemerkt, dass Andrea nicht in der Gruppe war.

Fünfundzwanzig

Die Tage vergehen im immer gleichen Rhythmus. Morgens aufstehen, Frühstück im Gruppenraum, Gruppen, Mittagessen, Gruppen, Abendessen, Schlaf. Fünf Tage die Woche, zwölf Stunden täglich. Dazwischen Gespräche, Einzeltherapie, die Imitation von Normalität in einem Raum der Abgeschiedenheit von allem, was ich bis dahin als normal empfunden hatte.

In der «Selbstfürsorgegruppe» bringen wir Dinge mit, die uns wichtig sind. Wir sollen an diesen Dingen riechen, lauschen, sie ertasten, fühlen, wahrnehmen. Wir sollen wieder lernen, etwas «bewusst wahrzunehmen», weil wir verlernt hätten, uns auf die Dinge zu konzentrieren, weil wir sie übergingen wie lästige Anhängsel unseres Alltags aus Sinnieren, Nachdenken und Sinnieren. Wir sollen lernen, bewusst zu atmen, bewusst zu fühlen, bewusst zu leben. Verstehen, dass es die Kleinigkeiten seien, die zu übersehen das «Große Ganze» zum Umstürzen gebracht hätten. Wir sollen wieder fühlen lernen und betrachten lernen, wir sollen wieder im Moment leben, auch wenn keiner so genau weiß, was das eigentlich bedeutet.

Wir lernen, in den Bauch zu atmen, Yoga zu machen, autogenes Training. Wir lernen, wieder auf uns selbst zu achten, im Kleinen und im Großen, bei der Arbeit und im Bett. Wir lernen, Grenzen zu setzen, Nein zu sagen, wir lernen, Ja zu Gefühlen zu sagen und uns selbst so gernzuhaben, als wären wir das Wichtigste auf der Welt. Wir lernen, dass wir genau das sein sollen: das Wichtigste auf der Welt. Wir lernen, die Welt zu lieben, die Tiere, die Pflanzen, den Kosmos.

Ich sitze in den Gruppen und rieche an meinem Notizbuch. Ich lausche, ob mein Notizbuch mir etwas zu sagen hat. Es schweigt und riecht nach Notizbuch und Rauch. Ich fühle mein Notizbuch, ich ertaste mein Notizbuch, ich atme dabei in den Bauch. Nach diesen Gruppen möchte ich das Notizbuch für lange Zeit nicht mehr anfassen.

Frau Wängler bestätigt Fortschritte, die sich darauf beziehen, dass ich weiterhin alle Sätze mit «ich fühle», «ich empfinde», «ich habe das Gefühl, dass» beginne und dabei darauf achte, Gefühle nicht mit Wertungen zu verwechseln, Meinungen nicht mit Verurteilungen. Immer mehr habe ich das Gefühl, mich nicht leer zu fühlen, sondern übervoll, so übervoll an auswendig gelernten Sätzen, Phrasen und Gefühlen, dass ich darunter verschwinde. Ich fühle mich nicht geheilt, sondern verzogen, nicht therapiert, sondern terrorisiert von den immer gleichen Aufforderungen, mich zu achten, mich zu lieben, andere zu lieben. Trotz oder gerade wegen der Anwesenheit von Emotionen, die meinen meistens entgegengesetzt sind.

Ich bin nie allein. Isabell verbringt die meiste Zeit in unserem Zimmer, lesend und schreibend und Gespräche suchend, die ich immer öfter versuche zu umgehen. Ich will nicht mehr reden, ich will nicht mehr sprechen, ich will nicht über Gefühle, nicht über Befindlichkeiten, nicht über Vergangenes reden. Ich will unter meinem Bett verschwinden, zwischen den Monstern liegen und meinen Kopf rhythmisch auf den Boden hämmern, damit das Geräusch die Gedanken übertönt. Ich will Ruhe.

Je kälter es draußen wird, desto mehr verschwinden wir in dem Käfig, der jetzt zu Hause ist. In die Zimmer, in die Betten, in unsere Köpfe aus Watte und Knallpapier.

Der Gruppenraum füllt sich mit Herbst- und Winterdeko,

die die anderen in der Ergotherapie gebastelt haben, ein weiterer Versuch, die Patienten wieder an die Anwesenheit der eigenen Hände zu gewöhnen und dass man damit etwas anderes anstellen kann, als sich Tränen wegzuwischen, Taschentücher zu suchen und Zigaretten zu halten. Eine Beschäftigungstherapie, die Beschäftigung lehren soll, die Beschäftigung mit sich und gegen die Langeweile, diese zornige, träge Langeweile, die uns überfällt in jenen Momenten, in denen im Inneren Disco und Destruktivität herrscht.

Richard bastelt unermüdlich Sterne, die er im Flur und in den Gruppenräumen verteilt, verschenkt, an die Fenster klebt oder einfach wieder wegschmeißt, wenn sie ihm nicht perfekt genug sind. Simon, Isabell und ich sind die Einzigen, die sich weigern, an der Ergotherapie teilzunehmen, und daher in dieser Zeit unsere Einzeltherapiestunden haben. Und während die anderen mit Pappmachégebilden, Sternen und Aquarellbildern aus dem Keller, in dem der Ergotherapieraum liegt, wieder auf die Station stolpern, fallen wir aus den Räumen unserer Therapeuten wieder nach draußen, in dieses Draußen, das immerzu Drinnen ist.

Immer seltener gehe ich in den Park oder laufe über das Gelände, und immer mehr gewöhne ich mich an die Welt, die immer beheizt und belichtet ist, deren Flure und Gruppenräume zu draußen und deren Zimmer zu drinnen werden. Im Grunde müsste niemand die Station jemals verlassen, denn es gibt pünktlich Essen, pünktlich Medikamente und immer irgendjemanden, der gerade Kaffee gekocht hat. Hinter den Fenstern sehen wir dem Winter zu, wie er um die Häuserecken schleicht und Frost und kahle Bäume mitbringt, während wir drinnen die Luft anhalten und versuchen, nicht daran zu denken, dass wir irgendwann wieder in den Schnee stapfen müssen, aus dem wir gekommen sind.

Steigen

Drüberleben

Ein Mensch ist bei seiner Geburt kein weißes Blatt Papier. Wir haben bereits ein Geschlecht, haben Gene und Informationen in uns, die schon ihre Wirkung entfalten, noch bevor wir den ersten Schrei von uns geben. Wir haben einen Charakter, wir sind gesund oder krank, wir haben Veranlagungen. All diese Dinge stehen schon auf dem Papier, das wir bis zum Ende unseres Lebens beschreiben werden. Vielleicht *sind* diese Dinge auch das Papier, und wir werden im Laufe der Jahre nur noch den Stift wählen müssen, mit dem wir das Leben auf uns schreiben lassen.

Die Sprache ist mein einziges Instrument, um aus den vagen Bildern und Eindrücken, die ich Erinnerung nenne, eine Geschichte zu formulieren, sie chronologisch zu ordnen, Teile aus ihr herauszunehmen, sie neu zu gestalten. Sprache und Worte sind die Teller, auf die ich meine Eindrücke anordnen kann, um sie einem Außen verständlich zu machen. Erst durch sie kann ich – auf zahlreiche Weisen – meinen Erinnerungen, meiner Biographie Ausdruck verleihen.

Was bleibt, ist die Frage nach den Zwangsläufigkeiten. Existieren sie überhaupt, die Zwangsläufigkeiten, die auch als «Schicksal» bezeichnet werden? Gab es keinen anderen Weg, keine anderen Möglichkeiten für Ida Schaumann, als zu diesem Zeitpunkt ihres Lebens in einer Psychiatrie zu sein? Hätte ich nicht auch eine Ausbildung machen, einen Mann heiraten und in einem kleinen Dorf leben können – glücklich und entspannt? Waren mir diese Möglichkeiten schon immer verwehrt geblieben, weil sich deterministisch alles in die Diktatur meiner Gene, meiner ersten Erfahrungen und der Umstände fügen *musste*?

Simon war zwischen Fliesentisch und Hass aufgewachsen. Die Person, die er Vater nannte, war in einem Rhythmus von zwei Jahren von seiner Mutter ausgetauscht worden. Irgendwann war «Vater» einfach der Mann, dessen Bartstoppeln gerade im Waschbecken lagen. Und irgendwann kam einer, der zuschlug, wenn ihm etwas nicht gefiel. Und es hatten ihm viele Dinge nicht gefallen. Am wenigsten Simons Anwesenheit, und so war der letzte «Vater» jener, der auch in Simons Träumen auftauchte. Ein großer Mann, einem Tier ähnlich, der immer das gleiche Holzfällerhemd zu tragen schien und sich, bevor er Simon mit dem Gürtel, einer Bierflasche oder einem anderen sich gerade in der Nähe befindlichen Gegenstand «erzog», nachdenklich an seinem ungepflegten Vollbart kratzte – gerade so, als müsse er sich die kurz darauf folgende Handlung genau überlegen (was er niemals tat).

Simon war irgendwann geflohen, in eine andere Stadt, in ein anderes Leben. Was er mitgenommen hatte, waren die Erinnerungen, seine Biographie, und die Überzeugung, dass er, um nur die geringste Chance auf ein Leben außerhalb von Schlägen und vom Verharren in Verstecken zu haben, sich klüger, schneller und geschickter tarnen musste, als er es als Kind gekonnt hatte. Und er wählte ein kompliziertes Konstrukt aus Lügen und Ausflüchten, als Tarnung und als Höhle, in der ihn niemand fand – ohne sich darüber bewusst zu sein, dass er sich nur erneut versteckte und in einen weiteren, nicht enden wollenden Kampf verstrickt hatte, dessen Befehlshaber kein Fremder mehr, sondern er selbst geworden war.

Wäre Simon auch unter anderen Umständen ein Lügner geworden? Ein Mensch, der gelernt hatte, sich zu schützen, indem er alleine blieb, indem er log und sich verkroch?

Simon war es gewesen, der dem Oberarzt von Weimers' angeblich «grenzüberschreitendem Verhalten» berichtet hatte. Und er war es gewesen, der sich danach eine Zigarette anzündete und darüber nachdachte, auf welche Weise er sich noch an Weimers rächen könnte. An Weimers und seinem Bart. An Weimers und seinen Hemden. An Weimers und dem ganzen verdammten Zufall seiner Ähnlichkeit mit dem Menschen, den Simon niemals wiedersehen wollte.

Wäre Isabell ohne den Schmerz des Erlebnisses, das ihr widerfahren war, zu einem Menschen geworden, der schwankte zwischen dem Bedürfnis nach extremer Nähe und der Angst vor ebenjener? Wäre Isabell auch ohne die Erziehung ihrer Eltern, ohne die Schwierigkeit einer fehlenden Balance zwischen Vater und Mutter, zu dem Mädchen geworden, das sie heute ist? Hätte sie sich auch als Tochter ganz anderer Eltern in der Psychiatrie H. wiedergefunden, ein Mensch in all seinen Einzelteilen, nur noch zusammengehalten durch einen Klebstoff, den sie «Kunst» nannte und der im Grunde nichts anderes war als ein Bild von sich selbst, das noch in seiner Gänze bestand, während Isabell eigentlich längst in Trümmern lag?

Isabell hatte sich entschlossen, mich zu warnen. Hatte mir von Simons Lügen erzählt und ihrer Angst vor genau diesen. Von der Angst, ihm zu nahe zu kommen, weil sie in ihm erkannte, was sie schon einmal in ihrem Leben zu genau kennengelernt hatte: die Macht eines Menschen, der strategisch log und dessen Willkür sie sich ausgeliefert fühlte. Simon hatte etwas in ihr reaktiviert, eine Erinnerung, ein Gefühl, das vorher vergessen gewesen zu sein schien und mit dem Gesicht dieses Jungen nun wiederaufgetaucht war. Hätte sie sich auch ohne ihre Erinnerungen, ohne ihre Erlebnisse am Ende dafür entschieden, mich zu warnen? Hätte sie Simon überhaupt *erkannt?*

Und Isabell hatte sich zu einem weiteren Schritt entschieden: Sie hatte um eine Verlängerung ihres Aufenthalts gebeten und sich im Verlauf dieses Gesprächs schließlich ihrer Therapeutin offenbart. Warum Isabell am Ende erst so spät von jenen Ereignissen ihrer Jugend gesprochen hatte, die sie am Ende fast zerbrochen hatten, hat sie mir nie erzählt. Vielleicht hatte es mehr mit dem Bild zu tun, das sie von sich hatte, als mit den Bildern, die sie malte.

Das volle Ausmaß ihres Leidens war nun endlich zu etwas geworden, das die Therapeuten und den Oberarzt bewogen, Isabell die Zeit zu geben, die sie wirklich benötigte. Sie blieb in unserem Zimmer, und mit ihr blieb etwas anderes, das ich erst ein wenig später begriff: die Frage nach dem Wert von Erinnerungen, wenn sie am Ende nur das sind, was wir von ihnen (vor uns und vor den anderen) preisgeben wollen.

Simon verließ einige Tage später die Klinik und hinterließ ebenfalls eine Frage, die sich vielleicht als Antwort geeignet hätte, wäre sie nicht so codiert gewesen, dass ich sie ebenso erst später als solche begriff: Sind unsere Erinnerungen und der Umgang mit ihnen nicht sogar *ausschließlich* das, was uns am Ende zu den Menschen macht, die wir sind?

Gerne wird als Entschuldigung für unangebrachtes Verhalten die Veranlagung benutzt, für den Bruch mit dem, was gemeinhin als «Anstand» und «gutes Benehmen» bezeichnet wird. Aber immer mehr gelange ich zu der Überzeugung, dass es am Ende nicht die Gene sind, nicht die biochemischen Prozesse, nicht die Hormone und nicht die Enzyme, sondern dass es unsere Erlebnisse und Erinnerungen sind, die aus alldem das formen, was am Ende Ida Schaumann ausmacht: die Erinnerungen, die dazu führen, dass ich spreche, wie ich spreche, dass ich fühle, wie ich fühle, dass ich Angst habe, wenn es eigentlich nicht angebracht wäre.

Meine Biographie ist das Ich, das gleichzeitig jene formuliert, in jedem Augenblick meines Lebens, in jeder Sekunde meines Bewusstseins. Und ich kann nichts anderes tun, als dafür zu sorgen, dass ich mich genug anstrenge, die Erinnerungen in eine Folge zu bringen, die sie mich besser verstehen lässt, die mir bewusst werden lässt, warum ich handle, wie ich handle, warum ich denke, wie ich denke.

Ich muss an den Ort zurück, an dem alles begann. Ich muss wissen, warum ich zu dem Menschen geworden bin, den ich jeden Tag anziehe, lernen lasse, leben lasse. Ich muss nach Hause.

Sechsundzwanzig

Der Zug geht um 16:43 Uhr, die Augenringe gehen bis zu den Mundwinkeln. Es wird schon gut gehen, es wird schon klappen. In der Nacht zuvor habe ich kaum geschlafen – Isabell hatte sich unruhig in ihrem Bett hin und her gewälzt. Erst in den frühen Morgenstunden war ich in einen traumgetränkten Schlaf gefallen, der wenig erholsam gewesen war.

Heute ist der Tag, an dem ich zum ersten Mal die Klinik für eine Übernachtung auswärts verlassen darf, und Frau Wängler hat beschlossen, dass es an der Zeit sei, sich dem zu stellen, das mich am meisten ängstigt: der Fahrt zu meinen Eltern, zurück in die Kleinstadt, zu den Bushaltestellen und Gesichtern, die ich so sehr vergessen wollte wie den Gedanken daran, dass es unausweichlich war, sich ihnen – irgendwann – zu stellen.

Ich hatte Peer und Sebastian angerufen und ihnen mitgeteilt, dass ich zurückkäme, nein, bloß für eine Nacht, ja, man müsste sich treffen, ja, wie schön das wäre, wir sehen uns auf jeden Fall und bis dann, hach, wie früher, Ida, das wird toll. Ich log bei jedem Satz, bei jedem Wort, und das beklemmende Gefühl im Magen, das mir signalisierte, dass es keineswegs Vorfreude war oder ein Vermissen, das mich antrieb, sondern bloßer, stechender Zwang, bohrte sich in jede Halbwahrheit.

Auf dem Bahnsteig steht eine unüberschaubar große Menge Menschen, die teilweise nur eine Tasche oder einen kleinen Rucksack bei sich haben, und ich kann nicht umhin, daran zu denken, dass diese Frauen und Männer vermutlich Pendler sind und beinahe täglich in die Stadt fahren, in die wiederzukehren mir wie eine Weltreise erscheint.

Endlich fährt der Zug ein, und ich setze mich an einen Platz am Fenster, während sich ein älterer Herr zunächst an der schmalen Gepäckablage zu schaffen macht, um sich schließlich auf den Sitz neben mir fallen zu lassen.

Er faltet eine Zeitung auseinander und beginnt noch vor Abfahrt der Bahn zu lesen, seufzt ab und an, schiebt seine Brille wieder die lange Nase hinauf und schweigt zu meinem Glück zunächst.

Die Fahrt dauert dreiundfünfzig Minuten, die sich qualvoll lang hinziehen. Der Geruch von Seife und altem Leder strömt zu mir herüber, der alte Mann wechselt mehrfach seine Sitzposition, scheinbar auf der Suche nach einer Lösung, deren Problem beinahe unlösbar ist: Das bequeme Sitzen in Regionalzügen ist eine Aufgabe, die wohl noch niemand adäquat zu lösen wusste.

Schließlich stöhnt er auf und reibt sich den Rücken: «Sehr unbequem, diese Sitze, nicht wahr?»

Ich nicke.

«Ich reise eigentlich nicht sehr häufig, aber jedes Mal staune ich erneut über die Härte der Sitzgelegenheiten.»

«Vielleicht sollten Sie noch seltener reisen», versuche ich einen Scherz, und er lächelt milde und antwortet: «Das kann man sich ja nicht immer aussuchen, nicht wahr, Fräulein? Aber Sie reisen bestimmt sehr häufig, nicht, da gewöhnt man sich an alles, da macht einem das nicht mehr so viel aus.»

«Ich reise eigentlich kaum», gebe ich karg von mir.

«Wie schade, in Ihrem Alter hätte ich gerne solche Möglichkeiten gehabt, heutzutage kann man ja fast überall mit dem Zug hin», spricht er ungerührt weiter. «Sagen Sie, Fräulein, und entschuldigen Sie, wenn diese Frage zu weit führt, aber: Wohin reisen Sie denn?»

«Ich besuche Freunde aus der Schulzeit.»

«Ach, wie schön, das sind doch immer recht schöne Anlässe, solche Wiedersehen, das hat sich in meinem Alter ja fast erübrigt, da sterben sie alle schon, nicht, da kann jeder froh sein, wenn er noch ein, zwei Freunde hat, die leben.»

Ein, zwei Freunde, die leben. Ich habe überhaupt nur ein, zwei Freunde. Und selbst die stammen aus einer Freundschaft, die lange vergangen ist und die nur noch aus den Erinnerungen an sich selbst besteht.

«Wissen Sie», fährt er fort, «Freunde sind ein kostbares Gut, das muss man behüten wie einen Schatz – damit sie bleiben.»

Am Fenster rauschen Wälder und Wiesen, Felder und kleine Dörfer vorüber. Es ist kalt im Zug, die Klimaanlage läuft auf Hochtouren. Wie lange bin ich nicht mehr in diese Stadt gefahren, in diese Stadt mit ihren sechstausend Einwohnern – gerade genug, nicht Dorf genannt zu werden. Diese Stadt, in der ich die ersten zwanzig Jahre meines Lebens verbracht hatte, um sie dann mit einem Rucksack und allem Erspartem, das ich auf dem Konto vorfand, zu verlassen.

Meine wenigen Besuche glichen eher einem Verstecken, bei dem es einzig darum ging, meinen Eltern zu beweisen, dass ich lebte, um gleich am nächsten Tag wieder zu verschwinden. Nie hatte ich mich mit Freunden, mit alten Bekannten getroffen, nicht einmal mit Peer oder Sebastian.

Doch jetzt ist es an der Zeit aufzuräumen, es ist an der Zeit, mich an diesen Ort zurückzubegeben, der mich ebenso gemieden hat wie ich ihn. Ich bin des Davonlaufens müde und überdrüssig, habe mir eine Kampfmontur aus Jahren des Abstands und des Reifens angezogen und bin bereit, mich dieser Schlacht zu stellen – auch wenn ich keine Ahnung habe, wer eigentlich auf der anderen Seite des Schlachtfeldes steht.

Am Bahnsteig erwarten mich meine beiden Brüder, die beide noch oder wieder in der Stadt wohnten. Der eine hatte eine Lehre bei einem Tischlermeister angefangen, der andere sein Studium abgebrochen und war zurückgekehrt. Sie nehmen mein Gepäck und verstauen es im Kofferraum, um mich sodann mit Fragen zu drangsalieren, deren Banalität in beängstigendem Widerspruch zu dem Gefühl des Erstickens steht, das sich in meiner Kehle breitmacht. Wie es mir gehe. Sie hätten ja gehört, dass. Schon wieder, Ida, echt schon wieder. Und was ist mit dem Studium. Und was passiert danach. Und weißt du eigentlich, dass.

Wir fahren eine Viertelstunde, bis wir das Haus unserer Eltern erreichen, das am Rand der Stadt liegt. Mein Vater kommt schon aus der Tür heraus, bevor ich die Tasche aus dem Kofferraum ziehen kann, und begrüßt mich herzlich. Mutter habe gekocht.

Nach dem Essen gehe ich zwei Treppen hinauf, um in mein altes Zimmer zu gelangen. Es liegt im ersten Stock des Hauses, zur Straße hinaus gelegen. Die Tür ist verschlossen, und einen Augenblick erstarre ich vor ihr in dem Versuch, mich darauf vorzubereiten, dieses Zimmer zu betreten, dieses Zimmer, das mich jedes Mal erneut mit einem Schwall von Erinnerungen teert und mit einem Schmerz im Magen federt, der kaum auszuhalten ist. Endlich drücke ich die Türklinke hinunter und sehe als Erstes: Es hat sich noch immer nichts verändert. Die Gardinen sind noch die gleichen, die ich auch schon als Kind zur Seite schob, um den Nachbarskindern auf der Straße bei ihren Spielen zuzusehen. Der alte Teppich auf den Dielen ist von all meinen rastlosen Gängen ausgeblichen und verfranst, das Bett steht noch immer in der linken Ecke am Fenster. Der alte Eichenschrank mit der Kleidung, die ich damals zurückließ, dient meiner Mutter nun als Abstellmöglichkeit für ihr Näh- und Strickzeug, und auf der Fensterbank steht ein Strauß Blumen, den sie für mich dorthin gestellt hat. Ich gehe ein paar vorsichtige Schritte in den Raum hinein und versuche, mich an das Gefühl zu gewöhnen, wieder an diesem Ort zu sein.

Ich setze mich auf das quietschende Bett und muss lächeln bei dem Gedanken, dass dieser Ort so wenig mit dem Ort zu tun hat, an dem ich nun meine Zeit verbringe, jedoch ausgerechnet das Quietschen des Bettes eine Art zartes Heimweh nach der Klinik hervorruft. Die Matratze gibt meinem Körpergewicht so sehr nach, dass ihr Alter unbestreitbar ist, und auch die vergilbten Bilder an den Wänden sind Zeitzeugen eines Prozesses, der nun vier Jahre gedauert hat. Und plötzlich kommen mir die Tränen, und ich liege leise schluchzend auf diesem Bett, das mich so viele Jahre getragen hat.

Gehofft hatte ich, so sehr gehofft, nie wieder hierherzukommen aus einer Klinik, die anrufen würde, wenn ich nicht am nächsten Tag zur vereinbarten Zeit zurückkehrte. Gehofft hatte ich, dass ich nie wieder Tabletten nehmen müsste, dass ich nie wieder an dem Galgen meiner Ängste hängen würde und nie wieder darüber sprechen müsste, warum und warum und warum. Gehofft hatte ich, dass ich erzählen könnte, wie gut das Studium, wie schön die Stadt, wie nett die Freunde waren. Gehofft hatte ich, dass ich etwas vorzuweisen, etwas mitzubringen, etwas darzulegen hatte. Gehofft hatte ich auf Geschichten und Erlebnisse, die von einer Ida erzählten, die heimkehrte und beeindruckte, die gerade stand und frei atmete. Stattdessen kam ich immer wieder zurück in dem Wissen darüber, dass sich zwar mein Alter, jedoch die Umstände kaum geändert hatten. Zurück kam ich jedes Mal, wenn ich in einer neuen Klinik, in einem neuen Funkloch des Verstandes versackt war und nicht mehr weiterwusste. Zurück kam ich, wenn ich am Arsch war. Und ich weinte.

Erst zum Abendessen verlasse ich das Zimmer, um anschließend mein altes Fahrrad aufzuschließen, und fahre zu dem vereinbarten Treffpunkt, an dem mich Peer und Sebastian abholen wollen. Ich fahre vorbei an den Häusern der Nachbarn, die damals die Eltern der Kinder waren, die lieber nicht mit Ida spielen wollten. Vorbei an diesen Häusern, in denen mittlerweile alte Menschen wohnen, die mein Gesicht nicht mehr erkennen würden als das des Schaumann-Kindes. Ich fahre vorbei an der Spelunke, die uns, ohne unseren Ausweis sehen zu wollen, Alkohol ausschenkte und in der die Väter der Kinder saßen, über die man tuschelte.

Auch Julias Vater saß dort. Während sich seine Besuche vor ihrem Tod auf die Treffen mit seinem Schützenverein beschränkten, saß er nach ihrer Beerdigung immer häufiger an dem Tresen, der nie richtig gereinigt zu werden schien, um am Ende täglich dort ab mittags zu sitzen, zu trinken, zu rauchen und zu weinen, ohne jemals eine Träne zu vergießen.

Über ihn wurde nicht gesprochen. Über ihn nicht und über den «Unfall» auch nicht. Alle wussten, dass Julia sich das Leben genommen hatte, dass es kein Unfall, kein Schicksalsschlag, keine Krankheit gewesen war. Aber ihre Eltern hatten es immer nur den «Unfall» genannt. Und so hatte irgendwann jeder irgendwie daran geglaubt. Ohnehin: Was hätte es auch genützt, die Wahrheit auszusprechen? Ein Kind war tot. Nur das zählte am Ende.

Peer und Sebastian sind pünktlich und älter geworden. Sie tragen beide einen braunen Bart und Kleidung, die nicht ganz in diese Kleinstadt zu passen scheint. Peer ist außerdem unnatürlich braun für diese Jahreszeit und trägt nur eine dünne Jacke. Im Urlaub sei er gewesen, «war schön», sagt er. Sebastian ist noch stiller als damals und ringt sich gerade so zu einer Umarmung durch. Wir beschließen, uns in eine neu eröffnete Bar zu setzen, die der aktuelle Treffpunkt der Jugend in R. sein soll – behauptet Peer.

Mir ist egal, aus welcher Bar, aus welcher Flasche der Alkohol kommt, in dem ich die Überforderung, die den überbordenden Sinneseindrücken geschuldet ist, ertränken kann.

Wir setzen uns an einen Tisch und schweigen verlegen. Sie sind älter geworden, ja, älter, und trotzdem ist in ihren Gesichtern der gleiche Ausdruck geblieben, den sie auch schon trugen, als sie mich und meinen Rucksack damals zum Bahnhof gebracht hatten. Sie sind noch keine Männer, auch wenn ihre Stimmen so klingen, aber sie sind auch nicht mehr die beiden Jungen, die ich nie als Partner in Betracht gezogen hatte – zu nah waren wir uns gewesen, zu sehr hatten wir die Freundschaft der anderen gebraucht, als dass wir jemals auch nur in die Versuchung eines Kusses geraten wären.

«Also», beginnt Peer als Erster, «wie geht's dir so, Ida?»

«Gut», antworte ich knapp.

«Na, komm, ein bisschen mehr haste ja wohl zu erzählen! Was macht das Leben, die Liebe, das Studium, wie ist es so in H.?»

«Ich bin in der Klapse», sage ich, um das gleich mal klarzustellen. Peer lacht, und Sebastian schaut traurig. Wie unterschiedlich diese beiden Menschen sind. Wie unterschiedlich wir alle immer gewesen sind. Was hatte uns verbunden? Schlichte Rettungsboottaktik: Wir hatten alle niemanden, also hatten wir uns?

«Mal wieder, ja?», lacht Peer.

«Ja, aber dieses Mal ist es das letzte Mal. Dieses Mal ist es anders.»

«Du klingst wie ein Junkie, der seinen zehnten Entzug macht», stellt Sebastian fest.

«Nein, ich meine: Dieses Mal will ich ...»

Die Bedienung bringt die Getränke, und wir schweigen, bis sie wieder gegangen ist.

«Jedenfalls: Es ist das letzte Mal. Ich habe das Gefühl, endlich zu wissen, warum es mir so schlecht geht.»

«Immer noch wegen Julia, oder was?»

«Ja. Und nein. Nicht nur.»

«Mann, Ida, sie hat sich umgebracht. Da kann doch keiner was dafür. Ist halt ihre Entscheidung gewesen. Komm mal drüber hinweg. Das ist fast zehn Jahre her. Wie lange willst du denn noch den sterbenden Schwan geben?»

Ich werfe einen verunsicherten Blick zu Sebastian, der in sein Bier starrt.

«Im Ernst jetzt: Hängst du der Sache immer noch nach?», fragt Peer weiter.

«Ja, Peer, ich hänge der Sache nach. Und einigen anderen Sachen auch.»

«Du warst immer schon so. So nachdenklich und komisch. Hast dich immer zurückgezogen, wenn's mal lustig wurde. Auch schon vorher. Das war nicht erst nach Julia», sagt Sebastian leise.

«Bitte?»

«Ach komm, Mädchen», fährt Peer dazwischen, «du weißt doch, wie dich alle immer genannt haben!»

Gerade, als ich antworten will, nehmen drei laut redende Mädchen am Nebentisch Platz. Peer und Sebastian grüßen sie und wechseln ein paar Worte, bis sich Peer zu mir dreht und laut verkündet: «Das ist Ida, erkennt ihr sie noch?»

Die Gesichter der Mädchen erstarren, um gleich danach in ein süffisantes Grinsen zu verfallen. «Guck an», sagt die Braunhaarige, in der ich Carmen wiedererkenne, «die Ida Schaumann. Sieht man dich auch mal wieder hier?»

Die beiden anderen Mädchen beginnen zu tuscheln, und Carmen stützt sich mit den Händen auf Sebastians Stuhllehne ab und beugt sich herüber. Sebastian rückt verschüchtert näher an den Tisch, während Carmen weiterspricht. «Na, was macht denn die Welt da draußen so?»

«Sie dreht sich.»

«Soso. Und, wie läuft es mit dem Studium, man hört ja so gar nichts von dir.»

«Ich wusste ja gar nicht, dass Interesse an einem näheren Kontakt besteht, aber wenn du willst, können wir total gerne Telefonnummern austauschen, Carmen, und uns immer gegenseitig anrufen, das wäre doch toll, oder?»

Sie schüttelt den Kopf. «Genauso wie früher.» Dann wendet sie sich an Peer: «Viel Spaß noch mit der Verrückten», und dreht sich zu den Mädchen, die in Gelächter ausbrechen.

«War das nötig?», zischt Peer mir zu.

«Was denn?», zische ich zurück.

«Sie hat doch nur gefragt, wie es dir geht, und du musst gleich so ein Theater machen.»

«Ich glaube, ich gehe jetzt besser», sage ich und spüre, wie

Galle mir den Hals hinaufkriecht. Ich lege drei Euro auf den Tisch, an dem Sebastian mit versteinerter Miene und Peer mit einem genervten Seufzen sitzt, die Arme verschränkt.

«Schade, Ida, wirklich schade. Es hätte ja auch mal schön sein können.»

«Und dass es nicht so war, war bestimmt meine Schuld, oder?», frage ich aggressiv.

«Vielleicht hattest du deinen Spitznamen ja doch zu Recht!»

«Welchen Spitznamen?»

«Klapsen-Ida», stößt Peer angriffslustig hervor.

Ich erstarre.

«Sag das noch mal.»

«Klapsen-Ida. So haben sie dich genannt.»

Sebastian macht Anstalten aufzustehen, aber Peer hält ihn zurück. Am Nebentisch ist es still geworden, und die drei Mädchen schauen sich belustigt unsere Auseinandersetzung an, in den Gesichtern den Genuss des Betrachtens eines Arenakampfes. Sie wollen jetzt Blut sehen, und sie haben lange darauf gewartet.

Ich fange Carmens Blick auf, und plötzlich kann ich nicht mehr an mich halten. Ich stürme an unserem Tisch vorbei direkt auf sie zu.

«Du», sage ich, «du hast dir das ausgedacht.»

Sie lacht. «Und wenn schon, Ida. Offensichtlich empfanden es ja alle als ganz passend. Und jetzt krieg dich mal wieder ein.»

«Du hast dir diese ganze elendige Scheiße ausgedacht.»

«Und? Hat es nicht gestimmt?»

«Weißt du, wie sich das angefühlt hat, du widerlicher Mensch? Weißt du, wie das war mitzubekommen, dass alle über dich gesprochen haben? Dass keiner dich je zu irgendetwas einladen wollte? Dass sich auf Stufenfahrten im Bus keiner neben dich gesetzt hat? Dass du noch nicht einmal um deine beste Freundin trauern konntest, weil alle nur darüber geredet haben, ob du wohl die Nächste bist? Kriegst du das in deinen Kopf?», schreie ich, völlig außer Kontrolle.

«Beruhig dich mal», sagt Carmen, einen Anflug von Verunsicherung im Gesicht.

«Ich beruhige mich überhaupt nicht mehr. Ihr alle», ich zeige theatralisch auf die Mädchen, «habt mir das Leben zur Hölle gemacht, weil ihr es nicht ertragen konntet, dass jemand anders war als ihr. Dass jemand keine Lust auf euren ganzen Kindergarten hatte. Na und? Ich war trotzdem kein schlechter Mensch, kein ekeliges Wesen, das man irgendwie verstecken musste. Aber ihr habt mir das eingeredet! Ihr habt so ein Wesen aus mir gemacht!»

Carmen lacht und wirft die Haare in den Nacken.

«Meine Güte, Ida, mach mal eine Therapie. Oh, Moment. Die machst du ja schon seit Jahren.»

Ich ohrfeige sie. Ich schlage so heftig zu, dass ihr Kopf eine unnatürliche Drehung macht und sie nach hinten fällt, mit den Armen nach Halt suchend. Sie fällt zwischen die Stühle am Tisch der Mädchen mit einem Schrei auf den Boden.

Es ist plötzlich sehr, sehr still in der Bar. Bevor ich begreifen kann, was passiert ist, was ich gerade getan habe, breche ich in ein hysterisches Lachen aus, während Sebastian mich am Arm packt und nach draußen zieht. Der Wirt, der herbeieilt, wird von ihm im Gehen beschwichtigt, «Ja, ja, alles unter Kontrolle, ich bringe sie weg hier, nein, keine Polizei nötig, bitte, keine Polizei», und er zerrt mich nach draußen vor das Lokal und über den Platz, vorbei an meinem Fahrrad, an den dunklen Fenstern der Häuser, bis zu meiner Haustür.

Auf dem ganzen Weg lache ich weiter, nur unterbrochen von ein paar kläglichen Schluchzern, bis mir wieder einfällt, was ich getan habe, und das Lachen von vorne beginnt.

Sebastian drückt mich auf die Stufen unseres Hauses und setzt sich erschöpft neben mich. Er lässt seinen Kopf auf die Knie fallen und seufzt.

«Ach Ida», sagt er. «Ach Ida.»

Ich beruhige mich langsam.

«Peer hätte dir das nicht sagen sollen.»

«Doch. Und zwar schon viel früher. Und du auch. Ihr hättet es mir damals sagen müssen.»

«Aber was zum Teufel ist denn mit dir los? Immer bist du so wütend. Warst du damals auch schon. Was macht dich denn ständig so sauer?» Er wirkt verzweifelt.

«Alles. Am meisten, dass ich nie das Gefühl hatte, mal irgendwo dazuzugehören. Dass ich nie das Gefühl hatte, ein richtiges Zuhause bei jemandem zu haben. Dass ich mich nicht schützen konnte und nicht beschützt wurde. Dass sich keiner vor mich gestellt hat und den anderen gesagt hat, sie sollen aufhören, so mit mir umzugehen.»

«Aber wir waren doch da.»

«Julia war da. Ihr wart auf Partys und habt immer bloß wiederholt, dass ich das alles nicht so persönlich nehmen soll. Und als Julia tot war, hatte ich niemanden mehr.»

Tränen tropfen auf den Steinfußboden und machen winzige Geräusche bei ihrem Aufprall, die kaum zu hören sind.

«Ich weiß nicht», sagt Sebastian unsicher, «war das alles etwa unsere Schuld? Willst du das sagen?»

«Nein. Nein. Ich weiß nicht, wessen Schuld das war. Ist im Grunde ja auch egal. Ich muss endlich aufhören, jemandem die Schuld geben zu wollen. Egal, für was.»

«Ida, du bist jetzt vierundzwanzig. Vielleicht solltest du langsam lernen, dass diese Dinge vorbei sind. Dass das alles alte Geschichten sind. Die Mädchen von vorhin sind doch alle nie hier rausgekommen. Sitzen immer noch in den gleichen Cafés wie früher und stöhnen über ihre Jobs. Du kannst nicht dein halbes Leben damit verbringen, auf Dinge wütend zu sein, die nicht mehr existieren. Du hast mit dem Leben dieser Mädchen nichts mehr zu tun. Und sie nichts mit deinem. Das sind alles Geschichten und Stimmen, die nur in deinem Kopf existieren. Das ist aber alles vorbei. Es ist vorbei.»

Er lehnt sich zu mir herüber, lehnt sich ganz nah an mein Gesicht und senkt dann seinen Kopf, küsst meine Hand. «Ich hoffe, die tut nicht mehr weh. War 'n ordentlicher Schlag.» Er grinst.

Ich sehe zu ihm hinauf.

«Bis nächstes Jahr, Ida. Oder das darauf. Oder das darauf. Mach's gut.»

Er verschwindet in der Dunkelheit, und ich schließe leise die Tür auf, schleiche die Treppenstufen auf Zehenspitzen in mein Zimmer hinauf und lege mich in mein quietschendes Bett – mit einem Lächeln auf dem Gesicht.

Siebenundzwanzig

In diesem Raum an diesem Ort bin ich Jahrzehnte aufgewacht. Und eingeschlafen. An diesem Morgen ist das Zimmer ohne Sauerstoff – und voll von Erinnerungen aus einer Zeit, die mir vorkommt, als sei sie der Gedanke einer anderen, der erzählt und geteilt in meinem noch ganz benommenen Kopf zu dem heranwächst, was ich nun glaube zu sehen.

Da ist das alte blaue Ledersofa, auf dem sie alle saßen. Peer und Sebastian und auch Julia. Nur sie. Nur sie allein. Niemals ich, wenn sie da waren. Ich saß immer zu ihren Füßen, auf den alten Dielen auf einer Decke, die ich mir schnell um die frierenden Füße schob. Es war immer kalt in diesem Haus, egal wie sehr wir heizten, weil die alten Wände alle Wärme fraßen und sich damit vollsogen, als wären sie es gewesen, die eigentlich die Decken und Kissen benötigten, die wir uns immerzu vor und um die Körper pressten.

Da ist der alte Eichenschrank, aus dem Kleidung quoll, als hätte meine Mutter sie nicht unermüdlich jede Woche bis zu meinem Auszug aufs Neue ordentlich gefaltet dort hineingelegt. Doch das war mir egal, so egal wie der Ausblick aus dem Fenster irgendwann wurde, der alle zum Staunen brachte, aber mich nur noch anwiderte. Der Wald vor dem Fenster widerte mich an, genau wie die Äcker dahinter. All das stand für das Leben, das ich so hasste und dem zu entkommen mir so schier unmöglich erschien.

Das Licht in diesem Zimmer war über die Jahre unverändert geblieben, als hätte jemand einen Scheinwerfer aufgestellt, der im immer gleichen Winkel mit der immer gleichen Helligkeit das Zimmer bestrahlte, tagein, tagaus – nur war es kein Scheinwerfer gewesen, sondern die Sonne, die Wolken, der Tag, der mir stets gleich vorgekommen war.

Das alte Bett, in dem ich mich jetzt aufrichte, quietscht sein vertrautes Geräusch, und für einen Moment kann mein Verstand nicht begreifen, dass er hier ist, hier in diesem Bett, in diesem Zimmer, in diesem Leben. Und wie sehr sich dieses Zimmer nicht verändert hat, nur immer leerer wurde und immer karger, als wären mit jedem Jahr ein paar Teile mehr verschwunden, bis am Ende nur noch ein Skelett des Lebens übrig blieb, das ich hier zwei Jahrzehnte lang geführt habe.

Jedes Mal bin ich erschrocken ob der Unveränderlichkeit mancher Dinge in all den Veränderungen um sie herum: Dieses Zimmer wird immer das Fragment meiner Erinnerungen bleiben, egal, wie leer es geräumt wird, und egal, wer etwas daraus entfernt oder mitnimmt, egal, ob am Ende nur noch die Wände des Raumes stehen. Es wird immer dieses eine Zimmer bleiben, in dem ich so viele Augenblicke lang die Augen geschlossen und geöffnet habe und nichts sehen konnte vor lauter Erinnerungen, die schon im Jetzt zu etwas Altem geworden waren, das mich zu erdrücken schien.

Und dabei spielt es keine Rolle, wer der Mensch ist, der das Zimmer betritt. Es wird immer gleich bleiben, egal wie sehr ich mich ändere, verändere, drehe, um mich schlage.

Und selbst das Gefühl beim Betreten dieses Raumes hatte sich nie geändert: ein Gefühl, das ich bei jedem einzelnen Besuch aufs Neue zum ersten Mal zu spüren glaubte. Jedes Mal wieder glaubte ich, noch niemals in dieser oder jener Verfassung die Tür geöffnet zu haben. Jedes Mal wieder lächelte ich überheblich, weil ich glaubte, sehr viel erwachsener und reifer geworden zu sein, und zwar so reif und so erwachsen, wie ich es noch niemals zuvor gewesen war, und jedes Mal verglich ich das Zimmer mit den Wohnumständen, in denen ich aktuell lebte, mit der WG, mit der Ein-Zimmer-Wohnung, mit der Wohnung, in der ich jetzt lebte. Und jedes Mal glaubte ich, einen immensen Fortschritt zu verspüren, den ich gemacht hatte, jedes Mal wieder glaubte ich an das ultimative Neue eines Gefühls, das in Wahrheit so dermaßen abgenutzt war und das ich am besten schon nach dem ersten Mal zur Seite hätte legen sollen, es ablegen und abstreifen.

Im Grunde tat ich nämlich nur die Schritte, die einfach «angemessen» waren, die einfach meinem natürlichen Prozess des Älterwerdens entsprachen, und jedes Mal glaubte ich, dass ebenjene irgendwie besonders, irgendwie herausragend seien. Und all das stellte sich jedes Mal als völlig falsch heraus, wenn ich die Tür hinter mir zuzog und wieder in die Stadt fuhr, in der meine Wohnung gerade lag.

Die Hoffnung, dass ich mich verändert haben würde, grundlegend verändert, so grundlegend, dass ich von einem «Weiterkommen» sprechen konnte, hat sich nie bestätigt. Auch dieses Mal nicht. Diese Erkenntnis ist keine neue, keine, die zu einem grundlegenden Wandel führen würde, und trotzdem ist sie niederschmetternd und bitter, böse und bitter.

Ich bin vierundzwanzig Jahre alt und starre die Deckenbeleuchtung meiner Kindheit, meiner Jugend, meiner *twenty-somethings* an und stelle mit unabänderlicher Gewissheit erneut fest, dass ich noch immer Ida Schaumann bin, dass ich es noch immer nicht geschafft habe, aus diesem Käfig, den ich mir selbst aus Scheitern und Angst und Bange gebaut habe, auszubrechen. Dieses Gefühl würgt und brennt und lockt wie eine Pflanze, deren weit aufgerissenes Maul mich, das Insekt, ruft und deren Gefährlichkeit mir so wohlbekannt ist wie ein alter Vertrauter, der mit der Pistole hinter dem Rücken schon darauf wartet, mich erneut so sehr abzuknallen, dass ich mit einer schmerzenden Wunde in den Knien auf dem Boden der Realität lande. Jedes Mal wieder sinke ich zusammen ob des Aufpralls der Kugeln aus Realität und Scheiße und Gewissheit und Zeit.

Ein Raum konnte durchaus diese Qualitäten besitzen, weil einzig er statisch blieb in all dem Wandel, den ich glaubte zu durchleben, in all der Bewegung, die ich glaubte zu überstehen. Dieser Raum war der Spiegel, den ich ansonsten mied, eine Metapher der Statik, die ich sonst nicht spüren konnte.

Die Augen geschlossen, liege ich noch eine Weile in dem warmen Bett, bis das Gefühl verklungen ist und ich weiß, dass für sein Verschwinden einzig das Flüchten sorgen kann, das Aufstehen, das Anziehen, das Hinausgehen und das schleunige Verlassen dieser Quadratmeter.

Ein paar Minuten später schon finde ich mich vor dem Spiegel des Badezimmers auf derselben Etage wieder und schmiere mir bräunlich beige Masse unter die Augen, damit niemand sehen kann, wie die durchscheinenden Blutgefäße von dieser Nacht erzählen, die zwar eine Befreiung, jedoch keinen rechten Schlaf brachte.

Die Stufen ins Erdgeschoss renne ich beinahe hinunter, vorbei an meiner Mutter, der ich eilig zurufe, dass ich nach draußen gehe, «spazieren» oder etwas Ähnliches, ganz egal, bloß raus, raus, raus aus diesem Haus.

«Ida, wir haben noch etwas für dich! Wie lange bist du denn noch hier?», ruft meine Mutter meinem Rücken hinterher, der schon fast in der Haustür verschwunden ist.

Ich drehe mich noch einmal um und starre in ihr freundliches Gesicht, das immer nur Verständnis und Fürsorge in meine erstarrten Züge zu schmeißen scheint mit all seinen guten Worten und Ratschlägen und Bitten und Aufforderungen, und ich ziehe die Schultern hoch: «Ich weiß es noch nicht, heute Abend fahre ich, oder so, ich muss noch einen Zug raussuchen, irgendwann heute Abend, Mama.»

Dann bin ich endlich draußen.

Achtundzwanzig

Die Straße neben dem Haus führt in zwei Richtungen: in den Wald und in die Stadt. Ich laufe in Richtung Innenstadt, die hier eine Einkaufsmeile ist mit Geschäften, die sich in den letzten Jahren kaum verändert haben.

Nach ein paar Minuten erreiche ich zunächst die alte Schule, die grau und leer hinter verschlossenen Gittern liegt. Es ist halb zwei am Nachmittag, alle Schüler sind längst zu Hause oder auf dem Sportplatz ein paar Kilometer weiter, um den nachmittäglichen Sportunterricht zu absolvieren, dem ich mich, sooft es eben möglich war, entzogen hatte.

Jedes Leben ist Erinnerung, jeder Moment schon im nächsten Vergangenheit. Wäre der Mensch ein Haus, so wären die Erinnerungen das Dekor und die Wandfarbe. Erinnerungen sind aber nicht nur Vergangenheit: Sie leben immerfort in jedem Einzelnen weiter, bestimmen die Art seiner Beurteilung, seine Wahrnehmung, seine Intuition, meine Vorliebe für frisch gebackenes Brot. Ich erinnere mich an den Sportplatz. An Carmen, an den Ball und die Mädchen. Und an mich inmitten dieses multimedialen Ereignisses meiner Sinne.

«Ich will das nicht.»

«Warum nicht?»

«Ich will das hier einfach nicht. Nicht mit dir. Ich will dich ja nicht persönlich angreifen, aber du nervst.»

«Wow, das ist also kein persönlicher Angriff, *du nervst* ist also nicht persönlich gemeint.» Ich drehte mich um. Durch die großen Eichen schien die hochstehende Sonne, und ich kniff unwillkürlich die Augen zusammen, vielleicht wegen der Tränen, vielleicht wegen der Sonne.

«Ida, können wir das jetzt einfach hinter uns bringen? Der Schubert schaut schon rüber.»

Wieder drehte ich mich, drehte mich jetzt in die andere Richtung, alles drehte sich sowieso, drehte sich vor Wut und Fassungslosigkeit, drehte sich viel schneller, als ich mich drehen konnte, und schien zu schreien, dass die beste Lösung war, sich jetzt verdammt noch mal zusammenzureißen, so sehr zusammenzureißen, dass ich den Ball aufhob und ihn in die Hände nahm, ihn über meinem Kopf in die Luft warf und ihn mit einem heftigen Schlag in ihre Richtung schmetterte. Getroffen.

«Spinnst du?», schrie sie und rieb sich die Stirn. Mit theatralisch schmerzverzerrten Augen funkelte sie mich an. «Du findest das witzig, ja? Ich wusste es. Immer, wenn man sich mit dir abgibt, passiert so etwas.»

«Falsch. Immer, wenn man mich beleidigt, passiert so etwas. Außerdem wolltest du doch anfangen, Carmen. Du hast gesagt, dass der Schubert schon herschaut. Also habe ich angefangen. Du weißt ja selbst nicht, was du willst.»

Sie schrie, schrie ein lang gezogenes U. Das U der Sarkastischen, das U der Mädchen dieser Schule, die immer «uuu-uuuu» sagten, wenn ihnen keine Konsonanten mehr einfielen, die sich um das U gruppieren konnten. Sie sagte: «Uuuu-uuuuuu.» Und dann: «Sind wir jetzt beleidigt?»

«Ich sehe nur eine, die hier beleidigt ist», sagte ich, schon im Gehen begriffen, weil Schubert in seine Trillerpfeife blies und uns zusammenrief. Die 90-minütige Tortur war vorüber.

Jeder Kopf trägt ein Ungeheuer in sich, aber manche Köpfe sind Festungen voller Monster, aus denen Worte wie Pfeile regnen, die mich treffen könnten, hätte ich nicht gelernt, mich zu ducken, mich zu verstecken, mich schneller zu bewegen, bis sie von mir abließ.

Ich betrachte die Schule lange. Das Fenster im zweiten Stock. Das dritte von rechts. Ich saß ganz hinten links, direkt an diesem Fenster, und sah den Jahreszeiten zu, die mir wie eine Kulisse vorkamen, die stetig wechselte, während drinnen nur Zeit verstrich, die völlig ohne Bedeutung war.

«Frau Schaumann, bitte.»

Ich hatte aufgezeigt, weil ich etwas sagen wollte, das provokant und irgendwie klug klingen sollte, aber nur der verzweifelte Versuch war, mich von etwas abzuheben, dem ich genauso angehörte wie jede andere Figur in diesem Mikro-Theaterstück.

In jeder Stufe gibt es eine Rollenverteilung, die sich im Grunde kaum von einer Ressourcenverteilung unterscheidet. Die Ressourcen sind: Anerkennung, Bekanntheit, Ansehen, Freunde, jedwede Form sozialer Interaktionen. Und damit ergibt sich folgende Gleichung: je größer die Rolle der Person, desto mehr Zugriff auf die Ressourcen, desto mehr Macht.

Carmen war eine Hauptrolle. Sie war beliebt, schien jeden in der Oberstufe zu kennen, man sah zu ihr auf, sie hatte unzählige Freunde und Bekannte und führte immerzu Gespräche mit jedem. Mit jedem außer mir. Carmen hatte sich dazu entschieden, dass meine Rolle die einer Statistin in ihrer ganz privaten Horrorshow war: Ich war alles, was Carmen hasste. Sie hasste die Art, wie ich mich kleidete, sie hasste die Art, wie und über was ich sprach, sie hasste die Musik, die ich hörte, und sie hasste meine Anwesenheit. Carmen war die Großmacht und ich das Entwicklungsland. Carmen besaß 99 % aller möglichen Anteile an sozialen Ressourcen, und ich besaß eine Schaufel, mit der ich versuchte, mir ein Loch zu graben, in dem sie mich nicht finden konnte.

Zu der Verteilung gehörte aber auch, dass die Hauptrollen die Statisten als solche behandeln mussten, damit die Relation blieb, wie sie war. Und sowohl Carmen als auch alle ihre Freundinnen hatten ein übersteigert großes Interesse an der Stabilität dieser Verhältnisse. Bewusst oder unbewusst: Sie taten alles dafür, mir zu suggerieren, dass mein Anteil an möglichen Gewinnen so klein war, dass ich mich auch gleich hätte erschießen können.

Ich war damit nicht einverstanden. Ich war damit so wenig einverstanden wie mit der Tatsache, dass ich zu diesem Theater einzig aus einem Grund gehörte: Zufall. Es war Zufall gewesen, dass Carmen oder eines der anderen Mädchen einer Mode entsprachen, die damals angesagt war. Dass sie die Dinge sagten, die die anderen hören wollten. Dass sie beliebt waren. Und ich unbeliebt. Ich war eine Außenseiterin. Das Mädchen, mit dem man sich nicht sehen ließ, das Mädchen, über das die abstrusesten Geschichten kursierten, Geschichten, die aus den Mündern der anderen fielen wie Erbrochenes, dessen Geruch ich mir nicht abwaschen konnte. Ich war Ida Schaumann, die Ida, die weder Freunde noch gute Bekannte hatte. Einzig Julia, Sebastian und Peer hatten sich diesem Theater entzogen. Doch Sebastian und Peer hatten angefangen, sich nur noch außerhalb der Schule Freunde zu suchen, und Julia hatte sich erschossen. Nur ich war geblieben, und ich hatte alle Stadien durchlaufen: Ich hatte die anderen ignoriert, dann hatte ich versucht, ihnen zu gefallen, dann hatte ich versucht, sie zu überzeugen, dann hatte ich aufgegeben.

Nach ein paar Minuten habe ich die Innenstadt erreicht. Die

Straßenkreuzung, an der Julia und ich uns immer getroffen hatten, zeigt den Beginn der Fußgängerzone an. In vier Richtungen führen Straßen von der Kreuzung ab: Eine wird zur Fußgängerzone, eine führt zurück zur Schule, eine führt zum Bahnhof und eine in die Wohnstraßen, die die Innenstadt umgrenzen.

Dort, wo die Einkaufsmeile beginnt und die Straße endet, genau dort steht noch immer der Stromkasten, auf dem wir stundenlang saßen und die Menschen betrachteten, die an uns vorübergingen. Diese Menschen, von denen wir so viele kannten, einfach, weil die Stadt so klein und die Zeit, die wir hier verbracht hatten, so groß war. Manchmal grüßten wir, und manchmal kommentierten wir den ewigen Menschenfluss zwischen neun Uhr morgens und sechs Uhr abends, der an dieser Stelle unermüdlich vorbeieilte. Julia gab den fremden Menschen Namen, und ich dachte mir Geschichten zu ihren Gesichtern aus, zu ihren Mänteln und Tüten voller Zeug, die sie aus der Innenstadt hinaustrugen. Manchmal beschäftigten wir uns so lange mit den Menschen, bis wir glaubten, sie zu kennen, und sie beim nächsten Mal grüßten. Unseren Fehler bemerkten wir erst, wenn wir in ein erstauntes Gesicht blickten, das fieberhaft nachdachte, woher es uns kennen könnte.

Vier Jahre verbrachten wir auf diesem Stromkasten, sahen den Menschen zu und sahen uns selbst dabei zu, wie wir älter wurden, wie wir Pickel bekamen und zum ersten Mal Make-up trugen, wie wir Mädchen wurden, die sich plötzlich Gedanken über ihr Aussehen machten, wie wir uns Textnachrichten zeigten, die uns Jungs geschickt hatten, in die wir verliebt zu sein glaubten, nur um einige Wochen später an der gleichen Stelle mit der gleichen Heftigkeit das Gegenteil zu bekunden. Wir saßen dort im Sommer und im Winter, egal wie warm oder kalt es war, es war unser Treffpunkt, unser Platz – ein alter Stromkasten, auf dem nie jemand saß, wenn wir es nicht taten.

Als ich an dem Kasten vorübergehe, bleibe ich einen Moment stehen und sehe uns beide im Sommer in kurzen Hosen und ausgewaschenen T-Shirts dort oben sitzen und schweigen. Es war unser erster richtiger Streit, an einem Tag, der eigentlich schön werden wollte: Die Sonne schien, es war warm, und wir hatten uns Eis gekauft und uns an unsere Stelle gesetzt.

«Ich gehe morgen auf diese Party. Bei Mira», sagte Julia beiläufig.

Ich erstarrte und schwieg.

«Du kannst auch mitkommen, es hat bestimmt keiner etwas dagegen», fügte sie schnell hinzu.

«Natürlich hat überhaupt niemand etwas dagegen, wenn ich auf Miras Party zu Gast bin, Julia. Niemand außer Mira und Carmen und überhaupt allen Anwesenden.»

«Ich habe keine Lust mehr, dauernd alle zu meiden, nur weil du nicht mit ihnen zurechtkommst. Ich will nicht mehr so alleine sein, Ida. Ich fühle mich einsam, wenn du mal nicht da bist oder keine Zeit hast. Und ich verstehe mich gar nicht so schlecht mit Mira. Sie ist nett, wirklich nett. Sie ist nicht so schlimm wie die anderen. Und eigentlich ...»

«Was, eigentlich?», fuhr ich sie an.

«Eigentlich sind es die anderen auch nicht.»

«Was sind die anderen nicht? Die anderen sind *gar nicht so gemein, wenn man sie erst mal besser kennt*? Die anderen haben nicht all die Sachen gemacht, von denen mir heute noch schlecht wird? Die anderen haben uns nicht jahrelang ignoriert?»

«Dich, Ida, dich haben sie ignoriert», antwortete Julia leise. In ihrem Gesicht fand ich Scham, aber auch Trotz: einen Trotz, den ich kannte. Es war der gleiche, den ich in ihrem Gesicht finden konnte, wenn ich sie davon zu überzeugen versuchte, dass sie von ihrem Vater flüchten müsse. Dass sie ihre Mutter nehmen und ihn und die ganze klägliche Scheiße verlassen müsse. Es war der Trotz einer Tochter, die trotz allem noch Liebe zu ihrem Vater empfand. Es war der Trotz eines Mädchens gegen ein Leben, das ihm permanent Dreck in die Augen zu werfen schien. Sie hielt die Augen weit geöffnet und die Fäuste geballt.

«Dann geh hin. Ich komme nicht mit.»

«Warum kannst du nicht einfach damit aufhören?», fragte sie wütend.

«Weil ich das nicht vergessen kann.»

«Was? Dass sie dich einfach nicht mögen? Schon mal überlegt, woran das liegen könnte?»

«Ja, Julia, ich liege jede Nacht wach und weine in mein Kopfkissen, weil ich so traurig bin, dass diese Mädchen mich nicht liebhaben.»

«Ironie, wie immer. Das kannst du am besten. Wenn es darum geht, dass du vielleicht auch etwas falsch gemacht haben könntest, dann wirst du ironisch.» Sie sprang vom Kasten und baute sich vor mir auf. «Weißt du, was der wirkliche Grund ist? Sie mögen dich nicht, weil du sie nicht magst. Seit wir mit ihnen in einer Stufe sind, führst du dich auf, als wärst du das arme, einsame Mädchen, das keiner versteht. Belächelst alles, was sie machen. Und hängst dich an Peer und Sebastian, weil du es schicker findest, dich mit Jungs zu umgeben. Aber ganz ehrlich: Du bist nicht so viel anders als die anderen. Das Problem ist nur, dass du das gerne sein möchtest, damit niemand merkt, dass du eigentlich Angst davor hast, dass du genauso bist wie alle anderen.»

Ich sprang mit einem Satz vom Kasten, und so standen wir uns sehr dicht gegenüber. Wir sahen uns wütend in die Augen.

«Okay, es ist mir egal, was du machst. Hörst du? Es ist mir egal. Geh zu der Party, hab Spaß, aber ohne mich. Ich gehe da nicht hin. Ich gehe da deshalb nicht hin, weil ich nicht eingeladen wurde. Wie immer. Ich wurde noch nie von denen zu irgendwas eingeladen. Und zwar von Anfang an nicht. Und weißt du auch, was der Grund dafür ist? Der Grund bist du. Und das weißt du auch.»

Den letzten Satz schrie ich beinahe, und Julia wich zurück. Sie starrte mich einen Moment lang an, und ich sah, dass sie nach Widerworten suchte. Dann gab sie auf.

«In Ordnung, ich werde nichts mehr sagen.»

Sie schwang sich zurück auf den Kasten, und ich setzte mich neben sie. Wir schwiegen den Rest des Nachmittags, bis sie nach Hause musste. Wir verabschiedeten uns beinahe wortlos, dann verschwand sie mit den anderen Menschen zwischen den Geschäften der Einkaufsmeile.

Ich hatte Julia kennengelernt, als gerade eine kurz zuvor geöffnete Flasche Cola ihren Kopf getroffen hatte, deren Inhalt sich größtenteils auf ihr Gesicht verteilte. Der Rest ergoss sich auf den Boden des Klassenraums. Gelächter. Lautes, schrilles Gelächter. Ihre Haare waren klebrig feucht. Die bräunliche Flüssigkeit rann ihr die Stirn hinunter, in die Augen, über das Kinn. Ihr Körper bebte, und sie hatte die Augen weit aufgerissen. Die Cola mischte sich mit durchsichtigen Tränen und wurde zu einer hellbraunen, durchsichtigen Ekelhaftigkeit, die sich jetzt auch auf ihrem Pullover und ihrer Hose verteilte. Sie drehte sich weg. Ganz langsam. Bückte sich, nahm die Flasche vom Boden, ging zum Mülleimer an der Tür, warf sie hinein und verließ den Raum. Die Tür schloss sich, und ein Sturm brach aus. Ein Sturm aus Gehässigkeiten, Kommentaren und Gelächter, der erst abebbte, als sich die Tür wieder öffnete und die Lehrerin erschien, die alle zur Ruhe mahnte. Sie setzten sich. Meine Beine knickten nicht ein, sie liefen los. Immer schneller, vorbei an den erstaunten Augen der Lehrerin, vorbei an dem Mülleimer mit der leeren, verklebten Flasche, raus aus dem Klassenzimmer, über den Gang bis zu den Toiletten, aus denen ich ein leises Weinen hörte. Weinen und das Rauschen von Wasser. Ich öffnete die Tür, und da stand sie, wusch sich das Gesicht und die Flecken aus dem Pullover und weinte.

Es sind nur fünf Minuten bis zu ihrem Elternhaus. Nur vier Minuten, bis ein Fußgänger die Innenstadt durchschritten hat. Ein paar Bekleidungsgeschäfte, ein paar Eisdielen, Cafés und Haushaltswarenläden. Alle Supermärkte haben sich quer durch die Stadt verteilt – hier sind nur die Läden geblieben, die nicht mehr das Notwendige, aber das Nötigste anbieten.

Ich bewege mich im Strom, der sich in vielen kleinen Nebenarmen in die Geschäfte ergießt, während ich stoisch geradeaus blicke und mein Kopf meinen Füßen zu folgen scheint, die nur eine Richtung vorgeben: zu ihrem Haus, zu ihrem Zuhause, das es mal war, das es mal gegeben hat. Dieses Zuhause, das schon ein Sarg war, als sie noch gelebt hat, das sie lebendig begrub in seiner ganzen Schwere, in der Last, die sie fortwährend von dort nach draußen tragen musste und zurück, um unter Schlägen noch mehr zu tragen.

Nach wenigen Minuten liegt die Innenstadt hinter mir, und eine Straße weiter taucht ihr Haus auf, das ich nicht mehr betreten habe, seit wir bei Kaffee und Kuchen über ihren Tod sprachen, am Morgen nach der Beerdigung. Auf dem schwarzen Dach haben sich wie üblich die Tauben versammelt, die wir von ihrem Fenster aus manchmal hören konnten. Das Haus ist aus grauem Backstein und sieht aus wie das, was es war: eine Festung, aus der kein Laut nach außen entwich, eine Falle für jene, die darin saßen und sich wünschten, das Haus und alle seine Bewohner möge einfach eines Nachts abbrennen.

Und tatsächlich war selbiges einmal beinahe passiert, als Julias Vater betrunken und spät nachts auf dem Sofa im Erdgeschoss eingeschlafen war, den brennenden Zigarillo zwischen Zeige- und Mittelfinger geklemmt. Der Brand hatte den Feueralarm ausgelöst, und als Julia von dem Geräusch erwacht war, war ihre erste Emotion keine Panik, sondern unendliche Erleichterung gewesen: Endlich würden sie alle verbrennen, ersticken oder verbrennen. Als ihre Mutter die Tür aufriss, lag Julia noch immer ruhig im Bett und wartete. Die Mutter schrie, dass sie rennen solle, und lief dann selbst ins Erdgeschoss, wo sie einen schlafenden Mann entdeckte, der auf einem Sofa mehr lag denn saß, unter seinen Füßen ein brennender Teppich. Sie schrie weiter, rüttelte am Arm ihres Mannes, und bevor dieser aus seiner Benommenheit erwacht war, hatte sie schon aus der angrenzenden Küche einen Eimer Wasser herbeigeholt, den sie auf den Teppich ergoss. Julia stand am Fuß der Treppe und beobachtete die Szenerie stumm, und als das Feuer gelöscht war, betrachtete sie ihren Vater, diesen Koloss aus Fleisch und Hass und Alkohol, und wünschte sich nicht zum ersten Mal in ihrem Leben, dass er endlich tot sein möge.

Ich bleibe vor dem Zierrasen des Hauses stehen und versuche zu erkennen, ob jemand zu Hause ist. Kein Licht brennt, und kein Schatten bewegt sich, es ist vollkommen still in dieser Straße, beinahe so, als wären alle Bewohner geflohen. Nichts hat sich an dem Haus verändert, nur die Dekoration des Küchenfensters wurde der Jahreszeit angepasst: bunte, lachende Sterne und ein paar Papp-Mistelzweige, die jemand dort aufgehängt hat, wohl Julias Mutter. Ich betrachte die lächelnden Sterne, und plötzlich werde ich von einem Krampf gewürgt.

All dieser Schmuck als Gegenmittel zu dem Gift, das in ihren Köpfen schwimmt. All das Essen, das immer pünktlich auf dem Tisch stand als das einzig Warme, das es in diesem Haus je gegeben hatte. Es gab das Essen und die Deko, den Fernseher und die gebügelte Kleidung. Es gab Ordnung und Sauberkeit, gewischte Fliesen und geputzte Fenster gegen den Dreck der Worte, die aus dem Sessel vor dem Fernseher zu ihnen geschmissen wurden, wenn es dunkel war, wenn es hell war, wenn er genug getrunken und sie sich nicht genug versteckt hatten vor seinem Blick, der sie so genau zu verfolgen wusste.

Mir tropfen Tränen auf die Hose. Ich will mich abwenden und wegsehen, wegsehen, wie ich es all die Jahre schaffte – nun schaffe ich es nicht mehr. Ich starre die Deko an wie etwas, das verraten könnte, was in dieser Nacht passiert war, in dieser verdammten Nacht, in der sich der Schuss löste, der endlich Erleichterung bringen sollte.

Einen Unfall hatten sie es genannt. Sie habe sich nur die Waffe ansehen wollen, sagten sie zu mir. Den anderen erzählten sie, Julia sei verunglückt, mit dem Auto, auf dem Weg zurück nach Hause. Das brennende Wrack auf der Landstraße, man habe das ja in der Zeitung gelesen. Die Nachbarn nickten und schwiegen und erzählten sich Geschichten von der

Anwohnerin, die glaubte, einen Schuss gehört und wenig später Julias Vaters gesehen zu haben, der etwas ins Auto trug und schnell davonfuhr.

Sie hatten sie ins Krankenhaus gebracht, hatten geglaubt, dass noch etwas zu retten sei. Dass sich der leblose Körper wieder bewegen würde, wenn nur ein paar Schläuche und ein bisschen Medizin erst einmal in ihn fließen würden. Doch Julia war sofort tot gewesen. Und niemand hatte daran etwas ändern können.

In der Schule hatten sie gefragt, was passiert sei, ob es stimme, dass Julia in diesem Wagen verunglückt sei. Ich hatte geschwiegen und mich an meinen Platz am Fenster gesetzt. Geschwiegen und die Augen auf den Boden gerichtet. Sie war weg. Sie war einfach und unwiederbringlich weg gewesen.

Wie benommen torkle ich zu dem Friedhof ein paar Straßen weiter, zu dem Grab, auf dem ihr Name steht. Ich setze mich auf den kalten Steinboden, der sich durch die Gräberreihen windet, und zünde mir eine Zigarette an. Eine zweite lege ich auf die niedrige Steinkante, die ihr Grab umgibt. Eine für sie, eine für mich. So war es immer gewesen, seit ich sie das erste Mal hier besucht hatte. Ich nannte es Besuche, weil ich mir vorstellen konnte, dass sie mir zuhörte, während ich hier saß, auf den Stein starrte und versuchte zu begreifen, dass all das wirklich passiert war, dass all das echt war, während ich mich gleichzeitig anstrengte zu vergessen, dass unter dieser Erde ein Skelett zerfiel, das sie war. In Gedanken sprach ich mit ihr. Erzählte ihr, wo ich jetzt lebte, wen ich jetzt versuchte zu lieben und wie ich die Tage in ihrer ganzen Gleichförmigkeit und Ödnis verbrachte.

Hallo, hallo Mädchen. Hier bin ich wieder. Ida, falls du dich nicht erinnern solltest. Weißt du, was ich gestern gemacht habe? Ich habe Carmen geschlagen. Du hättest dabei sein sollen, es war fantastisch. Ihr Blick hätte dir Freude bereitet. Besonders als sie hingefallen ist, hat sie toll ausgesehen. Das hätte dir gefallen, wirklich.

Warum ich zugeschlagen habe? Immer diese Fragen nach dem Warum, Julia! Weil ich ihr Make-up hässlich fand, darum. Vielleicht aber auch ein bisschen, weil sie sich wie üblich benommen hat. Irgendwann muss man ja auch mal erwachsen werden, nicht? Und vielleicht habe ich ja so sogar einen wichtigen Beitrag zu ihrer geistigen Entwicklung beigetragen? Glaubst du auch? Dann habe ich ja alles richtig gemacht.

Ich bin übrigens in der Psychiatrie. Das habe ich auch richtig gemacht. Seit acht Wochen verbringe ich meine Tage und Nächte mit diesen Menschen, die zu viele Ungeheuer im Kopf haben. Die Art, die auch in meinem sitzt. Wie das passieren konnte? Vermutlich so, wie es immer passiert: Ich sitze sehr lange sehr viel alleine zu Hause, kippe mir Schnaps in die Frühstücksflocken, denke darüber nach, warum ich so ein verkorkstes Leben habe, und will mich am Ende irgendwo hinunterstürzen.

Manchmal kann ich nicht glauben, dass das immer so gewesen ist. Dass es nie so richtig anders war. Dass ich, seitdem ich denken kann, immer das Gefühl habe, dass es besser wäre, wenn es *nicht* wäre. Wenn ich nicht wäre, wenn alles andere nicht wäre, wenn der schwere Kopf nicht wäre, der zu jemand anderem zu gehören scheint. Zu jemandem, der das alles schon hinter sich hat und seinen Kopf ruft. Der Kopf sitzt einfach auf dem falschen Körper. Auf einem Körper, der jung ist und leben will. Ich frage mich, wer dann wohl meinen Kopf hat.

Den, den ich eigentlich hätte bekommen sollen. Den mit guten Ideen und Mut und Wille und Freude und Glück. Den muss doch irgendjemand haben. Hast du ihn vielleicht gesehen?

Als ich dir beim letzten Mal erzählt habe, dass ich jetzt endlich wieder studiere, habe ich gelogen. Ich habe nicht wirklich studiert, sondern bloß eine Immatrikulationsnummer bekommen. Und mir einen Stundenplan zusammengestellt. Den habe ich immer noch. Der hängt an meiner Wand und starrt mich an und will, dass ich zu den Zeiten, die dort stehen, irgendwo hingehe, mich dorthin setze und aufschreibe, was da ein paar Reihen vor mir auf einer großen Wand projiziert steht. Das habe ich nicht gemacht. Einmal, einmal habe ich das gemacht, und dann habe ich Panik bekommen. Weil die anderen alle so aussahen, als würde ihnen das leichtfallen. Das Dort-sitzen-und-Begreifen. Ich habe gar nichts begriffen. Ich habe nicht begriffen, wie man Freunde findet, und ich habe nicht begriffen, wie man das aushalten soll in so einer Universität.

Ich habe nicht sofort aufgegeben. Ich habe mich in die Mensa gesetzt und darauf gewartet, dass das Leben jetzt beginnt. Dass ich Menschen kennenlerne, die sich für die gleichen Dinge interessieren wie ich. Die Bücher lesen und kluge Sachen sagen und am Wochenende Theater spielen. Von mir aus auch Menschen, die Maschinenbau studieren. Das war mir erst mal egal. Hauptsache, das wilde, das echte Leben würde jetzt losgehen. So hatten wir uns das doch vorgestellt, oder? Dass wir studieren würden in einer aufregenden Stadt. Dass wir dort zusammenziehen und all diese interessanten, hippen Menschen kennenlernen würden. Dass wir in den Cafés sitzen und Milchkaffee trinken würden und dass wir dabei klug und elegant aussähen, so wie die anderen um uns herum. Wir haben uns vorgestellt, dass niemand mehr wissen würde, wer wir in der Schule waren. Alles auf Anfang, alles auf Rot, alles gewonnen, oder? So hatten wir uns das doch gedacht. Und dass wir lieben würden und schreien und beben und tanzen, dass wir so verdammt hart leben würden, dass wir dieses ganze Nicht-Leben aufholen könnten.

Ich saß eine Stunde in der Mensa, und irgendwann setzte sich auch jemand zu mir. Ich sagte «Hallo!» und freute mich, dass es jetzt losgehen würde, das Leben. Das Mädchen schaute mich irritiert an und sagte dann höflich «Hi» und begann, in einer Zeitschrift zu blättern. Ich bemerkte, dass ich mich geirrt hatte. Es würde nicht losgehen. Ich war geblieben, wer ich war. Ich war noch immer Ida Schaumann, und ich war allein.

Sicher, ich hätte am nächsten Tag wieder hingehen sollen. Ich hätte überhaupt mal irgendwo hingehen sollen. Ich hätte etwas unternehmen und weniger lamentieren sollen. Das hätte ich alles tun sollen. Aber ich bin aufgestanden, nach Hause gegangen und habe mich gehasst. Habe alles an mir gehasst. Dass ich so naiv war zu glauben, dass ich jetzt wirklich etwas hätte ändern können. Dass ich geglaubt hatte, dass das alles so schnell, so einfach, so ohne alles gehen würde. Ohne mich auf jeden Fall. Aber natürlich hat das so nicht funktioniert.

Ich habe daraus nichts gelernt, Julia. Ich bin einfach nicht mehr in die Uni gegangen, ich bin erst mal nirgendwo mehr hingegangen. Ich hatte geglaubt, dass ich es endlich schaffen würde «normal» zu sein. All diese normalen Dinge zu tun. Aber das Scheitern dieses Tages erschien mir so grandios, dass ich es gleich wieder bleiben ließ. So wie immer. So wie jedes Mal.

Ich drücke die Zigarette aus und stehe langsam auf. Dann wende ich mich vom Grab ab und laufe nach Hause. Laufe so schnell ich kann nach Hause, um meine Sachen zu packen und von hier zu verschwinden.

Neunundzwanzig

Das Rauschen der Autos formt sich zu einem immer gleichen Klang, der beruhigend sein könnte, wenn es nicht das Rauschen fremder Menschen wäre, die Melodie der Zivilisation, das Rauschen der Schnelligkeit, der Überholspuren und der anderen, die neben und hinter und vor mir sind.

Das Auto ist vier Jahre alt, sagte mein Vater, ein gutes, ein solides Fahrzeug. Diese Worte mag mein Vater: solide, verlässlich, nützlich. Das Auto ist außen blau und innen grau, ein bisschen wie Julias Vater, denke ich – wie ein Auto, wie ein altes Auto, das eigentlich auf den Schrottplatz gehört. Und in diesem Punkt unterscheiden wir uns gar nicht so sehr.

Als ich nach Hause gekommen war, stand meine Mutter in der Küche und machte den Abwasch, bis sie mich bemerkte und sofort nach meinem Vater rief, der strahlend die Treppe herunterkam. Sie forderten mich auf, mich zu setzen, und nahmen dann ebenfalls am Küchentisch Platz, auf dem noch eine Schüssel mit Spinat stand, den mein Vater hasste und wie immer nicht angerührt zu haben schien.

In diesem Punkt war meine Mutter stoisch bis zur Selbstaufgabe: Egal, wer von uns etwas nicht essen mochte, sie hatte immer für alle gekocht und mit gierigen Blicken darauf gewartet, dass mein Bruder doch den Rosenkohl versuchte, dass mein Vater doch vom Spinat nahm, dass ich doch endlich wieder Fleisch essen würde. Immer waren es fünf Portionen von allem gewesen, und immer hatte ihr Blick jeden unserer Handgriffe verfolgt, darauf lauernd, dass wir endlich zur Einsicht kamen. Ungeachtet der Tatsache, dass selbiges nie passierte, hatte meine Mutter nicht aufgegeben und war bewundernswert optimistisch geblieben: Sie war der festen Überzeugung, dass ihr Beharren irgendwann zum Ziel führen würde, zu dem Ziel, das unser Mund war, und der Weg war die kurze Bewegung der Gabel dorthin. Wir sollten fressen, was sie uns vorsetzte.

Nun sahen sie mich lächelnd an und warfen sich vielsagende Blicke zu, und ich konnte mir nicht vorstellen, was sie jetzt gedachten zu tun, was um Himmels willen sie mir bloß dieses Mal vorsetzen wollten. Geld? Ein frühes Erbe zu Lebzeiten? War einer von ihnen schwer krank? (Würden sie dann lächeln? Wohl kaum.) Hatte mein Bruder eine seiner fünf Freundinnen geschwängert? (Würden sie dann lächeln?)

Ich strich über den Rand der Spinatschüssel und verspürte eine leichte Übelkeit, die bei dem Gedanken an Nahrungsaufnahme in der letzten Zeit so schnell in mir hochkam.

Mein Vater räusperte sich und begann zu sprechen: «Liebe Ida, die Mama und ich haben uns gedacht, dass wir gerne hätten, dass du uns öfter besuchen kommst!» Er lachte sie an.

Mir wurde schlecht.

«Aus diesem Grund haben wir uns entschlossen, dir ein Geschenk zu machen, das dich bei der Erfüllung dieses Wunsches unterstützen wird.»

Eine Bahncard, dachte ich, sie schenken mir jetzt eine Bahncard. Der Brechreiz wurde unerträglich.

Plötzlich erhoben sich meine Eltern und sahen mich mit feierlichen Festgesichtern an. «Komm mit, wir haben da etwas für dich!» Sie sprachen alles mit Ausrufezeichen, mit einer Festlichkeit, die ich nur von Tagen kannte, an denen unsere Familie mit Verwandten und Freunden konfrontiert war. Mit einem Mal hatten sie dann immer diese Gesichter, die andächtig von Dingen sprachen, die irgendwie mit mir zu tun hatten, aber im Grunde von einer anderen Person zu sprechen schienen. Mein abgebrochenes Studium war dann ein Quell des Stolzes, schließlich hatte ich überhaupt einen Fuß in eine Universität gesetzt, und mein Scheitern war eine künstlerische Schaffenspause, die meinem interessanten Charakter den Raum gab, sich frei zu entfalten.

Auch dieses Mal hatte ich das Gefühl, Statistin ihrer Inszenierung der Euphemismen zu sein, ein Stück der Maskierten, die ohne doppelten Boden auf einer Bühne umeinander tanzten, den Dialog improvisierten und dabei die ganze Zeit aussahen, als gelte es weniger zu überzeugen, als vielmehr zu überrumpeln.

Mein Vater führte uns durch das Wohnzimmer, durch den Flur und durch die Haustür auf die Straße. Dann bog er um die Ecke, bis wir an der schmalen Straße zum Wald angelangt waren. Dort blieb er stehen.

Er nestelte in seiner Tasche herum, bis er schließlich ein schwarzes Mäppchen hervorholte, das er fest umschlossen hielt.

«Ida, die Mama und ich haben uns entschlossen, dir das hier zu überreichen!», und er legte mir behutsam das Mäppchen in die Hand. Ich drehte es und sah die Adresse des Autohauses, in dem meine Eltern ihr Auto gekauft hatten.

«Oh toll, ein Zweitschlüssel zu eurem Wagen», sagte ich und grinste schief, um den Augenblick noch ein wenig hinauszuzögern, in dem sie mir sagen würden, dass sie mir ihr Auto schenkten.

Mein Vater forderte mich auf, auf den Schlüssel im Inneren des Etuis zu drücken. Ich leistete seiner Aufforderung Folge und zuckte zusammen, als eines der parkenden Autos neben mir aufblinkte und das Klacken der Entriegelung erklang. Das war nicht das Auto meiner Eltern. Das war ein blaues, zweitüriges Auto, das hinter ihrem Wagen stand. Ich starrte meinen Vater an, der vertraulich den Arm um mich legte.

«Willst du dich gar nicht hineinsetzen, Ida? Das ist unser Geschenk! Freust du dich! Setz dich doch mal hinein, es fährt sich ganz, ganz toll!», quietschte meine Mutter erregt, und ich blieb noch immer stumm, schaffte es aber immerhin, meine Beine in Richtung des Gefährts zu bewegen, die Tür zu öffnen und mich auf den Fahrersitz fallen zu lassen.

Das war es also. Das war mein Auto. Das war also die Überraschung, von der sie gesprochen hatten. Ich steckte den Zündschlüssel ein und ließ den Motor aufheulen. Ich lächelte und winkte aus dem Fenster, damit meine Eltern sahen, dass ich so etwas wie Freude empfand. Ich fühlte gar nichts.

Nachdem ich einmal ausgeparkt und wieder eingeparkt hatte, schaltete ich das Auto ab und stieg aus. Meine Eltern sahen sehr glücklich aus. Ich versuchte zwei halbherzige Umarmungen und spürte, wie fremd das Gefühl war, meine Eltern zu berühren. Ich konnte mich nicht erinnern, wann ich ihnen zum letzten Mal auf eine so körperliche Weise nah gewesen war. Wir gingen zurück ins Haus, mein Vater neben mir, der unablässig auf mich einsprach, wie solide, wie zuverlässig, wie absolut toll dieser kleine blaue Wagen sei.

Zurück in der Küche trank ich gierig ein Glas Wasser, dessen Kühle meinen gereizten Magen einen Moment lang zum Gluckern und Rumoren brachte, bis er sich endlich beruhigte und ich mich zu meinen Eltern setzte. Mein Vater sah mich stolz an. Mit dem gleichen Stolz hatte er mich angesehen, als ich Jahre zuvor erzählte, dass ich jetzt doch studieren würde. Es war der

Stolz eines Vaters, der im Grunde Erleichterung war. Erleichterung darüber, dass jetzt doch noch Optimismus Einzug in ihrer aller Leben halten würde, dass das Sorgenkind der Familie jetzt den soliden, den verlässlichen, den richtigen Pfad betrat. Ich schaute in das Glas Wasser und sah, wie kleine Tropfen hineinfielen, die aus meinem Gesicht kamen.

«Was ist denn jetzt los?», fragte meine Mutter und sah mich erschrocken an.

«Ein Auto, Mama, ein verdammtes Auto? Ist das euer Ernst?»

«Was ist denn falsch an dem Auto?», fragte mein Vater, und Enttäuschung verwischte den Stolz in seinen Augen.

«Ich bin in einer Psychiatrie. Das ist so was, in das Menschen gehen, wenn sie das Haus nicht mehr verlassen können. Oder wenn sie lieber Ausflüge auf sehr hohe Gebäude machen, als mal in den Park zu gehen. Da sind so Leute wie ich, die überhaupt gar nichts auf die Reihe bekommen. Da sind nicht Leute wie ihr, die ihren Kindern lieber Autos schenken, als sie dort zu besuchen!»

«Das ist nicht dein Ernst, Mädchen.» Mein Vater funkelte mich an. Die Metamorphose in seinen Augen, die aus Stolz, Erleichterung und Enttäuschung eine saure Suppe aus Wut und noch mehr Enttäuschung hatte gären lassen, blitzte mir entgegen.

Ich begriff selbst nicht, was ich da sagte, begriff die Worte nicht, die aus meinem Mund auf den Tisch fielen und dort in all ihrer Schwere lagen, sodass sie niemand aufnehmen und wegfegen konnte. Einmal gesagt, lagen sie dort herum und warteten darauf, dass ich sie zurücknahm, sie mir in den Mund stopfte und sie wieder hinunterschluckte.

Das Würgen, das eigentlich ein Schluchzen war, kam mit

einer Heftigkeit aus meinem zitternden Körper und war für einen Moment das einzige Geräusch in der Küche, die ansonsten sehr still geworden war.

Meine Mutter wandte sich ab und begann ebenfalls leise zu schluchzen, und ein Hass auf sie überrollte mich, ein Hass auf ihr Weinen, das eigentlich mir gehören sollte, ein Hass auf ihre Enttäuschung, die eigentlich meine war.

Mir fielen all diese Momente ein, in denen ich alles genommen hatte, was sie mir hingeworfen hatten. Die Kleidung, die Reisen, das Kleid für den Abiturball. Das Taschengeld, die Weihnachtsgeschenke, die Uhren und Ohrringe, die Restaurants und Ausflüge. Alles hatte gekostet, hatte so viel gekostet, dass meine Eltern irgendwann angefangen hatten zu glauben, dass sie den Preis bezahlt hatten, den eine glückliche Tochter kostete.

«Wir wollten dich damals nicht besuchen, weil es dort hässlich ist. Hässlich und deprimierend. Und wir unsere Tochter nicht in so einer ... Einrichtung sehen», sagte meine Mutter vorsichtig.

«In welcher Einrichtung denn sonst? In einer Universität? Umringt von klugen, interessanten Menschen? Im Vorstand der Sparkasse?»

«Glücklich, Ida, glücklich wollen wir dich sehen», schluchzte sie und machte Anstalten aufzustehen.

«Nein, Mama, du stehst jetzt nicht auf. Wir klären das jetzt. Das hätten wir eigentlich schon vor sehr, sehr langer Zeit machen sollen. Wisst ihr, wie ich lebe? Ich lebe gar nicht, kein bisschen, null. Ich vegetiere in meiner Wohnung vor mich hin und bin nicht in der Lage rauszugehen. Seit vier Jahren nehme ich immer wieder Tabletten. Ich trinke Schnaps zum Frühstück, damit ich nicht merken muss, dass ich das alles alleine gar nicht mehr schaffe. Dass ich versagt habe, so phänomenal versagt, dass ich den ganzen Tag nur kotzen könnte. Ich könnte kotzen bei dem Gedanken, dass ich noch immer achtzehn bin und die letzten sechs Jahre einfach nur eine Alterung meines Körpers waren, denn ich bin im Grunde keinen einzigen Schritt vorangekommen. Ich bin ausgezogen, weil ich unbedingt wollte, und in eine Welt gefallen, die Menschen wie mich nicht haben will. Ich bemitleide mich vierundzwanzig Stunden am Tag selbst und kann nicht aufhören, mir das ganze Mitleid zu geben, das ich nie, niemals von euch bekommen habe. Ich will nicht euer Auto, ich will euer Mitleid! Ich will, dass sich endlich mal jemand darum kümmert, dass ich verdammt noch mal nicht klarkomme. Dass ich verdammt noch mal einsam bin und dass ich keine Haut habe, keine im metaphysischen Sinn. Ich bin nackt, Mama! Nackt und ekelhaft und allein.»

Während ich die letzten Sätze nur noch zwischen ersticktem Schluchzen und dem kläglichen Versuch, auf den Punkt zu kommen, hervorgewürgt hatte, waren meine Eltern still geworden. Sie sahen auf ihre Hände, als läge in ihnen die Möglichkeit einer Rettung. Einer Rettung der Situation und einer Rettung des Menschen, der hier vor ihnen saß und verzweifelt nach dem Haken schrie, der ihn aus dem Dreck zog.

Mein Vater hob langsam den Kopf und sah mich mit zusammengekniffenen Augen an. «Ich habe es so satt, Ida. Seit Jahren das Gleiche. Irgendwas ist immer. Du kannst nicht glücklich sein? In Ordnung, dann sei eben unglücklich. Aber wir haben alles getan, um dir zu helfen. Wir waren immer da, wenn du Hilfe benötigtest. Das war vielleicht nicht die Art Hilfe, die du wolltest, aber vielleicht ist es auch einfach so, dass dir *keine* Art von Hilfe reicht. Ich bin es leid, mir Sorgen um dich machen zu müssen. Ich bin müde. Ich habe keine Kraft mehr für die Tatsache, dass mein eigenes Kind mit Mitte zwanzig noch immer nicht verstanden hat, dass man bestimmte Dinge auch einfach mal so akzeptieren muss, wie sie sind. Ich weiß nicht, ob es an Julia liegt oder ob du vielleicht einfach schon immer so warst. Was ich aber weiß ist, dass du uns alle vergiftest. Du jagst uns deine Angst und deine Traurigkeit wie Gift ins Fleisch, und wenn wir dann auch mal nicht mehr können, dann hasst du uns umso mehr. Und ich kann *jetzt* nicht mehr. Hier kann *niemand* mehr. Nimm das Auto und fahr. Komm nicht wieder her. Ich will dich hier nicht mehr sehen.» Mein Vater stand auf.

Meine Mutter schüttelte still und traurig den Kopf und folgte ihm aus der Küche. Ich blieb allein, allein mit den Worten auf dem Tisch, die jetzt zu viele waren, um sie zurück in den Mund und in den Kopf zu stecken.

Dreißig

Die Autobahn ist ungewöhnlich überfüllt, und ich spüre deutlich die ungewohnte Anstrengung, ein Auto zu fahren, auf die anderen zu achten, nach vorne zu sehen, obschon ich am liebsten nur nach hinten blicken würde. Oder die Augen schließen möchte, die sich unablässig mit Tränen füllen, als hätte dieser Tag nichts anderes für mich übrig als ein blaues Auto, Geschrei im Innen und Außen und Tränen.

Ich hatte meine Tasche schneller gepackt, als meine Hände die Kleidung falten konnten, hatte am Ende alles nur noch hineingeschmissen, die Tasche vom Boden gerissen und war hinausgerannt, vorbei am Wohnzimmer – in dem meine Eltern vor dem Fernseher saßen und den Blick nicht einmal mehr gehoben hatten –, hatte die Haustür leise ins Schloss fallen lassen, weil ich das Gefühl hatte, keinen einzigen Laut mehr machen zu dürfen, keine Aufmerksamkeit mehr auf mich ziehen zu dürfen. Dann war ich losgefahren. Vorbei an der Schule, an der Innenstadt, an den Gebäuden meines Irrsinns, den ich mir auf die Schultern geladen und mit mir herumgetragen hatte, all die Jahre, in denen ich geglaubt hatte, ein freier Mensch zu sein. Frei zumindest von all den Dingen, die im Präteritum lagen, frei von all diesen Dingen, die immer nur mit «damals» anfingen und mit zusammengekniffenen Lippen endeten.

Ich fahre langsam, 80 km/h im Windschatten der Lkw. Ich nehme meine schweißnassen Hände abwechselnd vom Lenkrad, um sie an meiner Hose abzuwischen. Aus allen Poren dringt Flüssigkeit, aus den Augen auch, aus den Händen, aus der Stirn, der Schweiß meiner Gedanken, Wasser aus Furcht, aus Augen-zu-und-durch, aus schneller, immer schneller und

Nach-vorne-sehen, während der Körper eigentlich die Augen zukneifen will, so fest zukneifen will, dass nichts aus ihnen heraus- und erst recht nicht in sie hineingelangen kann.

Ich habe immer geglaubt, alles bliebe bestehen. Nichts würde sich ändern. Niemand geht, niemand kommt, nichts passiert. Ich habe die fehlerhaften Stellen gesehen, die Eiterbeulen eines untragbaren Zustandes, den ich trotzdem viel zu lange ertrug, denn man kann so gut und viel ertragen, was schon lange nicht mehr tragbar ist, bis das Rückgrat bricht.

Manchmal habe ich dagegen angeweint, wie man gegen eine Mauer uriniert, ich habe gegen den Zustand geheult, habe ihn mit Tränen beschmissen und mit Worten, habe ihm gesagt, dass er aufhören soll, der Zustand zu sein, der er war. Aber natürlich hat er gar nicht zugehört, hat einfach bloß geschwiegen und ist geblieben, was er war: der Zustand, den ich nicht tragen, aber zu ertragen in der Lage zu sein schien.

Ich war fest davon überzeugt gewesen, dass die Knautschzone zwischen mir und der Realität, die die anderen durchschnittlich gleich wahrnahmen, eine angemessene Reaktion war auf mein Unvermögen, genau jenen Zustand, jene Realität so hinzunehmen, wie sie war. Denn dass sie da war, das war ganz eindeutig. Realität war nichts anderes als der Tisch, die Telefonrechnung, die Tränen im Waschbecken. Das musste nicht einmal jemand sehen, damit es wahr war, damit es da war. Egal, ob ich so tat, als sei die Rechnung unsichtbar, als sei *ich* unsichtbar – ich war da, ich stand im Flur mit der Rechnung in der Hand, und selbst wenn ich sie verbrannt hätte, so wäre es zwar Realität gewesen, dass die Rechnung nicht mehr existierte, die Forderung aber sehr wohl.

Die Knautschzone zwischen mir und der Unabänderlichkeit der Dinge war mein Verneinen dieser Tatsachen, war die Erschaffung neuer Tatsachen, die ich hinstellte und so positionierte, dass sie breit genug waren, um den Tatsachen und Forderungen der Außenwelt nicht in die vielen Augen blicken zu müssen. Ich hatte mich eingerichtet, zwischen mir und dem Leben war so viel Platz wie möglich geschaffen worden, und so hatte ich Jahre damit verbracht, durch Milchglas aus Angst auf das zu schauen, was mich nicht sehen sollte: das Dasein einer begrenzten Zeit, in der mein Herz schlug, meine Lunge atmete, mein Verstand sich bewegte.

Ich hatte gefressen, so viel, wie es mein Magen erlaubte, und geschlafen, viele Jahre lang einfach geschlafen, umhüllt von der Gewissheit, dass da draußen etwas war, das mich furchtbar ängstigte, von dem ich ganz selbstverständlich annahm, dass es grausam sein musste, dass es gefährlich sein musste, dass es nur dazu da war, müde zu machen, aufzubrauchen, zu hetzen und zu jagen. Dabei hatte ich nicht bemerkt, wie die Stille um mich herum zu einem Schallverstärker meiner sich immer nur um mich selbst kreisenden Gedanken geworden war, wie die Stille langsam alles potenzierte. Ich machte mir keine Gedanken, sondern wiederholte einfach nur noch Erinnerungen, Gefühle und Glaubenssätze, die längst keiner Überprüfung mehr standgehalten hätten – aber es kam ja niemand und überprüfte.

Die Wahrheit war, dass ich jahrelang zu Hause gesessen hatte, darauf wartend, dass sich etwas ändern würde, unfähig, mich selbst zu ändern, weil ich nichts in der Praxis tat, sondern alles nur in der Theorie durchdachte.

Die wenigen Male, in denen ich mich aus mir herausgewagt hatte, in denen ich hinausgegangen war und den Körper dazu bewegt hatte, mit etwas in Berührung zu kommen, das er noch nicht kannte, diese wenigen Male hatte ich mich gut gefühlt. Und es schnell wieder vergessen. Es war, als würde meine Erinnerung immer achtmal mehr gute Erlebnisse benötigen als schlechte, damit etwas hängen bleiben würde, das es auch nur im Ansatz aufnehmen konnte mit den Erlebnissen, die mich davon überzeugten, zu Hause zu bleiben. In der Blase, in der ich lebte, gab es für mich nichts Gutes da draußen, nur verschmutzte U-Bahnen und Gestank, nur grobe Gesichter und Menschen, die in Zeitlupe Dinge in ihren Mund steckten, kauten und aßen, sich die Hände an Hosenbeinen und Jackenärmeln abwischten und unerträglich hässlich dabei aussahen.

Und beinahe immer stellte sich diese Erwartung an das *da draußen* als richtig heraus. Und beinahe immer war das halb so schlimm. Da draußen gab es Ungeheuer und Sonnenschein, es gab Flohmärkte und Dinge anzuschauen, es gab das Leben im Großformat, auf das meine Gedanken im Kleinformat prallten, wie ein sehr schwerer Gegenstand auf eine kontinentgroße Matratze. Einen Moment spürte ich den Aufprall, aber außer mir spürte ihn niemand. Ich sah aus wie die anderen, ich bewegte mich wie die anderen, ich konnte jederzeit Teil dieser Bewegung sein, ohne mich anstrengen zu müssen. Ich war da, absolut da, egal ob ich mich versteckte oder mir die Augen zuhielt: Nichts konnte etwas daran ändern, dass mich das Leben sah.

Doch egal wie häufig ich mich herausschlich und keines der Gefühle passierte, die ich mir als mögliche, beinahe zwangsläufige Theorie zurechtgelegt hatte: Ich hatte Angst. Und die Angst verschwand nicht. Die Angst saß immerzu im Bauch und in den Händen, in den schweren Beinen und im Nacken, sie saß neben mir und über mir, und sie schrie, schrie nach Ruhe und nach Schlaf, nach Stille und nach Rücksichtslosigkeit.

Und ich begriff nicht, dass ich sie längst als Selbstverständlichkeit angenommen hatte. Dass ich es als selbstverständlich empfand, so viel Angst vor der Sache, die die anderen Alltag und Leben nannten, zu haben, dass ich vor ihr erstarrte und darauf wartete, dass sie zuschlagen würde. Ich war so selbstverständlich davon überzeugt, dass ich es nicht schaffen würde, ungewollt allein zu sein oder einen Haushalt so zu führen, dass das Resultat nicht darin bestand, dass ich wochenlang den Abwasch vermied und mich nur noch von Fertiggerichten und dem Bringservice ernährte, dass ich darüber vergessen hatte, dass alle Trauer, alle Angst, alle Schwere keine Selbstverständlichkeiten sein mussten. Dass ich sie akzeptierte als Teil meiner selbst, ohne zu begreifen, dass ich begonnen hatte, sie zu brauchen, in der Annahme, sie schütze mich vor dem, was ich nicht imstande war auszuhalten.

Und immer hatte ich mir einen Umriss meiner selbst zurechtgelegt, von dem ich angenommen hatte, dass er nur genau so sein konnte und keinen Moment anders, schöner, besser. Ich hatte mich gesehen als Ida voller Angst und Apathie, unfähig, mich aus mir heraus und über mich zu bewegen, Ida, die den Selbsthass und die Schuldgefühle brauchte, um sich nicht messen zu müssen mit den Erwartungen anderer, mit den Erwartungen eines ganz normalen Lebens. Auch, wenn ich nicht so genau wusste, wie das aussehen sollte, so wusste ich doch, dass ich sehr weit davon entfernt war. Ich hatte mich treiben lassen und mich versteckt, mir an jedem Ort, an dem ich gezwungen war zu sein, neue Höhlen und Verstecke gesucht, hatte meinen Körper zu einer Festung gemacht, die niemand betreten und niemand verlassen konnte. Er funktionierte wie ein Ventil: Herein kam nur noch, was ich zuließ, heraus kam so gut wie nichts.

Ich hatte mich all die Jahre versteckt hinter Annahmen und Wahrscheinlichkeiten, hatte mir verboten zu atmen, zu stehen, zu lieben, zu geben. Ich war zu einem Ballon geworden, der alle Grenzen der Physik überwand und trotz seines unfassbar schweren Gewichts vor allem davonflog, sich unsichtbar machte mitten in der Stadt. Ich war von alldem ausgegangen, *also war ich.* Dabei war ich am Ende gar nichts mehr, außer am Ende.

Mein rechter Fuß drückt das Gaspedal herunter, draußen zieht eine Landschaft vorbei, die schön sein könnte, wäre ich noch in der Lage, sie wahrzunehmen. Die Tachonadel zittert unter der Geschwindigkeit, und meine nun eiskalten Hände haben sich um das Lenkrad verkrampft.

In der Ferne taucht eine Brücke auf, an deren Begrenzung ein Plakat hängt, das vor zu schnellem Fahren warnt. Eine traurige Familie ist zu sehen, sie weint um eine Tochter oder einen Sohn oder für den Fotografen. Und ich weine auch. Ich weine, weil ich verloren habe, weil ich das ganze schöne Spiel versaut habe. Weil ich mich hingerichtet habe in dem Glauben, dass Erlösung denen gewährt wird, die nicht danach fragen. Im Grunde habe ich nichts anderes getan, als danach zu schreien. Mit jedem Tag, den ich im Bett verbracht habe, mit jedem Schluck Wodka, der mehr brannte als das, was in mir schrie. Nach mehr Leben, nach weniger Empfinden, nach mehr Sein und weniger Wollen, nach mehr Rettung und weniger Ich.

110 km/h und durchschnittlich hundertzehn heiße Tropfen in der Minute, die mir auf den rechten Arm tropfen.

Ich weine, weil niemand um mich weint, weil ich alleine bin, weil niemand fragen wird, wo ich bleibe, wenn ich nicht komme, weil niemand mich zudeckt und mir Geschichten erzählt, weil niemand mir zeigt, wo der Lichtschalter ist in dieser ganzen Dunkelheit. Der Dunkelheit, die herrscht, weil ich die Augen nicht aufbekommen habe, weil ich mir die Augen zugeklebt habe mit Idiotie und Warterei, weil ich so lange gewartet habe, bis ich vorbei war, vorbei an dem Punkt, an dem ein ganzer Park voller «Bitte Wenden»-Schilder die Nacht erhellte, weil ich in die Unfallstelle meines Lebens raste, an deren Ende eine Wand steht, und ich nicht anders konnte, als Gas zu geben, so lange Gas zu geben, bis es nur noch eine Möglichkeit gab: draufhalten.

Ich sehe die Brücke, und ich sehe mich in diesem Leben, das achtzehntausend Kilo wiegt, und ich weiß jetzt, was ich tun muss, was ich die ganze Zeit hätte tun sollen. Eine winzige Bewegung nach rechts, und dann ist es vorbei. Meine Hände beginnen zu zittern ob dieser Aussicht und ob der Vorstellung, dass eine ganze Familie über mir hängend weinen wird, in dem Moment, in dem das blaue Auto gegen den Pfeiler prallen wird. Eine ganze, wunderschöne Familie, die ihre Tränen auf mich fallen lassen wird, während ich mir alle Knochen und den Kopf breche.

Ich wechsle auf die rechte Spur, noch ein paar Hundert Meter. Noch ein paar Sekunden, noch einen Augenblick ich sein und dann endlich befreit sein. Von der Schwere der Körperlichkeit, von der Mühsal, sich bewegen zu müssen, einzukaufen, immer wieder neu anfangen zu müssen, immer wieder vergessen zu müssen, zu hoffen und zu atmen, Geld zu verdienen und Geld auszugeben, immer wieder Lebewohl zu sagen, obwohl man eigentlich nur sagen will: Leb mit mir wohl. Nie wieder alte Fotos finden und die Schwere im Bauch tagelang nicht mehr loswerden, nie wieder kalte Augen sehen, die sagen, es sei besser so, nie wieder taumelnd durch Nächte fallen, an deren Ende einen nur der Alkohol umarmt, während der Körper alleine friert. Nie wieder verzeihen müssen, nie wieder die Position halten, sich nie wieder entschuldigen und nie wieder aufräumen. Nie wieder Tränen auf dem Fingerrücken und nie wieder die Erkenntnis, dass es das jetzt gewesen ist, goodbye und danke schön.

Nie wieder ich sein, nie wieder tragen, was nicht mehr zu ertragen ist.

Epilog

Als ich aufwache, sehe ich die Brücke im Rückspiegel, sehe mich selbst den Fuß vom Gaspedal nehmen, sehe, wie ich ausatme und einatme und lebe. Und mit einem Mal weiß ich: Ich habe überlebt. Ich habe die letzte Entscheidung getroffen, die zu treffen mir so unmöglich erschienen war. Die Entscheidung gegen alle Selbstverständlichkeiten. Gegen alle Angst und gegen die Wand. Ich habe mich vor ein paar Sekunden umgebracht, ohne zu sterben. Ich habe mich getötet und überlebt.

Als ich den Blinker links setze, um den Lkw vor mir zu überholen, fühlt sich die Berührung meiner Finger am Hebel an, als hätte ich sie noch niemals zuvor ausgeführt. Alles ist aus Glas, und alles ist durchsichtig.

Kathrin Weßling
Sonnenhang

Während ihre Freundinnen Kinder
bekommen und Instagram eine einzige
Happy-Wife-Happy-Life-Show zu sein
scheint, sitzt Katharina in ihrer Wohnung
und betäubt sich mit Arbeit und Trash-
TV. Mit Ende dreißig hat sie sich arrangiert mit diesem recht ereignislosen
Leben, in dem noch alles möglich ist.
Das zumindest glaubt sie, bis sie erfährt,
dass sie keine Kinder mehr bekommen
kann. Plötzlich fühlen sich die Nächte in
Kneipen und die Tage am Schreibtisch

224 Seiten

nur noch sinnlos an. Dann nimmt sie eine ehrenamtliche Stelle in der
Seniorenresidenz Sonnenhang an. Die Wochenenden bestehen nun
aus Eierlikörschmuggel, Kniffeln und skurrilen, liebenswürdigen
Begegnungen. Als die nächste große Entscheidung ansteht, muss
Katharina sich fragen, was sie eigentlich will. Und ob sie nicht ganz
unbemerkt schon längst gefunden hat, wonach sie so verzweifelt sucht.

Aufrichtig und kompromisslos schreibt Kathrin Weßling über das
Nicht-mehr-jung-Sein, zerbrochene Lebensträume und darüber, dass
man manchmal an den ungewöhnlichsten Orten Freundschaft findet.

Weitere Informationen finden Sie unter **rowohlt.de**

Anna Humbert (Hg.), Linda Vogt (Hg.)
Unter Frauen

Geschichten vom Lesen und Verehren

«So eine Sammlung habe ich mir immer gewünscht. Ich freue mich auf jede Entdeckung! Was für ein herausragendes und sinnstiftendes Buch!»
Maria-Christina Piwowarski

192 Seiten

Welches Buch liebt unsere Lieblingsschriftstellerin, welche Autorin hat ihr eigenes Schreiben begleitet, geformt, verändert? Diese Anthologie tut das, was Männer schon immer, vielleicht auch einmal zu oft gemacht haben: literarische Vorbilder feiern. In Unter Frauen werden jedoch ausnahmslos Autorinnen zelebriert. Schriftstellerinnen schreiben über Schriftstellerinnen, die prägend für ihr eigenes Werk sind, über Bücher, die wir alle lieben, und über welche, die kaum eine von uns in ihrem Bücherregal stehen hat.

Ein kleiner Kanon von großen Stimmen der deutschsprachigen Gegenwartsliteratur. Ein Manifest der weiblichen Solidarität, Bewunderung und Inspiration. A book of one's own.

Mit Beiträgen von Gabriele von Arnim, Simone Buchholz, Ulrike Draesner, Mareike Fallwickl, Yael Inokai, Rasha Khayat, Mirrianne Mahn, Daria Kinga Majewski, Jacinta Nandi, Deniz Ohde, Jovana Reisinger, Ruth-Maria Thomas, Kathrin Weßling und einem Vorwort von Maria-Christina Piwowarski.

Weitere Informationen finden Sie unter **rowohlt.de**

Giulia Becker
Das Leben ist eins der Härtesten

Giulia Becker erzählt in ihrem Bestseller-
roman eine grandiose Geschichte voller
Wärme und Humor, mit wunderbar
wundersamen Charakteren. Vier Menschen stehen vor Problemen: Silke vor
ihrem Exmann, Willy-Martin vor einem
sabbernden Hund, Renate vor einem
Berg Teleshopping-Impulskäufen und
Frau Goebel vor dem Tod. Alle vier
beschließen davonzulaufen; auf einem
turbulenten Abenteuertrip vom
beschaulichen Borken ins ostdeutsche

224 Seiten

Paradies Tropical Islands und zurück. Giulia Beckers Figuren bewegen
sich in einer Welt, die zu viele Fallstricke legt und zu wenig Hauptge-
winne zu verteilen hat. Sie verlieren viel, aber gewinnen einander, und
welches Glück könnte größer sein?

Weitere Informationen finden Sie unter **rowohlt.de**

Giulia Becker
Wenn ich nicht Urlaub mache, macht es jemand anderes

Ein Urlaub im Wellnesshotel, die Thera-
pieplatzsuche in Deutschland, als Detek-
tivin in Aktion – Giulia Beckers
Geschichten beginnen harmlos und nehmen dann die unerwartetsten Wendun-
gen. Sie erzählt die ganze Wahrheit über
Katzen und Gitarren und schreibt das einzig gültige Horoskop. Becker entlarvt in
ihren Texten unsere täglichen Herausfor-
derungen als das, was sie sind: eine Anein-
anderreihung von Absurditäten, die in
ihrer Summe vor allem urkomisch sind.

224 Seiten

«Wahnsinn! Ich habe das Buch dreimal gekauft, damit ich es dreimal
lesen kann. Es steht auch jetzt schon fest, ich werde mir ein viertes
kaufen.» KURT KRÖMER

«Giulia ist einer der lustigsten Menschen, die ich kenne. Ich liebe
ihren Blick auf unsere Welt.» CAROLIN KEBEKUS

«Wer Giulia Becker nicht liest, hat Giulia Becker nicht verdient!»
JAN BÖHMERMANN

Weitere Informationen finden Sie unter **rowohlt.de**

Ruth-Maria Thomas
Die schönste Version

Die späten Nullerjahre in einer ostdeut-
schen Kleinstadt: «Die schönste Version»
erzählt die Geschichte von Jella und Yan-
nick, von der ersten großen Liebe, die alles
richtig machen will. Bis irgendwann doch
alle Gewissheiten ins Wanken geraten.
Was ist noch intensiv, was schon dysfunk-
tional, ja: gefährlich? Was tun, wenn Grenzen überschritten werden? Und wer -
bestimmt eigentlich, wo diese verlaufen?

272 Seiten

Mit stilistischer Brillanz, großer Leichtig-
keit und Drastik erzählt Ruth-Maria Thomas in ihrem funkelnden
Debütroman von den schönsten Dingen. Und den schrecklichsten.

«Ich bin beeindruckt – von der Intensität dieses Romans und der
Hartnäckigkeit, mit der Ruth-Maria Thomas das Schicksal ihrer Hel-
din Jella zu ergründen sucht.» Julia Schoch

Weitere Informationen finden Sie unter **rowohlt.de**